한국과 호주: 초기 개척자들

한국과 호주: 초기 개척자들

저　　　자·양명득
발 행 인·황명하
발　　　행·광복회 호주지회

펴 낸 이·성상건
펴 낸 날·2026년 03월 27일
펴 낸 곳·도서출판 나눔사
주　　　소·(우) 10270 경기도 고양시 덕양구 푸른마을로 15
　　　　　301동 1505호
전　　　화·02)359-3429　팩스 02)355-3429
등록번호·2-489호(1988년 2월 16일)
이 메 일·nanumsa@hanmail.net

ⓒ 양명득(MYONG DUK YANG), 2026

ISBN　978-89-7027-806-3　　03910

값 18,000원
잘못된 책은 바꾸어 드립니다.

Korea & Australia: The Early Pioneers

Author: Myong Duk Yang
Publisher: Myung Ha Hwang
Publication: Heritage of Korean Independence in Australia Inc.

Korea & Australia: The Early Pioneers

한국과 호주: 초기 개척자들

양명득 Myong Duk Yang 지음

나눔사

제프 로빈슨
(주한 호주대사)

『한국과 호주: 초기 개척자들』의 발간을 진심으로 축하드립니다.

이 저서는 한국을 위해 헌신한 호주인들과 호주에서 새로운 지평을 연 한국인 등, 총 18명의 뛰어난 인물들의 삶과 업적을 조망하며, 그들의 용기와 헌신, 그리고 탁월한 혜안이 양국 관계의 초석을 다지는 데 어떠한 기여를 하였는지 보여주고 있습니다.

이들의 발자취는 양국 간 파트너십이 단순한 외교적 교류를 넘어, 사람 간의 깊은 신뢰와 연대 위에서 발전해 왔음을 일깨워 줍니다. 더불어 양국이 공유해 온 가치와 상호 존중의 정신이 오늘날 양국 관계를 더욱 굳건하게 만들어 가고 있음을 확인하게 합니다.

『한국과 호주: 초기 개척자들』이 130여 년에 걸친 양국의 긴밀한 인적 교류 역사에 대한 독자들의 이해를 높이는 계기가 되기를 바라며, 아울러 미래 세대가 양국의 우호와 협력을 더욱 발전시켜 나가는 데 소중한 영감이 되기를 기대합니다.

이 뜻깊은 성과를 이루신 양명득 박사님께 따뜻한 축하의 말씀을 전합니다.

여인석
(연세의대 의사학과 교수)

먼저 『한국과 호주: 초기 개척자들』의 출간을 무엇 보다 축하드립니다. 저자인 양명득 박사님은 그간 한국에서 활동한 호주선교사에 대해 누구보다도 많은 연구를 하셨습니다. 박사님의 연구 덕분에 우리는 이 땅에서 땀 흘려 복음을 전하고 병원을 세워 아픈 이들을 돌본 호주선교사의 노고와 공헌을 자세히 알게 되었습니다.

더 나아가 이번 저서는 그것에 국한되지 않고 범위가 확장되어 한국과 호주 사이의 가교 역할을 했던 다양한 인물이 조명되고 있습니다. 그간 세상에 잘 알려지지 않았지만, 박사님의 집요한 추적 덕분에 빛을 보게 된 인물들의 이야기가 이 책에 실려 있습니다. 그리고 이 책이 무엇보다도 의미가 있는 것은 호주에서 한국으로 향한 일방통행이 아니라 한국에서 호주로 간 한국인들의 이야기도 실려서 진정한 의미의 한국-호주 교류사라는 점입니다. 제가 과문한 탓일 수도 있겠지만 이러한 기획으로 집필된 책은 박사님의 이번 저서가 처음이 아닌가 합니다.

최근에는 호주와 비교적 활발한 교류가 있지만, 백여 년 전 호주는 우리와는 별 관계가 없는 먼 남반구의 한 나라일 뿐이라는 생각이 일반적일 것입니다. 그러나 박사님의 이번 저서는 그러한 통념이 잘못되었음을 실증적으로 밝혀주고 있습니다. 우리는 국가 간의 관계가 자국의 이해관계에 따라 이루어지는 냉혹한 국제질서 속에 살고 있습니다. 이러한 국제관계는 어찌 보면 불가피하고 또 당연할 것일 수 있습니다. 그러나 호주선교사 개인들의 순수한 헌신과 선의가 국가 간의 관계도 우호적으로 만들 수 있는 마중물이 된다는 사실을 잘 보여줍니다. 양 박사님의 이 저서가 아름답게 시작된 한국과 호주의 관계를 더욱 선하고 풍성하게 만드는 데 크게 기여하리라 확신합니다.

황명하
(광복회 해외홍보대사, 전 광복회 호주지회장)

대한민국 국가보훈부의 공법단체인 광복회는 해마다 국내외 독립운동가를 발굴하고 독립운동사적지 개발 및 복원 사업을 지속하고 있다. 지난 2022년 국가보훈부는 광복회 호주지회의 추천으로 본 도서에 소개된 호주의 마가렛 데이비스를 비롯하여 3인을 독립유공자로 포상하였다. 대양주에서는 호주인이 처음으로 대한민국의 독립유공자가 된 것이다.

한국과 호주 역사 초기에 한국에 온 호주인들은 교육, 의료, 종교, 사회복지 등 다양한 분야에서 활동하였고, 호주로 간 한국인들도 여러 분야에서 교류의 장을 열었다. 한국은 당시 일제 치하에 있었고 호주는 백호주의로 문을 굳게 닫고 있었던 어려운 시기였다.

그런데도 용감한 개척자들이 상호 방문하여 인적 교류를 맺으며 우정을 쌓았고, 그 관계는 1961년 양국 정부가 공식 외교 관계를 맺은 후부터 크게 발전하여 문화, 경제, 정치, 관광 등 다방면에서 가까운 우방이 되었다. 더 나아가 2021년에는 한 호 수교 60주년을 맞아 포괄적 전략 동반자 관계로까지 발전하였다.

본 도서의 저자 양명득 박사는 초기 한국과 호주 역사를 오랜 기간 연구하며 여러 권의 책을 출판하였다. 이번 책은 그중에서 양국의 초기 개척자 18명을 특별히 선별하여 실었고, 또한 호주인과 이민 2세대를 위하여 영문으로도 기록하였다. 양 박사의 노고와 공헌에 감사드린다.

광복회 호주지회는 호주 한인사회의 교민 화합과 독립정신 선양을 위해 차세대 교육 및 장학사업을 오랜 기간 추진해 왔다. 이번에 호주지회가 본 도서를 발행하게 된 것을 기쁘게 생각하며 김형 지회장께도 감사드린다.

　　본 도서는 호주와 한국 초기 인적교류 역사에 관심 있는 일반독자들을 위해 쓰였다. 그동안 필자의 대부분 도서는 서점의 종교 서적 판매대에 전시되어 기독교인이 아닌 사람들에게는 거리가 있었다. 또한, 다양한 이유로 호주로 떠나는 한국인 그리고 한국에 호감을 느끼고 한국을 방문하는 호주인에게 초기 개척자들의 이야기를 소개하여 그들의 여정에 상상력을 더하여 주고 싶었다. 동시에 호주와 한국 공동 역사에 관심을 두는 양국의 연구가들에게 참고자료를 제공하기 위한 목적으로 이 책이 제작되었음을 밝힌다.

　　본 도서를 위해 바쁜 중에서도 축하의 글을 쓰신 제프 로빈슨 주한 호주대사님과 연세대학교 의과대학 여인석 교수님께 깊은 감사를 드린다. 또한, 본 도서의 가치를 알아보고 책 발행을 흔쾌히 제안하신 황명하 광복회 해외 홍보대사님께 감사드리는 동시에 광복회 호주지부가 함께 참여하여 무엇보다 기쁜 마음이다.

　　마지막으로 그동안 필자의 연구와 출판에 여러 자료를 제공한 호주 빅토리아장로교회 고문서관과 호주연합교회 고문서관에 진심으로 감사 드린다.

양명득
(호주와한국문화연구원[1] 원장)

---

1)　　호주와한국문화연구원은 2008년 설립되어 그동안 한인 이민 역사, 다문화 정책, 기독교 선교 등 다양한 주제로 연구와 발표 그리고 출판 활동을 하고 있다.(구글 블로그 '호주와한국문화연구원' 참고)

I.
호주에서 한국으로

I.

호주에서 한국으로

1. 개척자 조셉 헨리 데이비스

(조셉 헨리 데이비스, 1856-1891)

1889년 한국으로 떠났던 조셉 헨리 데이비스(한국명: 덕배시)의 사망 소식이 호주 빅토리아주에 알려졌다.

"부고: 데이비스 – 한국 서울, 헨리 데이비스 목사, 문학 석사, 전 코필드 그래머 스쿨 교장, 천연두, 33세."[1]

데이비스의 가족들은 물론 그곳 친구들은 이 부고 소식에 크게 충격을 받고 상심하였다. 그가 많은 호주인의 기대와 환송을 받으며 떠난 지 채 6개월도 안 되는 시점이었다. 그러나 데이비스의 죽음은 한국과 호주 관계의 시작이었다. 그 이후 그의 개척적인 발자국을 따라 많은 호주인이 순차적으로 한국으로 가게 되고 그렇게 호주와 한국의 인적교류와 우정이 시작되었다.

데이비스의 가족

헨리 데이비스는 1856년 뉴질랜드에서 출생하였다. 그의 가족은 스코틀랜드에서 뉴질랜드로 이주하였고, 헨리는 그곳 북섬에서 태어났다. 그러나 그곳에서의 전쟁으로 인하여 데이비스의 가족은 1860년 호주 멜버른으로 또다시 이주하였다.

데이비스 가족의 삶은 그곳에서도 평탄치 않았다. 변호사였던 데이비스의 부친은 그가 12살 때 세상을 떠났고, 형과 누나도 각자의 삶을 위해 떠났기에 아래로 7명의 남동생을 헨리가 책임지었다. 대부분 이민자가 그렇듯 데이비스 가족도 여러 곳으로 이사하였고 마침내 샌 킬다의 '마리나 빌라'로 불리는 큰 집에 정착할 수 있게 되었다.

데이비스에게는 다행히 부친의 변호사 사무실 '제닝스 앤 쿠트'에서 적지 않은 보수를 받으며 일하였다. 그의 월급으로 가족은 생활하였고 누나 메리는 아픈 모친과 아이들을 돌보았다.

부친의 영향을 받은 헨리는 기독교 신앙을 가졌는데 플리머스 형제단 신앙이었다. 이는 근본주의 성격의 복음주의 교파로 경건 생활을 하며, 세속적 생활과는 멀리하는 청교도적 신앙이었다. 동시에 그는 갈릭어를 사용

---

1)   '더 아르거스', 1890년 4월 11일, 1.

하는 칼톤의 성 앤드류스장로교회를 다녔다.

그는 또한 코필드 글렌 에이라 가의 성공회 소속 성 메리교회에도 출석하였다. 바로 이곳에 후시 매카트니 신부가 있었고, 헨리는 그의 영향을 받았다. 멜버른대학교에서 공부하던 헨리는 1학년 시험을 통과하였으나, 법학을 포기할 생각을 하고 있었다. 법률 쪽의 일은 헨리에게 너무 세속적인 일로 여겨졌던 것이다.

데이비스는 결국 자신의 신앙에 따라 1876년 8월 27일 성 메리교회에서 인도로 파송을 받았다. 자신의 둘째 누나 사라가 선교사로 일하는 곳이었다. 그러나 그곳에서의 그의 선교 활동은 성공적이지 못하였다. 당시 평신도였던 데이비스는 인도의 문화에 무지하였고, 여전히 가지고 있는 형제단 신앙은 현지의 성공회 행정과 선교에 차이가 있었다. 그리고 무엇보다도 재정적 뒷받침이 없는 상황이었다. 더군다나 그는 건강상의 문제까지 있었는바 음식으로 인하여 복통이 심하였고, 말라리아까지 걸리게 되었다.

결국, 데이비스는 1878년 호주로 돌아왔다. 그러나 그는 자격을 갖추어 다시 인도로 돌아갈 수 있기를 희망하였고, 그 신념은 이후로도 계속되었다. 그러나 그의 성격은 많이 변하였다.

후에 코필드 그래머 칼리지 역사를 쓴 호레스 웨버는 데이비스의 성격을 다음과 같이 분석하고 있다.

"이 결과로 조셉 헨리 데이비스는 병적으로 내성적으로 되었고, 실제적이기보다 이상적으로 되었고, 거룩한 손가락이 그를 인도한다고 믿기 원하는 방향에 따라 충동적이고 외고집이 되었다. 그는 온화하고 친절하였지만, 동시에 재치가 없었고 둔감하였다."[2]

코필드 그래머 스쿨

1881년 4월 16일, 데이비스에게 다른 기회가 찾아 왔다. 작은 사립학교를 시작한 것이다. 엘스턴위크 기차역 뒤편 글렌 헌틀리 가에 외떨어진 '롤리 숍'을 인수하여 상점 뒤의 아래층은 교실로, 위층은 기숙사로 사용하였

---

2)   웨버, 10.

14

다. 9명의 학생이 등록하였다.

"해리는 그 가게 이름을 코필드 그래머 스쿨로 바꾸었고, 세상이 알 수 있도록 간판을 내걸었다. 그리고 학교를 운영하기 시작하였다."[3]

데이비스가 학교를 시작한 것은 순전히 가족들의 생활을 위한 방편이었다. 고전학에 우등생이었던 그는 한두 명 과외공부를 시키다가 규모가 커지면서 학교로 등록을 한 것이다. 그리고 점점 학생 수가 많아지자 그는 결단하여야 하였다. 더 큰 학교로 발전시키느냐 아니면 이 지점에서 그만두고 인도로 가느냐이었다. 그는 학교를 발전시키기로 마음을 먹고 큰 투자를 시작하였다.

데이비스는 이 학교에서 '평생을 위한 전인 교육' 철학을 발전시키게 된다. 기독교적 가르침과 매일의 성경공부는 학교의 특성이 되었다. 왕성한 과외 교육 프로그램도 있었는데 큰 운동장을 십분 활용하여 매주 토요일마다 스포츠 시간이 있었다. 가을에는 크리켓과 테니스, 겨울에는 풋볼, 그리고 봄에는 육상경기가 있었다고 한다.

"(학생들을) 그리스도인으로 만드는 것이 학교의 첫 번째 목표이다. 학문적인 훈련은 스포츠를 포함한 전인 교육에 필요한 한 부분이다."[4]

1883년 등록한 학생 수는 63명으로 늘어났고, 1884년에 가서 학교는 사회의 관심을 끌기 시작하였다. 데이비스의 학교는 전통적인 공립학교와 차별되어 비교되었다. 이 학교는 기독교 학교이지만 한 교단에 속하지 않은 초 교파적이었다. 또한 공립이 아닌 사립학교였고 기숙사까지 갖추고 있었다. 이 브랜드는 당시 탁월한 선택이었다.

그뿐만 아니라 학교가 세워진 장소도 큰 이점이 있었다. 코필드 그래머는 엘스톤위크에 세워진 첫 번째 학교였다. 경쟁자가 없었고, 다른 학교가 들어온다고 하여도 큰 기득권을 가질 수 있었다. 학교운영에 대하여 경험이 없던 데이비스는 학교운영을 배워가며 일취월장 학교를 발전시켰다.

동시에 데이비스는 또 다른 취미 생활이 있었다. 다름이 아닌 등산이었다. 그는 멜버른을 벗어나 빅토리안 알프스의 워버튼 등산길 등을 며칠이고 걸었다. 사라의 인도 선교를 위하여 그는 발라렛 근처까지 가 '희망'이라

---

3)　　톰슨-그레이, 139-140.
4)　　앞의 책, 141.

는 전단지를 돌리며 모금하였고, 자신의 학교를 홍보하기도 하였다. 기차를 타기도 하고 또 걷기도 하면서 그 지역에서 설교도 하였는바, 빅토리아 장로교 600명의 청년이 그의 설교를 들었다고 한다.

1886년에 가서 입학한 학생 수는 100명으로 증가하였다. 기숙사에는 30명의 남학생이 있어 한 명의 사감, 즉 메리로는 부족하였고 전문적인 행정이 필요하였다. 바로 아래 동생 존은 목사가 되었다. 헨리는 이제 가족에 대한 책임에서 벗어난다고 느끼었고, 누가 학교를 매입한다면 인도로 가라는 하나님의 신호로 여기고 있었다.

1888년 데이비스는 학교를 10,000파운드에 매도하였다. 그는 그 돈으로 모든 빚을 갚고 주택담보대출도 깨끗하게 하였다. 그리고 8월 22일, 해리의 32번째의 생일에 학교는 헨리와 메리를 환송하였다. 환송회에서는 많은 연설과 박수가 터져 나왔고, 그들에게 감사와 선물을 주었다.

인도에서의 경험

데이비스는 이제 당장 인도로 돌아갈 수 있었다. 이번에는 충분한 현금도 있었다. 그러나 모두 염려하였다. 헨리의 건강 때문이었다. 만성 말라리아에 대한 확실한 치료법도 없는데, 열대지방인 인도로 다시 돌아간다니 말이다.

"데이비스는 매카트니 신부에게 자신의 계획을 말하였다. 그때 그 신부는 출판하기 위한 작은 선교지를 만들고 있었는데, 1887년 10월에 쓴 울프 주교의 편지를 선교지에 실으려고 준비하고 있던 참이었다. 해리가 마침 '울프 주교로부터 온 중요한 편지'라는 제목의 그 내용을 접하고 읽었다. 마치 하나님이 자신의 기도에 응답하는 것 같이 해리의 눈이 크게 열리는 것을 그 신부는 보았다.

'그곳은 기후 또한 온난합니다.'
신부는 계속 말하였다.

'그러나 수도인 서울에는 적은 일꾼들만 있을 뿐입니다. 아마 그것이 당신이 필요한 전부일 수 있고, 언어는 배우면 됩니다. 서울에서 선교의 주도는 미국장로교가 하고 있습니다. 그러나 장로교에서 안수를 받는 것도 성공회처럼 6개월은 걸릴 것입니다.'"[5]

이렇게 데이비스는 한국으로 갈 결심을 하게 되었다. 그러나 그는 성공회에서 파송을 받을 수 없었다. 한국은 당시 성공회의 선교지가 아니었던 것이다. 이때 투락장로교회의 어윙과 이미 장로교회의 목사가 된 자신의 동생 존의 도움으로 장로교의 관심을 끌 수 있었다. 어윙의 주선으로 17명의 지도자급 총대원 서명을 받아 데이비스가 한국 선교사로 갈 수 있도록 인준해 달라는 청원서가 제출되었다.

데이비스는 목사 안수를 신속히 받기 위하여 스코틀랜드 에든버러에서 단기간 집중 공부를 하고 돌아왔다. 그리고 마침내 멜버른의 노회가 주관하는 목사고시에 우수한 성적으로 합격하여 안수를 받게 되었다.

한국으로 파송

데이비스의 목사 안수식과 한국 파송 소식이 당시 호주 조간신문에 예고되었다.

"헨리 데이비스 씨의 목사 안수식이 8월 5일 스코트교회에서 열리며, 그는 한국의 선교사로 떠난다."[6]

목사 안수를 받고 선교사로 한국으로 간다는 소식은 많은 사람의 주목을 끌었다. 파송식의 설교자는 데이비스의 높은 지적인 능력과 의식 있는 헌신을 언급하면서, 그의 진정성은 전적으로 선교사 소명으로 이어졌다고 하였다. "데이비스는 코필드 그래머 학교의 교장 자리를 포기하였는바, 선교 사역에 자신을 헌신하기 위해서이다."[7]

그리고 일주일 후, 멜버른 항의 역 항구에 술렁이는 일이 일어나고 있었다. 뜻밖에 큰 무리의 코필드 그래머 학생들이 나와 한국으로 떠나는 헨리와 동행하는 그의 누나 메리 데이비스를 환송하러 나온 것이다.

---

5)　　앞의 책, 81.
6)　　'더 아르거스', 1889년 7월 11일, 5.
7)　　앞의 책, 1889년 8월 6일, 6.

데이비스 남매는 40여 일간의 항해 끝에 1889년 10월 2일 부산에 도착하였다. 그리고 다시 배를 타고 항해하여 제물포에 내려 10월 5일 서울에 도착하였다. 미국의 첫 선교사 호레스 알렌이 한국 땅에 첫발을 디딘 5년 후였다. 당시 서울 정동에는 미국과 캐나다에서 온 선교사 20여 명이 거주하고 있었고, 데이비스 남매는 이들과 교제하기 시작하였다. 동시에 조선 말을 배우며 근처의 마을을 방문하기 시작하였다.

데이비스는 또한 일기를 쓰는 동시에 한국에 대한 인상을 편지로 써 호주로 보내었다. 그 편지의 일부가 당시 일간 신문인 '더 데일리 텔레그래프'나 '더 아르거스'에 실렸고, 미지의 세상인 조선 즉 한국이란 나라가 호주인들에게 알려지기 시작하였다.

데이비스의 1월 19일 일기를 보면 그는 벌써 한국인들을 위하여 성찬식을 거행하고 있었다.

"처음으로 한국인들을 위하여 성찬식을 집례하였다. 참석인원은 소년 3명, 노인 1명, 여성 1명, 그리고 우리 외에 외국인 5명이 전부였지만 말이다. 그래도 참 감사하다."[8]

데이비스가 서울에 있는 동안 '선교사연합공의회'가 만들어졌고, 미국 선교사 헤론이 회장으로, 그리고 데이비스가 총무가 되었다. 후에 그가 사망하자 미국인 선교사들은 다음과 같은 말을 남긴 것을 보면, 짧은 기간이지만 데이비스는 이들에게 강렬한 인상을 남기었다.

언더우드 선교사는 데이비스를 열정적이고 탁월하고 경건한 사람이라 하였고, 한국에 온 선교사 중에 가장 소중한 사람 중에 하나라고 평가하였다.

"특히 뜨거운 가슴과 함께 예리한 지성을 겸한 그에게서 언더우드는 동지적 의식을 느끼며 자신과 함께 서울에서 일해 주기를 여러 번 간청하기도 했다. 데이비스는 고전어에 상당한 실력이 있었으므로 아펜젤러 등과 함께 성경번역하는 일에 전념해 주기를 간청하였으나, 당장 그리스도를 증

---

8)   데이비스, 1월 19일.

거해야 한다는 의식 때문에 후일의 선교 사역을 위해 준비하는 인내를 겸하지 못했다.”[9]

사무엘 마펫 선교사는 한 편지에 헨리를 다음과 같이 소개하고 있다.

“만일 호주에서 여러 해 동안 학교 교장으로 있었고 18개월 동안 인도에서 선교사로 사역한 빅토리아장로교회의 데이비스 목사가 없었더라면, 우리는 경험 있는 사역자의 부족으로 심한 어려움을 겪었을 것입니다.”[10]

서울에 있던 미국과 캐나다의 동료들은 그가 서울에 꼭 필요하다고 하였지만, 고집스러운 헨리는 다음과 같이 말하였다. “한 사람만이 꼭 필요하다는 생각을 할 만큼 나는 어린아이가 아닙니다.” 그는 처음부터 부산을 자신의 선교지로 생각하고 있었다.

1890년 3월 14일 헨리 데이비스는 조선어 선생과 마부와 함께 부산을 향하여 출발하였다. 3주일 동안의 이 여정은 그의 일기에 잘 기록되어 지금까지 전해지고 있다. 서울을 떠난 그는 수원 등 경기도 지방과 공주 등 충청도 지방을 거쳐 경상도에 이르는 300마일에 이르는 먼 길이었다.

그는 여행 중에 한국인을 만나고 쪽 복음을 팔며 즐거워하기도 하였고, 아이들이 서양인에게 던지는 돌을 피해가기도 하였고, 또 진주 부근의 지방 관원의 박해에 어려움을 겪기도 하였다. 동시에 겨울이 지났다고는 하지만 날씨는 여전히 추웠고, 그의 감기는 폐렴으로까지 발전되었다. 그리고 그것이 그의 직접적인 사망원인이 되었다. 동시에 그는 천연두까지 감염되어 있었다.

그가 부산에 도착할 즈음 그는 업혀서 이동될 정도였다. 그는 한 캐나다인과 일본인 의사의 치료와 돌봄을 받았으나, 결국 4월 5일 운명하였다. 그가 한국 땅을 밟은 지 183일째였다. 서울에서 자신의 동생 사망 소식을 들은 메리는 슬퍼하며 얼마 후 호주로 돌아갔다.

“잃어버린 것이 아니다. 먼저 갔을 뿐”

1890년 4월 11일 금요일, 멜버른의 ‘더 아르거스’ 신문에 가족이 실은

---

9)   이상규, 56.
10)   마펫, 10.

헨리 데이비스의 부고 기사가 떴다. 그리고 나흘 후, 교회도 데이비스의 비극적인 소식을 알리며 추모예배를 공지하였다. 호주장로교회는 헨리 데이비스에 관하여 다음과 같은 기록을 남기었다.

"해외선교위원회는 큰 손실에 관한 깊은 감정을 기록으로 남기기 원한다. 우리의 첫 한국선교사 헨리 데이비스의 이른 죽음을 교회는 확인하였다. 선교를 향한 데이비스의 집중된 헌신은 학자로서의 눈에 띄는 능력과, 기독교인 생활의 일관성과, 다른 사람들을 끌어들이는 능력은 성공의 기대와 함께 새 선교를 시작하고 진행하는데 훌륭하게 적합하였다.

이 경험은 그리스도가 그의 교회보다 먼저 선교를 시작하였다는 '열린 문'을 보여주었고, 이 선교의 영향은 우리의 젊은이들에게 여러 가지로 영향을 미치며 격려가 되었다.

우리는 상실감에 깊이 애통하지만, 데이비스에게는 오직 얻은 것만 있었다는 것을 기억한다. 우리 주님은 스데반에게 그랬던 것처럼 그를 영광스럽게 하셨고, 이른 안식과 상을 주셨다. 우리의 희망의 표현으로 슬퍼하는 가족이 위로를 받기를 원하며, 성령의 역사하심에 의하여 많은 사람이 자극받기를 바란다. 그리고 그와 같이 실천하여 먼저 떠난 우리의 사랑하는 형제에게 주어진 같은 영광의 관을 받기를 바란다."[11]

데이비스를 지원하였던 청년친교연합회 회장도 한국을 포기할 수 없다면서 다음과 같은 기록을 남기었다.

"헨리 데이비스의 죽음.

한국에서의 선교 활동이 멈출 것이라고 우리는 믿지 않는다. 다만 우리의 질문은 이러하다.

'누가 이 기회 속으로 뛰어들 것인가?'

'죽은 이를 위하여 누가 세례를 받고, 그의 사명을 이어갈 것인가?'

추수의 주님께서 일꾼들을 과수원으로 보내시기를 기도한다.

로버트 길레스피."[12]

헨리 데이비스의 별세 후 채 2년도 안 되어 용감한 5명의 호주인이 그의 뒤를 이어 한국 부산 땅에 도착하였다. 그리고 1942년 일제에 의하여

---

11) 빅토리아장로교회, 1890년 5월 7일.
12) 빅토리아장로교회, 1896년 5월 1일.

외국인 모두 추방될 때까지 호주에서 총 78명의 남녀선교사가 부산과 경남 그리고 서울과 평양에서 활동하였다. 호주라는 나라와 문화 그리고 종교와 사람들이 이렇게 한국에 알려졌고 그뿐만 아니라 그들과 관계되는 한국인들이 호주에 입국하기 시작하는 계기가 되었다.

<참고도서>
양명득, 『호주인 개척자 헨리 데이비스』, 한교총, 2024.
이상규, '서른세 해의 삶이 찍은 굵은 점 하나', 「크리스찬 리뷰」, 2009.
옥성득 편역, 『마포삼열 자료집1』, 새물결플러스, 2017.
존 톰슨-그레이 저, 양명득 역, 『호주 첫 선교사 헨리 데이비스와 그의 조카들』, 동연, 2020.

<영문자료>
'더 아르거스', 멜버른, 1896.
빅토리아장로교회, 「더 프레스비테리안 먼슬리」, 멜본, 1896.
빅토리아장로교회, 「장로교 해외선교위원회 회의록」, 멜본, 1890년 5월 7일.
사무엘 마펫, 『First Letters from Korea』, 서울, 1975. 10.
호레스 웨버, 『세월은 흐른다, 코필드 그래머 스쿨 1881-1981』, 벨코트 북스, 1981.
헨리 데이비스, 「헨리 데이비스의 일기」, 1890년 1월 19일.

2. 여성 교육 선구자 이사벨라 멘지스

(이사벨라 멘지스, 1856-1935)

이사벨라 멘지스(민지사)는 1856년 호주 빅토리아주 발라렛에서 태어났다. 그녀의 부모는 금광 도시로 개발되었던 발라렛의 개척자였고, 평생 그곳에서 살았다. 멘지스는 장녀로 9명의 형제자매가 있었다. 그녀의 어머니는 자신의 자녀뿐만 아니라 많은 사람을 품어주는 여인이었고 깊은 신앙인이었다. 멘지스는 그런 어머니의 영향 아래 성장하였고, 어머니의 오른손처럼 꼭 필요한 딸이었다.

멘지스는 그곳의 성 앤드류교회에 참석하면서 신앙생활을 시작하였고, 그곳에서 세례를 받았다. 그리고 후에 그녀는 에베네저교회의 교인이자, 발라렛 지역의 일꾼이 되었다. 그녀는 그녀를 아는 사람들로부터 일찍부터 존경과 사랑을 받았다. 멘지스가 교회의 주일학교에서 가르칠 때 학생 중에 로버트 왓슨도 있었고, 후에 그도 한국에 선교사로 파송되었다.

멘지스는 에베네저 여선교연합회 지부의 첫 총무가 되어 활동하다 해외선교사 소명을 받아 한국에 지원하였다. 빅토리아여선교연합회는 그녀를 승인하였고 첫 호주선교사 헨리 데이비스가 사망한 후 2년 만에 그녀는 한국에 입국하였다. 함께 파송 받은 4명의 호주인 제임스 매케이 부부, 메리 퍼셋, 그리고 진 페리와 함께 그녀는 1891년 10월 12일 부산에 도착하였다.

첫 겨울의 시련

멘지스와 여선교사들의 첫 과제는 처음 경험하는 한국의 겨울을 무사히 넘기는 것이었다. 그들은 초가집을 집을 빌려 다가오는 겨울을 지내려 하였으나 가능치 않았고, 궁여지책으로 일본인 거류지 내의 흙벽돌로 지은 움막집을 얻어 그곳에서 살았다. 한국의 첫 겨울을 허름한 창고 같은 곳에서 지냈는바 그것이 개척자들에게 주어진 현실이었다. 그리고 불행히도 매케이의 아내 사라는 도착한 지 3개월 만에 사망하였다. 데이비스에 이은 두 번째 호주인의 죽음이었다.

마침내 멘지스를 비롯한 여선교사들은 부산진에 집과 땅을 매입하였다. 한국어 선생의 도움을 받아 초가집을 매입하여 한국인들과 함께 살게 된 것이다. 이웃 사람들은 처음에 이 외국 여성들을 수상하게 생각하여 경계하였고, 다음과 같이 말하였다. "이 서양 여성들이 우리 중에 같이 사는 것을 못 하게 하자." 한국어 교사와 전 주인의 설득에도 불구하고 사람들은 여선교사들에게 위협을 가하였지만, 마침내 거처를 마련할 수 있었다.

그리고 1892년 매입한 그 부지 위에 그들은 서구식 주택을 건립하였는데 이것이 호주선교부의 첫 선교관이었다. 그리고 2년 후 여선교사들을 위한 또 다른 선교관이 건립되었고 이 건물은 선교사들의 숙소, 고아원, 학교 건물 등 여러 가지 용도로 사용되게 된다.

부산에서의 선교가 이제 막 활발히 시작되고 있던 때에 매케이 선교사와 그와 결혼한 퍼셋, 그리고 페리 선교사가 차례로 선교지를 떠나거나 사임을 하였다. 함께 파송되어온 다섯 명 중 이제 멘지스만 남게 되었다. 멘지스와 이 후 곧 부임한 엘리자베스 무어(모이리사백) 선교사 그리고 페리의 후임으로 온 아그네스 브라운 선교사, 이렇게 3명이 부산진 좌천동에 거주하며 활동을 이어나갔다.

고아원 설립과 교육

멘지스에게 가장 중요한 일은 우선 한글을 배우는 일이었다. 그녀는 "30대 초반의 영어를 하는 심상현이라는 한국인에게 한국어를 배우기 시작하였다. 심상현은 유가에 깊이 빠진 사람이었으나 멘지스에게 한국어를 가르치고 그녀의 사역을 돕는 중에 신앙을 고백하였고 1894년 4월 22일에 두 여인 – 이도념과 김귀주와 함께 부산지방 최초로 세례를 받았다."[13]

호주 여선교사들은 한국어를 공부하며 주변의 한국인들과 특히 여성과 어린이들과 관계를 이어 가며 전도하였는데, 하루는 그들의 집 앞에 버려져 있던 한 아이를 보았다. 그리고 그가 고아인 것을 알고 돌보아 주면서 고아원 사업을 시작하게 된다. 처음부터 계획한 사업은 아니었지만, 현지의 필요로 자연스럽게 시작된 복지 활동이었다.

이때가 1893년이었고, 고아원은 후에 '미우라고아원'으로 명명된다. 미우라는 호주빅토리아교회 여선교연합회 회장이던 하퍼 부인 저택의 이름

---

13)　김경석, 101.

이었는데, 원주민어로 '안식처'란 뜻이다.

멘지스는 고아원을 주도적으로 운영하였고, 2년 후인 1895년에는 고아의 수가 13명으로 늘어났다. 수용인원이 많아지자 그들의 숙식 문제 해결뿐만 아니라 교육의 필요성이 제기되었고, 그해 말 3년 과정의 소학교 과정을 시작하였다. 이 학교가 바로 일신여학교의 시작이었다. 이는 한강 이남 최초의 여자학교였고, 호주선교부의 첫 교육기관이자 부산·경남지방 최초의 근대 여성 교육기관이 되었다.

1895년 10월 시작된 일신여학교의 첫 교장이 멘지스였고, 무어도 교사로 협력하였다. 당시 이 학교의 교육 내용은 한글, 한문, 산수, 체조 등과 성경과 기독교 신앙을 가르쳤다. 당시의 한국문화에는 여성 교육에 거부감이 있었고, 또한 서양인이 서양 종교를 가르친다는 사실에 부모들이 냉담하여 어려움이 많았다. 멘지스는 결석하는 학생이 생기면 가정을 방문하여 부모를 만나기도 하고, 상담하기도 하면서, 학교를 이끌어 갔다.

"그 후 학생들의 수가 점점 늘어나 교세가 확장되어 1909년 4월 15일 좌천동 768번지에 단층 서양식 교사, 현재 부산광역시 지정건물 제55호를 신축하여 학교형태를 갖추어 사립 부산진일신여학교로 본격적인 교육 활동이 되었다."[14]

부산지역 순회

멘지스와 여선교사들이 부산진에 자리를 잡고 고아원과 여학교를 시작하면서, 주일에는 그들의 집에서 예배를 드렸다. 멘지스는 그때부터 교회의 일도 주도하며 담임 목회자의 역할을 하였다. '일신'이라는 잡지는 당시의 상황을 다음과 같이 쓰고 있다.

"그때에는 아직 남선교사가 없었기 때문에 주일 아침 예배는 모두 멘지스 부인이 인도하는 것이 상례이었고, 어떤 때는 다른 선생을 시켜서 인도하도록 하는 때도 있었지만 그럴 때는 일일이 손수 준비해 주게 됨으로 이튿날에는 두통으로 드러눕게 되는 일도 여러 번 있었다."[15]

---

14) 앞의 책, 108.
15) 일신, 1936, 3.

이후 남성 목사인 겔슨 엥겔(왕길지)가 부임하였다. 1900년 11월 4일 주일예배를 드리는데 남자 15명, 여자 48명, 총 63명이 아침 예배를 드렸다고 그는 자신의 일기에 기록하였다. 지금까지 목사가 없었던 부산진교회에 목사인 엥겔이 부임하므로 멘지스는 자연스럽게 교육과 복지 사역에 집중할 수 있게 되지만, 그녀는 한편 엥겔의 통역사가 되어 계속하여 교회 일에도 협력하였다.

멘지스는 또한 울산 병영지역 교회 설립에도 공헌하였다. 멘지스와 무어가 울산지역을 순회하는 동안 신자가 된 이희대는 가족과 이웃들과 함께 울산에서 예배를 드리게 되는데 바로 그 지역의 첫 교회인 병영교회이다.

또한 현재 수안교회인 동래읍교회도 초대 목사가 엥겔이었지만 멘지스에 관하여 다음과 같은 기록을 남기고 있다. "그러던 동래지역에 대한 선교는 호주의 여선교사 멘지스에 의해서 이루어졌다. 그가 두루 다니며 선교하여 몇몇 여성 신자들을 얻게 되고 이 지역에 예배 처소를 마련한 것이다. 따라서 수안교회는 이 여성들이 시작한 교회라고 할 수 있다."[16]

이 당시 또 한 가지 주목할 만한 일은 멘지스를 비롯한 여선교사들을 도우며 함께 다녔던 한국인 전도부인들이다. 빅토리아여선교연합회에 의하여 1902년 처음으로 임명된 김유실을 비롯하여, 그다음 해 1903년 정백명, 김단청, 이수은 등이 임명되었다. 한국의 지리와 풍습을 모르는 호주여선교사들에게 이들의 도움은 큰 힘이 되었고 호주인과 한국인 여성의 우정이 이렇게 시작되었다.[17]

여학교의 확장과 발전

호주선교부의 초기 사업 중 하나가 부산에 고아원과 여학교를 운영하는 일이었다. 당시 한국인들의 편견으로 인하여 여학생들이 많이 등록하지 않았으나 1907년 초에는 75명의 소녀가 여학교 낮 반에 공부하고 있었다. 그리고 시간이 지남에 따라 학생 수가 더 증가할 것으로 여겨 100명을 수용할 수 있는 학교를 건축하기로 결정하였다. 그리고 무어 선교사를 포함

---

16)   수안교회 백년사 편찬위원회, 78.
17)   '더 크로니클', 1908년 12월 1일, 12.

하여 호주에서 모금하기 시작하였는데 1907년 2월에 총 151파운드 6실링 8펜스가 모였다.

한편 1906년 연례 보고에는 그 숫자가 조금 다르게 나오고 있다. 5년 전에 여학교가 시작될 때 5명의 여학생과 9명의 고아로 시작되었는데, 현재는 85명이 참석하고 있다고 하였다. 그리고 멘지스는 그 여학생 모두를 수용하기 위하여 더 큰 공간이 요청된다고 쓰고 있다. 당시 부산에 있던 호주선교사들은 여학교에 큰 관심을 가지고 함께 협력하고 있는 모습이었다.

또한 미우라고아원에 있던 고아 한 명 한 명을 호주의 개인이나 단체 후원자와 연결하여 재정지원을 하며 관심을 두도록 하였고, 그들의 성장에 관해 보고하였다. 때로 배를 빌려 그들과 동행하여 부산의 다른 항에 소풍을 가기도 하였다. 또한 당시 소녀들을 위한 야학도 운영하고 있었는데 60명 정도가 참석하고 있었다. 그러나 이 여학생들은 정기적으로 출석하지 못하고 있었는바 부모들이 여러 가지 이유로 허락을 않거나 서양 이론에 물들어 결혼에 지장이 있을까 염려하였다고 한다. 야학 강의도 멘지스의 많은 일 중 하나였다.

당시 일신여학교 학생들은 호주교회의 재정지원을 받았는바 그들과 멜버른의 후원자 명단은 다음과 같다; 장금이(라이리 가 교회 성경공부반), 홍기(투락의 친구들), 종기(말번주일학교), 서매물(에센돈주일학교), 복순이(도르카스 가 교회), 봉금이(호쏜의 밴드 양과 박스힐주일학교), 순남이(호프 양, 다리웰), 정순개(플레밍톤 밴드 양과 피콜라), 덕순이(배정되지 않음), 달순이(현장의 친구들), 덕보기(현장의 친구들).[18]

멘지스의 건강 상태가 점차로 나빠지고 있었다. 호주의 여선교연합회와 해외선교위원회는 멘지스의 상태를 염려하며, 그들의 기도와 진정한 동정심을 전달하기를 만장일치로 결정하고 있다. 그러나 멘지스는 결국 호주로 돌아가게 되었다.

'더 크로니클' 선교지는 멘지스가 거의 17년을 사역하면서 그간의 스트레스와 업무의 과중함으로 건강이 무너졌다고 전하면서, 1908년 1월 한국을 떠나 호주로 돌아왔으며 1년 정도 치료와 쉼을 가진다고 전하였다. 그리

---

18)　앞의 책, 1907년 5월 1일, 7.

고 다시 회복되어 그녀가 사랑하는 사람들에게 돌아갈 수 있기를 희망한다고 전하였다.

사임하다

멘지스가 선교사역에 사표를 내었다는 소식이 1909년 초에 전해졌다.

"빅토리아장로교 여선교연합회 선교사로 부산에서 17년을 사역한 멘지스가 사표를 내었음에 우리는 깊은 유감을 표한다. 지난 2월 멘지스는 악화된 건강으로 호주로 돌아왔고, 그 후 지금까지 의사 치료를 받아 왔다. 지금은 다행이도 건강이 회복되었고, 근력도 돌아오고 있다. 그러나 그녀는 하나님의 뜻이라면 이제 호주에 머무르기를 원하고 있다."[19]

여선교연합회 정기위원회는 멘지스의 사표를 받아들였고, 다음과 같은 감사의 기록을 남기고 있다.

"우리는 멘지스의 사표를 받아들이며 감사의 기록을 남기기 원한다. 멘지스는 여선교연합회의 젊은 여성선교사로서 1891년 부산에 임명이 된 이래 그녀가 보여준 헌신과 능력 있는 봉사에 깊은 감사를 표한다. 이제 자신의 어머니를 돌보는 중요한 일을 위하여 떠나는 그녀는 이곳에서 선교의 일을 계속하는 것이며, 이것은 우리의 사역을 더 전진시키는 것이다."[20]

여선교연합회는 한편 부산에서 멘지스의 돌봄을 받던 여성들과 그녀에게 의지하고 있던 동료들에게도 동정심을 표하였다. 한국에서 선임 선교사였던 멘지스의 사임은 이 해 여선교연합회의 가장 큰 슬픈 변화였다. 그리고 여선교연합회와 멘지스는 어떤 방법이든 계속하여 관계를 이어 가기를 원하였다.

한편 멜버른의 여선교연합회는 부산의 고아원과 학교를 위하여 정기적으로 모금 활동을 하고 있었다. 1909년 중반에는 투락에 있던 하퍼 여사의 집 뜰에서 바자회 준비 모임이 열렸고, 13개의 지부가 대표하여 참석하였다. 각 지부마다 음식, 케이크, 꽃, 생산품, 어린이 놀이, 카드, 과일, 성탄 나무, 동물 전시 등 한두 가지의 물품을 맡아 매대를 운영하기로 하였다. 또한

---

19)   앞의 책, 1909년 1월 1일, 1.
20)   앞의 책, 8.

미우라고아원에 있던 여학생들도 놋그릇을 멜버른으로 보내어 바자회에 출품하기로 하였다. 이 바자회는 같은 해 11월 성황리에 열렸고, 1,100파운드 이상을 모금하였다.

다시 한국으로

건강을 회복한 멘지스는 1912년 4월 17일 다시 한국 부산으로 돌아 왔다. 그녀가 떠난 지 4년 만이었다. 부산진의 성도들은 눈물을 흘리며 반가워하였고, 아무도 '민 부인'을 대치할 수 없다고 하였다. 그리고 멘지스는 7월 8일 부산진에서 편지를 쓰고 있다. 멘지스는 이미 본인이 초대 교장이었던 미우라고아원을 다시 책임 맡아 사역을 하고 있었고, 다시 한번 그곳 학생들의 어머니가 되어있었다.

1912년 말에 멘지스는 미우라고아원에 관하여 보고서를 보내고 있다. 당시 18명이 고아원에서 생활하고 있었는데, 그중 장금이와 서매물을 포함한 9명 고아를 빅토리아교회가 후원하고 있었다. 나머지 6명은 여학교의 학생들로 기숙사처럼 그곳에 기거하고 있었고, 2명의 한국인 교사, 1명이 학교 사감이었다.

멘지스는 각 학생에게 일을 할당하여 집을 깨끗이 유지하게 하였고, 점수 제도를 통하여 연말에 수상하기도 하였다. 학생들은 낮에는 수업을 들었고, 저녁에는 요리와 설거지 등 집안일을 배웠다. 그리고 금요일 오후에 수업을 마치면 묵은 빨래를 가지고 시냇물에 내려가 빨래를 하였다. 그리고 집에서 그 빨래를 삶았고, 토요일 아침에 널어 말리어 다림질까지 하였다. 심 목사의 딸 순이도 이 집에서 함께 살며 복영이와 좋은 친구였다.

그다음 해인 1913년 초에 부산진일신여학교의 첫 졸업생들이 나왔다. 이들은 호주 여선교연합회에 감사의 편지와 함께 그들의 사진을 보내고 있다. 그들은 말하기를 사진이 잘 안 나왔지만 용서하고 보아달라고 하면서 자신들의 이름을 적었다. 문순검, 양귀추(양한나), 방순달, 박덕술이 그들이다. 이들은 하나님과 여선교연합회에 감사를 표하며 계속 기도해 주기를

요청하고 있다.[21]

최고 선임자

1914년 초 미우라학원에 작은 소동이 벌어졌다. 선교사관에서 잠을 자던 노블 맥켄지(매견시) 부부가 난데없는 아기 울음소리에 놀라 깨어났다. 누가 다섯 달도 채 안 된 아기를 선교사관 앞에 두고 도망갔던 것이다. 맥켄지 부인은 멘지스를 불렀고, 멘지스는 한걸음에 달려왔다. 아기의 몸에는 여러 상처가 있었지만, 잘 먹인 것 같은 상태였다. 멘지스와 교사들은 즉시 아기를 씻기고 우유를 주었다. 그리고 멘지스는 경찰을 불렀다.

일본 경찰은 그 지역 한국인 순사를 앞세워 미우라학원에 도착하였다. 경찰은 자초지종을 받아 적은 후 만약 부모를 찾지 못하면 이 아기를 어떻게 할 것인지 물었다. 멘지스는 즉각 대답하였다. "우리가 돌보아야지요. 거리로 다시 돌려보낼 수 없지 않습니까?" 경찰이 돌아간 후에 그곳의 한 학생이 어찌하여 경찰을 불렀는지 멘지스에게 물었다. 멘지스는 입을 열었다. 경찰이 오지 않으면 동네에 소문이 퍼져 다른 사람들도 이곳에 아기를 버릴 것이라고 하였다. 결국 부모를 찾지 못한 그 아기는 미우라학원에 남게 된다. 그리고 그 아기의 이름을 새해의 복이라 하여 신복이라 불렀다. 멘지스는 이 아이를 입양하였고, 장성하여 결혼할 때까지 돌보아 주었다.

부산진은 여선교사들이 가장 먼저 거주하며 자리를 잡은 곳으로, 새 선교사들이 부산항에 입항할 때마다 이곳을 먼저 찾게 되었다. 새로 온 여선교사들은 말로만 전해 듣던 미우라학원과 일신여학교를 둘러보고, 또 멘지스와 다른 선교사들의 환영을 받게 된다. 멘지스는 남녀선교사들 최고 선임자로 그들을 어머니처럼 따뜻하게 맞아주고, 유용한 정보를 공유해 주었다.

조선 선교 25주년

1916년은 멘지스에게 의미 있는 해였다. 그녀의 '조선 선교 25주년 기

---

21)　앞의 책, 1913년 7월 1일, 12.

념축하예배'가 10월 25일에 있었다. 멘지스의 보고서에는 그것에 관하여 아무런 언급이 없지만, 호킹 선교사의 편지에 그날의 모습이 담겨있다. 부산진교회는 이날의 행사를 세심하게 준비한 듯하다. 당일의 좋은 날씨를 위하여 기도하였고, 교회당에 꽃과 화분, 깃발로 엮은 줄 장식, 특별한 의자 등을 준비하였고, 이 모든 것이 교인들의 손에 의하여 준비되었다.

축하예배 시에 심취명 목사가 먼저 오늘 예배를 드리는 의의에 대하여 설명을 하였고, 찬송과 기도로 예배가 시작되었다. 다음으로 정덕생 목사는 멘지스가 처음 한국 땅에 도착할 때의 모습과 초기 사역을 소개하였는데, 이것은 멘지스의 한국어 교사였던 김 목사에 의하여 쓰인 것이다. 그 소개의 내용은 당시 교계 신문 '기독신보'가 자세히 보도하고 있다. 다음은 그 내용의 일부분이다.

"열심 전도하는 중 고난풍파를 몇 번이나 겪어도 길이 참음과 조선 여성 교육이 급무로 알고 여학교를 설립함과 혈혈무의한 아이들을 거두어 금일까지 성심으로 수양하신 그 성격과, 당신이 설립하신 부산진교회를 위하여 금실 같은 그 머리가 백발이 성성토록 힘쓰고 이 끄신 그 경력을 낭독함에 만장이 갈채하며..."[22]

또한 교회는 멘지스에게 은메달과 금과 은으로 된 핀, 그리고 한국의 귀부인들이 사용하는 은제 기념장을 선물하였다. 기념 메달 한 면에는 한국어가 새겨져 있었고, 다른 면에는 십자가 새겨져 있었다. 양면 가장자리에는 25개의 별이 있었는데, 멘지스의 25주년 봉사를 상징하는 디자인이었다. 빅토리아의 여선교연합회도 기념으로 손목시계를 부산으로 보내어 맥켄지가 대신 멘지스에게 증정하였다.

만세운동으로 취조 받다

1918년 미우라학원 보고서에 휴가로 떠났던 멘지스가 한국에 도착한 것을 알리고 있다. 몇 주 전에 '어머니' 멘지스가 다시 부산으로 돌아와 가족은 매우 행복해하며 환영하였다. 사감 선생부터 작은 신복이까지 모두

---

22)　'기독신보', 1916년 11월 8일.

멘지스의 귀국을 고대하였기 때문이다.

그리고 1919년 3월, 서울에서 일본의 압제에 항거하여 3.1운동이 발발하였다. 부산에서도 독립운동의 분위기가 감돌고 있었으며, 일신여학교도 예외가 아니었다. 멘지스는 학생들에게 일본 경찰에 의심을 받지 않도록 조심하기를 독려하였다. 그러다 3월 11일 저녁 8시 30분경 미우라학원의 여학생들이 사라진 것이 발견되었다. 아무도 그들이 어디로 간지 모르자 여선교사들은 그들을 찾으러 나섰다.

"우리는 갑자기 '만세'하는 함성을 들었다. 우리는 작은 골목에서 학생들을 찾다가 큰 거리로 뛰어나갔다. 그곳에 사람들이 만세를 부르며 행진하고 있었다. 우리는 먼저 남학생들을 보았고, 곧 우리의 여학생들도 그 행렬에서 만세를 부르고 있는 것을 발견하였다. 큰 무리는 아니었지만 작은 골목마다 사람들이 서서 구경하고 있었고, 그 행렬에 합류하는 것을 두려워하였다. 우리는 여학생들을 집으로 데려오려고 하였지만, 여학생들은 우리에게서 더 멀리 뛰어 나갔다. 심 목사 아이는 집으로 보냈지만 다른 학생들은 완강하였다. 우리는 더는 할 것이 없어 조용히 집으로 돌아왔다."[23]

그러나 일신여학교의 교사 데이지 호킹(허대시)과 마가렛 데이비스(대마가례)는 곧 경찰서로 잡혀가게 된다. 그들이 큰길가에 나와 있던 것을 일본 순사들이 보고 쫓아왔던 것이다. 처음에는 몇 마디 질문만 할지 알았지만, 결국 그들을 차에 태워 경찰서로 갔으며 그곳에서 2시간 방치되다 마침내 유치장에 수용되었다. 밤새도록 일본 형사가 들락거리며 그들을 감시하였다. 소식을 들은 멘지스는 여학교 사감과 요리사를 통하여 담요와 깔개를 유치장에 들여 주었는데 그때가 새벽 3시였다.

그다음 날 아침 검은 제복의 경찰은 일신여학교와 기숙사에 태극기가 있는지 취조를 시작하였다. 여선교사들은 모른다고 대답하였다. 그날 그들은 온종일 유치장에 있었고, 결국 유치장에서 필요한 화장실용품과 음식 목록을 적어 멘지스에게 보내었다. 알버트 라이트(예원배) 목사가 음식 등이 담긴 광주리를 가지고 왔고, 그때야 여선교사들은 식사를 제대로 할 수 있었다. 라이트는 이들의 구류 사실을 즉시 영국대사관에 보고하고 구명

---

23) '더 크로니클', 1919년 6월 2일, 3.

운동을 시작하였다.

그다음 날 그들은 같은 경찰을 대면하였는데, 그는 질문하는 대신 일신여학교에 태극기가 있었고, 그것들을 멘지스가 불태웠다고 말하였다. 나중에 안 일이지만 여학생들이 학교에 태극기를 숨기고 있었던 것이다. 호킹과 데이비스가 잡혀가자 교사들이 책장을 뒤져 태극기를 발견하였고, 멘지스는 학교에 어려움이 닥칠 것을 예견하고 즉시 태운 것이었다. 일본 경찰은 멘지스가 태극기를 태워 증거를 없앤 동기에 대하여 심하게 취조하였다.

이때부터 일신여학교는 일본 형사들에 의하여 점거되다시피 하였고, 무엇보다도 멘지스가 취조당하는 모습에 여선교사들과 학생들은 괴로워하였다. 경찰은 그녀가 오랜 기간 여학생들을 위해 봉사한 사실과 희끗희끗한 머리 덕분에 풀어준다고 하였다.

떠나는 '우리 어머니'

일본 경찰의 취조와 재판으로 인하여 멘지스의 건강이 좋지 않았다. 신경쇠약으로 쓰러질 수도 있다는 보고가 있었고, 어쩌면 계속 한국에서 일하기 어려울 것이라는 동료들의 언급도 있었다. 멘지스는 일단 진주 배돈기념병원에 가 맥라렌의 치료를 받았으며, 다행히도 그녀의 상태가 호전되었다. 그러나 여선교회연합회는 이듬해 멘지스가 호주로 병가 차 휴가를 떠날 것을 결정하고 있고, 그 후 여선교연합회는 그녀에게 은퇴를 권유하게 된다.

1923년 7월, 멘지스가 병가 차 호주로 떠난다지만 이것이 아마 마지막이라는 것을 교인들은 알고 있었다. 멘지스를 환송하는 예배가 부산진교회당에서 열렸다.

"지난 수요일 매우 감동적이고 훌륭한 환송 예배가 교회에서 열렸다. 멘지스는 '우리 어머니 혹은 우리 교회의 어머니'로 우리를 위하여 기도해 주셨다. 33년 전 처음 한국에 오셨을 때부터 지금까지의 공적에 대한 아름다운 환송사도 있었다. 이것은 우리의 주님이 우리의 구원을 위하여 이 땅에 사셨던 기간과 같으며, 하나님의 사랑을 드러낸 주님의 삶과도 흡사하다.”[24]

멘지스를 환송하기 위하여 부산항에 많은 사람이 모였다. 그중 여학생과 여성들의 눈에는 눈물이 흘렀다.

그 후 멘지스는 빅토리아장로교 여선교연합회의 여러 일을 맡으면서 한국선교를 계속 지원하였다. 그리고 1930년 11월 멘지스는 한국을 한 번 더 방문하였다. 그녀의 나이 75세였다. 그리고 약 두 달 후 부산진교회 설립 40주년 기념예배가 있었고, 멘지스와 무어의 공로 기념비 제막식도 있었다. 무엇보다도 양딸인 민신복의 결혼식에 어머니로 참석하는 기쁨을 멘지스는 가졌고, 딸에게 선물로 한옥 한 채도 사줄 수 있었다.

그리고 5년 후인 1935년 9월 10일 멘지스는 80세의 나이로 발라렛에서 별세하였다. 그리고 그곳 구 공동묘지에 묻히게 된다. 당시 ‘더 에이지’ 신문은 멘지스의 장례식을 지역 소식에 알리며 한국의 첫 여성 호주선교사로 소개하였다.[25]

멘지스가 호주에서 세상을 떠났다는 소식을 들은 부산진일신여학교도 1936년 ‘고 멘지쓰부인을 회고함’이라는 제목의 글을 남기고 있는바, 다음이 그 일부분이다.

“오늘날 암탉이 병아리를 품는듯이 동래천지를 안고 섯는 우리 일신학교를 낳고 길을 여는 그 어머니로서 영원히 잊혀지지 않을 것이다. 일신의 어머니 멘지쓰 부인 그는 벌서 이 세상을 떠나 일신이 40주년 돌을 맞이하는 1935년 9월 10일에 그 일신을 낳고 길르시든 멘지스 부인은 멀리 그의 고향인 호주 ‘바라라트’ 라는 곳에서 평온한 가운데서 이 세상을 떠났다는 부고를 받으니 다시금 그의 혁혁한 공적을 회상하고 감사하게 되는 바이다.”[26]

2022년 대한민국 정부 국가보훈부는 멘지스와 데이비스 그리고 호킹의 독립운동 공헌을 인정하여 국가유공자로 선정하였다. 멘지스는 건국포장을 수여하였다.

---

24)　　앞의 책, 1923년 10월 1일, 4.
25)　　‘더 에이지’, 1935년 9월 12일, 14.
26)　　일신, 1936.

<참고도서>

김경석, 『부산의 기독교 초기선교사』, 한세 인쇄, 2013.
동래일신여학교, 「일신, 멘지스 부인 기념호」, 교우회 회보 제8호, 1936.
수안교회 백년사 편찬위원회, 『수안교회 100년사』, 2005,
양명득, 『호주선교사 벨레 멘지스』, 동연, 2022.
이상규, 『부산지방에서의 초기 기독교』, 한국교회와 역사연구소, 2019.
커와 앤더슨, 양명득 편역, 『호주장로교 한국선교역사 1889-1941』, 동연, 2017.

<영문 자료>

빅토리아여선교연합회, 「더 크로니클」, 멜본, 1906-1935.
알렉스 텔스마, 『그곳에 많은 여성이 있었다』, 빅토리아여선교연합회, 1991.
호주선교사공의회, 「더 레코드」, V 1-10, 1909-1923.

3. 섬마을 전설 엘리자베스 무어

(엘리자베스 무어, 1863-1956)

엘리자베스 무어(모이리사백)는 1863년 호주 멜버른 인근의 데일스포드에서 태어났다. 그녀는 동료들에게 베시 무어로 더 잘 알려져 있었고, 후에 한국에서는 모 부인, 모 씨 혹은 무어 부인으로 불리었다.

무어의 젊은 시절과 교육 배경에 관하여는 잘 알려지지 않았다. 다만 그녀는 학교를 졸업하고 회사에서 일하면서 능력과 친절한 태도로 인정을 받았다. 그리고 그녀는 자신의 신앙으로 주일학교에서 가르치기 시작하였는데, 이것이 결국 그녀가 한국으로 가게 된 동기가 되었다.

무어에게는 또한 '디커니스'란 칭호가 있었는데 이것은 그녀가 교회에서 디커니스 교육을 받았다는 것을 의미한다. 그뿐만 아니라 그녀는 멜버른병원에서 간호사 훈련을 받았고, 그 훈련을 다 마치는 조건으로 빅토리아여선교연합회가 그녀의 신청서를 받아들인 것을 보면 간호사 자격증도 있었을 것이다.

1892년 6월 5일 멜버른 시내에 있는 총회회관에서 무어의 파송예배가 열렸다. 그녀는 멜버른에서 출발하여 시드니, 다윈, 홍콩, 나가사키를 거쳤고, 이해 8월 3일 부산에 도착하였다. 당시 그녀의 나이 29살이었다.

'큰 엄마' 모 부인

부산에 도착한 무어는 수개월 먼저 한국에 들어온 벨레 멘지스 등이 구한 초가집에서 그들과 함께 생활을 시작하였다. 그리고 멘지스와 함께 일하며 생활하였다. 당시 그들의 집에는 고아들도 함께 살았다. 미우라고아원으로 알려진 이 복지기관이 그곳 여선교사의 집에서 시작된 것이다. 그리고 2년 후인 1894년 벽돌과 기와로 지은 새 집을 건축하여 이사하였고, 여선교사들과 고아들은 좀 더 나은 삶의 환경을 가지게 되었다.

무어와 멘지스는 돌아가며 이 고아원을 책임 맡았고, 이곳에서 1895년 3년 소학교 과정인 부산진일신여학교가 시작되게 된다. 호주장로교 선교부의 첫 교육기관이자 경남지방 최초의 근대 여성기관인 것이다. 무어는 초기에 멘지스와 함께 이 학교를 이끌었다.

1896년에 무어는 고아원 아이들 한명 한명의 근황을 빅토리아교회에 상세히 소개하고 있다.

"저녁때가 되면 우리 구성원은 우리의 집으로 모이는데(자신들의 집에서 가깝다), 함께 찬송하고 함께 예배하며 그들을 선한 목자께 위탁한다. '굿 나잇'이라고 인사를 마치면, 다음 날 아침까지 그들의 목소리는 더는 들을 수 없다. 아침이면 각자 자신이 맡은 일을 하게 되는바, 가장 어린아이도 참여한다. 이웃과 외부인이 함께하는 우리의 한국어 예배가 마치면, 공부가 시작된다. 영국이 밤일 때 한국은 바쁜 낮이라는 사실이 이 아이들에게는 우스운 일인가보다. 그리고 세계 지도에 위치한 조선이 작은 땅이라는 사실에도 그렇다."[27]

이 글의 끝에 고아원 아이들은 멘지스를 '작은 엄마', 브라운을 '중간 엄마', 그리고 무어를 '큰 엄마'로 지칭하고 있는 것이 흥미롭다. 겔슨 엥겔이 1900년 부산진선교부로 부임하여 여선교사들의 활동을 지도하게 되었지만, 사실상 학교 책임은 멘지스가, 고아원 책임은 무어가 나누어 맡고 있었다.

무어는 부산진에서뿐만 아니라 동래에서도 여성과 소녀들을 가르쳤다. 학생 수는 기복이 있었지만, 평균 60명이 참석하였다. 학생 대부분은 비기독교인 부모의 자녀들이고, 양반집의 하녀들이었다. 지저분하고 흐트러져 보이는 이 무리는 그러나 배우려는 욕망이 있다. 무어는 이들이 한글과 산수 그리고 성경공부에 참석하는 것을 큰 기쁨으로 여겼다.

무어의 활동 반경

무어는 경남 여러 지역을 다니며 여성들을 만났다. 그녀는 경남 동부지역과 내륙, 그리고 후에는 남부와 도서 지역을 순회하였다. 그곳에서 호주인과 한국인의 첫 만남이 이루어졌고 기독교가 점차로 알려지게 되었다.

"무어의 주요 임무는 전도와 새로 믿은 여신자들에게 신앙을 교육하는 것이었다. 무어는 강인한 체력의 소유자였으나 체력의 한계를 넘도록 자신을 재촉했고, 그로 인해 한차례의 장티푸스를 포함하여 여러 차례 질병을 앓기도 했다. 그녀는 작은 무리의 새 신자들이 있는 곳이나 신앙 탐구자들이 있는 곳을 방문하기 위해 조수들과 함께 나귀를 타거나 걸어서 수백

---

27) '더 레코드', 1896년 9월, 14-15.

킬로를 여행하였고, 예수와 그리스도인의 도를 가르치고 세례를 준비시켰다.”[28]

무어는 한국인 전도부인 김유실과 주로 순회를 다녔고, 백차명, 송순남 등도 때로 동행하였다. 이들은 당시 빅토리아여선교연합회가 주는 봉급을 받고 일하였다.

1907년 무어는 울산을 방문하고 그곳에 새 교회당이 건축되고 있음을 알리고 있다. 동시에 그녀는 그곳의 교인들은 목자 없는 양 떼 같다고 적고 있다.

“그들은 목자 없는 양 떼와 같고, 목자 한 명을 진실히 원하고 있다. 하나님께서는 우리를 위하여 역사하신다. 우리는 그 역사하심을 방해하지 말아야 하고, 그의 양 떼들을 실망하게 하지 말아야 한다!

한국인 교인들은 특별 모금을 하고 있고, 새 교회당의 한 부분을 짓고 있다. 한 여성은 자신의 머리카락을 팔아 그 돈으로 헌금을 하였다. 무어의 전도부인 유실은 자신의 은반지를 팔았다. 다른 이들도 자신을 부인하며 드리고 있다. 한 남성은 신자는 아니지만, 한국 돈 10냥을 드렸다. 하나님께서 영광 받으시고 있다.”[29]

숙소에서의 어려움

서양 선교사들이 한국에서 가장 힘들어하는 것 몇 가지가 있다. 뜨거운 온돌 바닥, 잠자리, 음식, 남자의 무리, 해충, 질병, 죽음 등이다. 무어도 이것들에서 벗어나지 못하였다.

무어는 당시 동래, 구서, 두구동, 기장 등을 다녔고, 가는 곳마다 이미 전도한 여성 교인들의 환영을 받았다. 그러나 무어에게 어려움은 항상 숙소였다. 대부분 교인이 내어주는 방 한 칸에서 동행하는 여성들과 함께 잠을 자야 하였다. 그녀는 창문이 있는 방을 좋아하였는데, 창문을 통하여 신선한 공기를 마실 수 있기 때문이었다.

또한, 숙소와 관련하여 무어에게 어려운 일은 방문하는 마을 사람들이

---

28) 브라운, 59.
29) ‘더 크로니클’, 1907년 2월 1일, 2.

몰려와 그녀의 일거수일투족을 관찰한다는 것이다. 이것은 그녀가 밤에 잠을 잘 때도 예외는 아니었다.

"우리가 이곳에 머물렀던 3일 동안 아침부터 저녁까지 이웃 마을에 사는 사람들까지 나를 보러 찾아 왔다. 나는 혼자 있는 시간이 없었다. 심지어 밤에 자려고 할 때도 쥐가 내는 소리 같은 바스락거리는 소리가 방문 밖 창호지에서 들렸다. 나는 종이로 된 창호지에 구멍이 뚫리고 있다는 것을 곧 깨달았다. 나는 옷으로 방문 위를 덮기도 하였고, 밖에 있는 사람들을 물러나가게도 하였다."[30]

그뿐만 아니라 시골의 방에는 이나 벼룩 같은 벌레가 항상 있었다. 벌레들의 공격으로 무어는 종종 뜬눈으로 밤을 지새웠다.

"이곳에서 20리 떨어진 높은 산중의 마을을 방문하였다. 그러나 이곳에는 우리를 환영하는 사람이 없었다. 계속 행진하라는 충고가 있었다. 10리만 더 가면 편안한 여관이 있다는 말이었다. 우리는 어쩔 수 없이 계속 길을 갔는데 슬프고 실망스러웠다. 그러나 그 여관도 완전히 실패였다. 우리는 밤새도록 벌레에 시달렸다."[31]

개척의 즐거움

초창기 순회의 여러 어려움 속에서도 무어는 후대 순회선교사들에게 '순회 전도는 이런 것이다'라는 하나의 유형을 제시하였다. 적어도 빅토리아여선교연합회는 무어의 순회 전도를 하나의 기준으로 평가하면서, 호주교회에 소개하고 있다.

"비가 많이 왔고, 강마다 물이 넘쳤다. 종종 우리는 무릎까지 올라오는 시냇물을 건너야 하였고, 때로 너무 깊어 돌아가야 하기도 했다. 그러나 포기하지 못하고 전진해야 하는 이유는 우리가 온다는 소식을 이미 건넛마을이 듣고 기다리고 있기 때문이다…. 차고 넘치는 시냇물과 강바닥의 자갈들을 헤치고 온 것은 참 잘한 일이었다."[32]

---

30) 앞의 책, 1908년 1월 1일, 3.
31) 앞의 책, 1908년 5월 1일, 9.
32) 앞의 책, 1908년 8월 1일, 4.

특히 무어는 다니는 지역의 여성들에게 많은 사랑을 받았다. 가는 곳마다 그녀는 환영을 받았고, 관심을 받았다. 여성들과 아이들은 동구 밖까지 나와 그녀를 맞았으며, 떠날 때는 멀리까지 배웅해 주었다. 여성들은 무어가 기독교의 진리를 가르쳐 주어 감사해하였고, 특히 당시 한국 사회에서 여성에게 관심을 두고 사랑을 주어 고마워하였다.

당시 예배당 안에는 남성과 여성을 구별하는 가림막이 있었다. 여성들은 남성들보다 먼저 무어에게 노래를 먼저 배워 평생 처음 남성도 모르는 것을 할 수 있었다. 교회 안의 부자들도 모르는 성경이야기를 여성들이 먼저 배워 질투하기도 하였다.

통영에서

호주선교사 공의회는 1912년 1월 부산진 모임에서 남해에는 남해선교부 그리고 칠암에는 칠암선교부를 설립하기로 하였었다. 남해선교부는 남해, 하동 그리고 곤양 지역을 담당하고, 칠암선교부는 칠암, 거제, 고성 그리고 진해까지 담당하기로 하였다.

그러나 그다음 해 칠암선교부를 통영선교부로 그 이름을 변경하였고, 남해선교부 설립은 취소하였다. 그리고 이때 두 사람의 개척자를 통영에 파송하게 되는바 바로 무어와 왓슨이었다. 로버트 왓슨(왕대선)이 당시 경상노회로부터 위임받은 지역이 통영, 고성, 거제 지역이었고, 무어는 부산 선교부에 속해 있었으나 그동안 통영을 비롯한 서편 지역도 순회하였기에 이 둘이 적임자였다.

"통영선교부가 요청하는 무어의 이전은 승인한다. 빅토리아여선교연합회는 그곳에 여성 교육선교사 한 명도 필요하며, 멀지 않은 장래에 여성들을 위한 사택의 필요성도 제기하였다."[33]

무어가 통영으로 이전하므로 그곳부터 남해까지 이르러 지역 교회 지형에 큰 변화를 가져오게 한다.

"순회전도 여행은 왓슨 목사와 동행하기도 했는데, 세 가지 방향에서

---

33) '더 레코드', 1913년 9월, 55.

전개되었다. 통영 지역을 순회하던가, 고성지방으로 향해 삼천포 지방과 그 인근으로 순회하던가, 거제도로 향해 지세포, 장승포, 고현 등지를 순회하는 방식이었다. 이 순회의 결과로 욕지교회(1902)와 충무교회(1905)에 이어 남해 지역에 교회가 설립되고 복음이 확산하는 결과를 가져온 것이다."[34]

무어는 통영을 사악한 곳이라 말하고 있다. 많은 배가 드나들며 일본인뿐만 아니라 여러 나라의 선원들이 거쳐 갔으며, 그들을 위한 술집이나 유흥가가 형성되어 있었다. 만약에 사악한 곳으로 가기를 원한다면 통영읍을 그대로 지나치지 못할 것이라고 그녀는 말하면서, 죄에 빠진 많은 영혼이 주님의 사랑과 피로 씻는 능력이 필요하다고 하였다. 여행하는 사람들에게는 점과 같은 많은 섬이 풍경도 아름답고 날씨도 좋아 희망차 보이지만, 무어는 깊게 드리운 어두운 그림자를 보고 있었다.

당시 통영선교부에는 전도부인 한 명이 있었는바, 그녀의 이름은 유순이였다. 무어는 그녀와 함께 가는 곳마다 여성들을 모아 사경회를 하거나 성경반을 운영하였다. 무어와 친구가 된 여성들은 그녀를 신실하게 따랐고, 그녀를 반겼다. 심지어 '무어의 깃발'이라는 것이 있어, 시골 주변의 사람들이 그 깃발이 올라가기만 기다리고 있었고, 그 깃발에는 '모 부인이 오셨다'라고 쓰여 있었다고 한다.

무어는 특히 통영과 섬 지역의 미신과 남녀 차별에 대항하여 싸웠다.

"우리는 길가에서 그리고 마을에서 씨를 뿌리는 귀한 시간을 공유하였다. 많은 사람이 무거운 짐을 지고 고생하다가 얼굴을 돌려 하늘을 보게 하였다. 자신의 육신 생존을 위하여 수고하는 사람들에게 영적인 도전을 하였다. 그리고 죄악의 유혹에서 이기는 심령들을 보면 우리는 뛸 듯이 기뻤다.

한 가난한 여성이 하나님에 대하여 들었다. 그러나 그녀는 귀신 숭배를 포기할 용기가 없었다. 그러던 그녀가 성경 이야기를 배우더니 이렇게 말하였다. '와서 나의 남편에게도 가르쳐 주세요. 그는 고집이 세고 나쁜 남자입니다. 그도 이 놀라운 이야기를 듣기 원합니다.'"[35]

---

34) 이상규, 189.
35) '더 크로니클', 1916년 8월 1일, 4.

언덕 위의 집

1914년 말, 빅토리아여선교연합회는 통영의 무어의 집, 즉 여선교사관과 여학교 건물을 위한 일차 예산을 의결하였다. 여선교사관 건축을 위해서는 450파운드, 여학교 건축을 위해서는 160파운드를 허락하고, 건축 기금에서 지출하기로 하였다.

그리고 그다음 해, 통영의 대화정 호주선교부 부지에 무어를 위한 2층으로 된 멋진 집이 세워졌다. 왓슨 부부의 선교관 다음으로 지어진 건물이었다. 무어는 이 집 건축을 손수 감독하였고, 내부 장식과 가구 구입 등을 위한 세심한 수고를 하였다.

"모든 것이 훌륭하였고, 우리는 이 집을 '목이 긴 집'이라 불렀다. (중략)

식당은 진홍색 타일로 되어있고, 공부방 타일은 하얀색 바탕에 두 개의 녹색이 섞여 있다. 전체적으로 정말 보기 좋은 집이다. 위층의 각 침실에는 유리창으로 된 각각의 난간이 있어 편안하고 유용하였다. 그중 가장 멋진 것은 그 창문을 통하여 보이는 전경이다."[36]

이 집이 무어에게 중요하였던 것은 순회 전도의 고단함을 마치고 돌아와 편히 쉬며 재충전할 수 있는 곳이기 때문이었다. 어느 지역이나 섬을 방문하던 무어는 보통 한밤중에 녹초가 되어 집에 도착하곤 하였다. 그녀는 집안의 사람들이 깨지 않도록 열린 뒷문으로 조용히 들어가 위층으로 기어 올라가 자신의 침대를 찾았다. 무어는 이 집이 빅토리아여선교연합회 재산이며, 곧 또 다른 여선교사가 이 집으로 파송되기를 기대하고 있었다.

한국선교 25주년

1917년은 무어가 한국에서 선교를 시작한 지 25주년 되는 해였다. 그녀의 사역을 기념하는 감사예배가 통영의 대화정교회에서 열렸다. 축하 편지와 전보가 세계 각국에서 도착하였고, 부산과 통영 지역의 많은 교인이 예배에 참석하였다.

---

36) 앞의 책, 1916년 1월 1일, 3.

예배 전날부터 욕지, 고성, 배둔 등에서 교인들이 벌써 도착하기 시작하였다. 섬에서는 돛단배로, 내지에서는 도보로 낮의 더위를 피하여 밤에 먼 거리를 걸어왔다. 통영과 거제 근처의 교회에서는 더 많이 모였다. 부산진에서도 이날 밤 도착하였는데, 무어와 함께 오래 일해 온 심취명 목사도 다음 날의 행사에 참여하기 위하여 일찍 도착하였다.

당일 교회당은 아침 일찍부터 이미 많은 사람이 모여 있었다. 기념예배에서 심취명 목사가 무어의 업적을 소개하였는바, 그녀가 첫 여성 호주선교사의 한 명으로 고향과 사랑하는 가족과 친척과 친구를 떠나 오래전에 한국에 온 것으로부터 시작하였다.

호주의 여성들이 처음에 무어에게 이렇게 말하였다고 그는 말하였다. "한국에 가지 마세요. 이곳에도 하나님을 위하여 할 일이 많습니다. 만약 가면 그곳의 사람들이 당신을 잡아 죽일 것입니다."

사람들은 그 말에 좀 놀라서 고개를 들었고, 참석자들의 웃음이 곧 터질 것이라고 기대하였다. 그러나 그러기에는 예배의 분위기가 너무 심각하였다. 교인들의 얼굴은 조용하였고 심각한 모습이었다. 그 말에 대한 무어의 대답은 다음과 같았다고 한다.

"나는 이미 한국을 위하여 나 자신을 드렸습니다. 하나님을 믿으니 어떤 두려움도 없습니다."

이때 교인 중에 흐느끼는 소리가 들렸다. 아름답고 강한 여성, 그리스도의 군사 팔개도 흔들리는 감정을 보였고, 그녀의 빛나는 눈에는 눈물이 고였다. 그러나 그녀의 입은 꼭 다문 채 앞만 응시하고 있었다.

이 두 여성이 얼마나 열정적으로 그리스도를 전하였고, 자비로운 사랑을 보였고, 그리고 결국은 한국어 교사와 이웃들이 마침내 그리스도를 고백하게 되었나를 심 목사는 증언하였다. 이 모든 일은 그들이 작고 어두운 방에서 살며, 종종 아프고 피곤한 상태에서 이루어졌다. 자신들 고향의 크고 넓고 편한 집을 떠나 한 일이었다.

무어는 부산진에서만 일한 것이 아니라 시골 먼 곳까지 다녔고, 기회가 있을 때마다 전도하였다. 무어가 시장통에 나타나면 사람들은 이렇게 소리쳤다.

"저기 모 부인이 있다!" 어디서나 드러나는 무어의 외모는 관심의 대상이었고, 한국말도 잘하여 항상 사람들이 모여들었다. 우선 그의 키도 컸지만, 머리숱이 유달리 많아 실재보다 훨씬 크게 보였다. 당시 호주 여성들이 선호했던 복장이 발끝까지 닿은 원피스였는데, 그가 주름 잡힌 흰색 원피스를 입고 거리를 나서면 그 자태가 천사 같았다고 한다."[37]

그런가 하면 길 위에는 항상 위험과 어려움이 도사리고 있었고, 말 위에서 떨어지는 것도 피할 수 없었다. 부산진에 살면서도 무어는 마산과 통영 지역을 순회전도 하였고, 곳곳에서 많은 어려움을 겪었다. 결국, 1913년 가을 그녀는 통영으로 이주하였다.

기념 예배에 참석한 교인들은 무어의 사역을 통하여 과거를 돌아보았고, 그 결과 지금은 신실한 여성들, 한국인 목사 2인, 장로, 그리고 남성과 여성 사이의 많은 일꾼이 생겨났다.

다음의 연사는 참석자들을 좀 더 현재로 돌아오게 하였다. 그 한국인 장로는 무어의 통영 지역 선교에 대하여 말하였다. 제일 순회하기 어려운 섬과 내륙 지역의 돌과 흙길을 무어는 주로 걸어서 다녔다. 높은 산을 넘는 것도 예사였다. 바다에서는 느리고 불편한 한국 고깃배를 타고 다녔고, 그녀는 여성과 소녀들 사이에서 자신의 노동을 무상으로 제공하였다고 하였다.

그는 온당치 못한 것에 주저하지 않고 말하는 무어의 용기에 대하여도 말하였다. 무어의 입에서는 종종 이런 말이 나왔다. "자매님, 그렇게 해서는 안 됩니다." 기독교인으로 하지 말아야 하는 행실이 보이면 무어는 참지 않았고, 마지막에는 변화에 대하여 감사와 사랑을 표현하였다.

이후 감사의 찬송이 그 뒤를 이었고, 소녀들이 특송을 하였는데 기독교인 2세들이었다. 그리고 선물 증정식이 있었다. 부산진과 통영교회에서 각각 기념 메달을 선물하였다. 통영의 오랜 친구 한세는 아름답게 수놓은 것을 선물하였고, 한국식 모양의 작은 장식장도 있었고, 고성에서는 각 교회의 이름이 진주알로 수놓아진 한복을, 그리고 다른 선물들도 있었다. 빅토리아여선교연합회에서는 손목시계를 선물하였다.

로버트 왓슨은 무어를 대신하여 참석자들에게 감사를 표현하였고, 호주장로회 선교부의 사랑과 감사도 전하였다. 예배 후, 교인들은 조용히 흩어져 진명학원으로 모였고, 그곳에서 오후를 함께 보냈다.

---

37)   이상규, 188.

떠나는 무어

무어는 25주년 기념 예배가 있은 지 1년여 후인 1918년 중순, 호주로 휴가를 떠나게 되었다. 그런데 사실 이것이 그녀에게는 마지막이었다. 어떤 이유로 무어가 나중에 은퇴하게 되는지는 상세히 나와 있지 않지만, 그녀 나이 55세였고, 많이 지쳐있었다. 동시에 젊은 여성 선교사들이 입국하여 그녀의 뒤를 이어 '무어의 섬'을 방문하며 활동하고 있었다.

6월 21일 오후 무어의 환송식이 열렸다. 진명학원의 한국인들은 빨간색과 파란색 끈으로 학교를 장식하였고, 꽃도 준비하였다. 여성들은 슬퍼하였고, 그들의 노래 속에는 무어가 타고 다녔던 고깃배의 출렁임이 담겨있는 것 같았다. 그들이 준비한 선물은 무어의 이름이 새겨져 있는 진주로 세공한 아름다운 장식장이었다.

무어는 감사의 말을 하였고, 눈물과 웃음은 서로 멀지 않은 감정이었다. 그녀는 여인들과 다과를 함께 하면서 마지막 순간을 보냈다. 그러나 6월은 농촌의 바쁜 달이었다. 무어와 멀리서 온 여인들은 매우 나누기 어려운 안녕을 서로 고하고 헤어졌다.

호주로 돌아온 무어를 환영하기 위한 모임이 같은 해 8월 16일 멜버른에서 열렸다. 빅토리아여선교연합회와 총회 해외선교위원회는 교회를 대신하여 헌신한 무어로 인하여 하나님께 영광을 돌렸고, 안전하게 집으로 돌아와 하나님께 감사하였다.

그리고 곧 무어의 은퇴 소식이 알려졌다. 해외 선교 총무 로란드 여사는 지난 25년 동안 통영 지역에서 여성 사역을 여는 힘든 사역을 잘 감당해 주었다고 무어를 높이 평가하였다. 또한, 자신의 가장 빛나는 세월을 한국을 위하여 헌신하였고, 여선교사 중 현재까지 가장 오래 근무한 선교사라고 하였다.[38]

'긴 하루를 마치었다'

호주에 돌아온 후에도 소외된 여성과 병자들을 돌보던 무어는 1953년

---

38) '더 크로니클', 1918년 10월 1일, 2.

나빠진 건강으로 활동적인 삶이 마침내 끝이 났다. 자신이 랜스우드사립병원의 환자가 된 것이다.

"그녀는 침상에서도 많은 환자에게 격려와 용기를 주었고, 매일 저녁 그녀의 친구들을 위하여 기도하였다. 마침내 부름의 음성이 왔을 때, 끝까지 사용해 달라는 그녀의 기도는 풍성하게 이루어졌다. 승리 속에 무어는 '긴 하루를 마치었다.'"[39]

1956년 1월 8일 그녀는 93세의 나이로 소천하였다. 그해 2월에 '더 크로니클' 선교지는 그녀가 '본향으로 부름'을 받았다는 소식을 전하였다.

무어는 은퇴 이후, 한국을 다시 방문하지 못하였다. 1931년 부산진교회가 살아있는 그녀를 위한 공로기념비를 세웠을 때도 말이다. 더군다나 그녀의 이름은 통영 지역의 많은 섬에서 여전히 회자되고 있었다.

"무어는 많은 마을을 방문한 최초의 서양 여성이었고, 그 후 60년이 지나 이 교회들 안에서 민간전승 일부가 되었다."[40]

자신의 가장 빛나는 세월을 한국인을 위하여 헌신하였던 무어, 그녀는 자신이 통영 지역에서 '민간전승의 일부'가 되고 있다는 사실을 모르고 눈을 감았다.

<참고 자료>

이상규 & 양명득, 『호주선교사 열전 – 진주와 통영』, 동연, 2019.
존 브라운, 정병준 역, 『은혜의 증인들』, 한장사, 2009.
커 & 앤더슨, 양명득 역, 『호주장로교 한국선교역사 1889-1941』, 동연, 2017.

<영문자료>

빅토리아여선교연합회, 「더 크로니클」, 멜버른, 1911-1956.
빅토리아장로교회, 「더 레코드」, 멜버른, 1896년 9월.
호주선교사공의회, 「더 레코드」, 부산진, 1913년 9월.
호주장로교회, 「Our Missionaries at Work」, 멜버른, 1911-1917.

---

39) '더 크로니클', 1956년 3월, 2-3.
40) 브라운, 59.

4. 한글을 사랑한 겔슨 엥겔

(겔슨 엥겔, 1868-1939)

겔슨 엥겔(왕길지 혹은 왕길)은 1900년 10월 29일 가족과 함께 한국에 입국하였다. 엥겔은 남성이고 목사이지만 미혼 평신도 여선교사들을 파송하는 빅토리아여선교연합회의 주관으로 한국에 오게 되었고, 빅토리아장로교 총회도 이를 승인하였다. 엥겔은 그로부터 38년간 부산과 평양에서 일하면서 한국교회에 큰 지도력을 발휘하게 된다.

엥겔은 1868년 독일 뷔르템베르크에서 4남매 중 장남으로 태어났다. 교육자였던 아버지를 따라 그는 교육대학에서 공부하였고, 졸업 후 교사로 일을 시작하였다. 동시에 그는 가정에서 그리고 교육의 과정에서 경건주의의 영향을 받았고, 그의 일생에서 청교도적이고 경건주의적인 경향이 크게 나타났다. 동시에 그는 그러한 종교적인 환경에서 중시되는 선교운동에도 큰 관심을 두게 되었다. 자신이 살던 지역에서 열리는 선교대회에 매년 참석하면서 그는 선교적 과제와 그 의미를 깨닫고 선교사의 길을 모색하였다.

마침내 엥겔은 1889년 8월 바젤선교회에 선교사 지원을 하였다. 그는 곧 체계적인 선교교육과 훈련을 받았고, 3년 후인 1892년 말 인도 푸나로 파송을 받았다. 당시 그의 나이 24세 독신이었다. 인도에서의 6년간 활동은 순탄치 않았지만, 그곳에서 클라라를 만나 결혼을 하여 두 아들을 얻었다. 건강이 좋지 않았던 엥겔 부부는 1898년 말 호주로 이주하였다.

독일에서 인도로, 그리고 호주로

호주 빅토리아주에 도착한 엥겔 가족은 발라렛 인근 마을인 스타웰에 정착하였다. 이곳의 초중등학교인 하버드 칼리지의 교장으로 초빙을 받았기 때문이었다. 당시 발라렛과 그 일대는 금광의 발견으로 많은 사람이 몰려들고 있었다. 그중에 독일인 이주자들도 있었고, 엥겔은 이들의 교회를 맡아 봉사하기도 하였다.

엥겔은 곧 자신의 교단을 빅토리아장로교회로 이적하여 정회원이 된다. 그곳에는 그를 기다리는 새로운 과제가 있었다. 마침 빅토리아여선교연합회가 한국으로 갈 선교사를 찾고 있었던 것이다. 그리고 엥겔은 그 특별한 역할에 준비된 자였다.

당시 빅토리아여선교연합회는 한국에 이미 벨레 멘지스(민지사)를 비롯하여 세 명의 여선교사를 파송하였다. 그러나 얼마 안 있어 여러 가지 이유로 멘지스만 남게 되었고, 여선교연합회는 베시 무어와 아그네스 브라운(후에 엥겔의 아내)도 곧 파송하였다.

마침내 1900년 9월 17일 빅토리아총회 회관에서 총회장이 참석한 가운데 엥겔을 한국으로 파송하는 환송회가 열렸다. 여선교연합회는 한국에 있는 여선교사들과 엥겔에게 편지를 보내 선교 활동 전반에 대한 지침을 알렸다. 이 내용은 총 7개 항으로 구성되어 있는바, 앞의 조항만 살펴보더라도 엥겔에 대한 교회의 기대가 어떠하였는지 알 수 있다.

"한국에서 연합회 선교 활동을 총괄하고 이끌 감독자로 겔슨 엥겔 목사가 임명되었다…. 마을 사역, 순회 전도, 학교 교육 등 선교 활동의 모든 분야 전체 감독을 엥겔 씨가 맡을 것이다…. 감독자와의 우선 상의와 최종 승인 없이 활동이 진행되어서는 안 된다."[41]

한국에 도착한 엥겔 가족

1900년 9월 19일 멜버른에서 출발한 엥겔 가족은 40일 뒤인 10월 29일 부산에 도착하였다. 그리고 그는 즉시 한국어 공부를 시작하였다. 독일어와 영어 등 언어에 재능이 있던 엥겔은 한국어 습득에도 남달랐다. 엥겔은 멜버른을 떠날 때부터 일기를 쓰기 시작하였는데 한국에 도착한 지 한 달이 채 안 된 주일, 부산교회(후에 부산진교회) 저녁 예배 시 한국어로 축도하였다고 적고 있다.

"예배를 마칠 때 나는 한국어로 축도를 하였는데, 이것이 공중 앞에서의 첫 축도였다. 사람들은 즐거워하였고, 놀라는 눈치였다. 나의 한국어 교사 김 서방이 특히 좋아하였다."[42]

엥겔에게 무엇보다 중요한 사역은 물론 부산의 여선교사들이 시작한 예배공동체를 책임 맡아 목회하는 일이었다. 엥겔이 부임하기 전에는 멘지스를 비롯한 여선교사들이 목사 없이 예배를 인도하고 있었다. 그는 부산

---

41) '여선교사들에게 주는 지침서', 1900, 1.
42) '엥겔의 일기', 1900년 11일 25일, 일요일.

에 도착하여 자신이 처음으로 참석한 11월 첫 주의 주일예배도 기록으로 남기고 있다.

"한국에서의 첫 주일예배. 아침 예배에는 63명(남성 15명, 여성 48명)이 모였고, 몇 명은 새로 온 '목사'(선교사)를 만나기 위해 초읍으로부터 왔다. 교인들에 대한 인상은 조용조용하였고, 집중하며 참석하였고, 찬송을 잘 부른다는 것이다. 그러나 식당으로 쓰기에는 너무 비좁았다. 하비는 그 방을 '교회와 식당'으로 불렀는데, 다른 이름으로는 명명할 수 없을 정도였다."[43]

목사선교사가 교회에 부임함으로 교인들은 비로소 학습과 세례문답을 거쳐 세례를 받고, 정기적으로 성찬식에 참여할 수 있었다. 첫 세례식은 1901년 2월 3일에 있었다. 이날 41명의 성인과 27명의 어린이, 총 68명이 세례를 받았는데, 그중 일부는 초읍에서 왔다. 특히 고아원의 장금이, 서매물, 보배도 이때 세례를 받았다.

엥겔의 또 다른 책무는 부산·경남에서 이미 일하고 있던 미국 북장로교회와의 선교지 분할이었다. 이 지역은 미국과 호주교회의 공동 선교구역이었는바, 불필요한 마찰이나 인적 물적 낭비를 막는 것과 효과적인 선교를 실현하는 것이 상호관심 주제였다. 마침내 1903년 양 교단은 원칙적인 합의에 이르렀고, 엥겔은 이때의 선교지역을 손수 지도로 그려 남기고 있다.

"즉 경남지방 동남쪽, 곧 울산, 기장, 언양, 양산, 거제, 진해, 고성은 호주 장로교가, 경남 동부지역, 곧 김해 웅천, 창원, 밀양, 영산, 창녕, 칠원 등지는 북장로교 선교부가 맡기로 합의했다. 그리고 부산과 마산은 공동지역으로 했다."[44]

1904년 5월 27일 부산교회에 첫 당회가 개회되었다. 당시의 제1회 당회록에는 엥겔이 당회를 어떻게 시작하였는지 기록하고 있다.

"장로공의회와 경상도 목사들이 심취명을 부산교회의 장로로 택한 것은 좋다 하고 또 경상도 위원들이 심취명의 교회법과 성경요리문답 아는 것을 족하다 한 후에 장로의 직분을 세우기를 허락하였으니 부산교회 주장하는 왕길 목사가 주강생 일천구백사년 오월 이십칠일에 심취명을 교회법

---

43)　　앞의 책, 1900년 11월 4일, 일요일.
44)　　이상규, 81.

대로 장로를 삼았더라.

그리한즉 마침내 왕길 목사의 공부방에 목사와 장로와 거렬의원장로로 함께 모여서 목사가 기도하여 교회법대로 온전한 참된 당회를 세웠느니라.”[45]

이후 엥겔은 1913년 다른 호주선교사나 한국인 목사가 당회장을 맡을 때까지 당회장을 역임하였으며, 그 후 1919년 평양으로 떠나는 해까지 때로는 동사목사로 혹은 당회원으로 혹은 임시 당회장으로 부산진교회에 큰 정신적 지주의 역할을 감당하였다.

한글을 사랑한 호주인

엥겔이 시작한 부산진교회 첫 당회의 회록에 다음과 같은 문장이 남아있다. “당회록을 조선 방언으로 하려고 작정되었느니라.”[46]

언어에 재능있고 민감하였던 엥겔은 당회록을 조선 방언 즉 한글로 기록하도록 하였다. 당시의 지식층은 공식 문건을 주로 한문으로 기록하였고, 한글은 ‘아랫것들의 말’이라 하여 사용하기를 꺼렸던 사실을 보면 이것은 매우 혁신적인 일이었다.

초기부터 엥겔은 한글을 배우며 그 우수성을 알았던 것 같다. 앞서 언급한 대로 그는 한국어를 배운지 한 달도 안 되어 축도를 한국어로 하였다고 자랑스럽게 자신의 일기에 기록하였다. 그는 한글을 빠르게 습득하였을 뿐아니라, 후에 선교사들이 언어시험위원회가 주관하는 한글 시험을 통과하지 못하면 한문 시험을 통과해도 월반할 수 없도록 하였다. 그는 또한 호주선교사공의회 ‘한국어이름철자법위원회’를 주도하여 한국인 이름을 영문으로 변환하는 기초를 놓았다.

그뿐만 아니라 엥겔은 한문만 고집하는 부모를 둔 학생들에게 한국어로 된 신약 성서를 종종 선물하며 한글로 읽기를 독려하였다.

엥겔은 한글의 가치를 다음과 같이 언급하였다. “선호하는 외국의 문자를 배격하고 자신들의 진짜 완전한 언어 체계를 수용하고 사용할 때까지

---

45)　‘부산진교회 당회록’, 1.
46)　앞의 책, 1.

시간이 좀 걸릴 것이다.”[47]

엥겔은 또한 성서개역위원회 위원으로 구약 아모스 서를 한국어로 개정하였고, ‘내주는 강한 성이요’ 찬송을 한국어로 번역하였다. 그는 평양신학교에서 오랫동안 한국어로 강의하였고, 수십 편의 논문을 한국어로 남기었다.

왜 더 일찍 오지 않았습니까

1906년 말 엥겔은 휴가차 호주를 방문하게 된다. 한국에서 사역을 시작한 지 6년이 된 그는 이 해 초 아내 클라라를 잃는 슬픔이 있었다. 같은 해 12월 빅토리아총회 회관에서 열린 환영회에서 그는 위로를 받았으며, 그 동안의 사역에 대하여 칭송과 격려를 받았다. 이 환영회에서 엥겔은 다음과 같이 말하였다.

“무엇이 나를 한국에서 일하게 하는가? 공의회를 통하여 나는 교회들을 목회하고 있다. 이교도들이 밀집해 있고, 깊은 어둠이 그곳에 있음을 느낄 수 있다. 6년 전 나는 한국 땅에서 필요로 하는 것이 무엇인지 깨달았다고 생각하였다. 그러나 지금에서야 이교도들의 긴박한 필요가 무엇인지 나는 안다.

우리에게 할당된 지역에만 750,000명의 이교도가 살고 있다. 그중에 일부는 자신들이 구원이 필요함을 깨닫고 있다. 시간은 더 걸리겠지만 그들의 울부짖음이 들린다. ‘왜 더 일찍 오지 않았습니까?’”[48]

엥겔은 당시 호주교회에 보고한 부산진교회 교인 수는 75명의 성찬자, 50명의 세례문답자, 30명의 교인, 총 155명이었다.

엥겔은 1907년 한 해 호주에서 휴가를 보내는 동안 빅토리아의 각 교회와 선교단체에서 쉴 새 없이 보고회와 강연회를 다녔고, 한국선교의 절박성을 말하며 일꾼이 더 필요하다고 웅변하였다. 당시 엥겔이 받는 연봉은 223파운드였고, 그 외에 여행 경비 등이 포함되어 있었다.

한편 이 해 초, 부산진교회 심취명의 짧은 편지가 ‘더 크로니클’ 선교지

---

47)　‘더 메신저’, 1902년 5월 23일, 310.
48)　앞의 책, 1907년 1월, 2.

에 실리고 있다.

"형제들이여, 여러분들의 친절함에 감사합니다. 지난 성탄절에 무어 선교사를 통하여 여러분이 보내준 선물로 매우 기뻤습니다. 매우 좋고 아름답습니다. 우리가 어떻게 감사해야 할지 모르겠습니다. 여러분은 매우 친절하고, 알지도 못하는 우리에게 사랑을 베풀었습니다. (중략) 부산의 형제들을 대신하여. 심취명."[49]

1907년 8월 2일 멜버른 스코트교회에서 열린 환송예배에 엥겔과 부인이 참석하였다. 그는 한 달 전 발라렛의 에벤에저교회에서 아그네스 브라운과 재혼하였다. 아름답게 꾸며진 교회당 안에는 많은 교인이 모였고, 빅토리아장로교회 총회장과 여선교연합회 임원이 대거 참석하였다. 총회장의 설교와 여선교연합회 회장의 격려사가 있었고, 총무인 로란드는 회원들을 대신하여 엥겔에게 27개의 금화와 은화를 선물로 주었다.

엥겔이 답사를 하였다. 한국을 향한 그의 사랑과 사역 그리고 한국인들의 결단력 있고 훌륭한 성격 등을 언급하였다. 그리고 일꾼이 더 필요하다는 강조로 그의 말을 마치었다. 그 후 선교사들을 위한 중보기도가 있었고, 축도로 환송예배가 모두 마치었다.

1907년 말 부산으로 다시 돌아온 엥겔은 새 부인과 함께 다시 경남지역을 순회다녔다. 그리고 호주선교회의 부산선교가 시작된 지 10년 만에 20여 명의 호주인 선교사와 한국인 조력자들이 일하고 있었다. 그중 엥겔은 목사로서 큰 부분을 책임을 맡고 있었고, 특히 세례문답 교육과 교회 활동에 많은 시간과 정성을 쏟았다.

여선교연합회와의 관계

1910년 말에는 프랭크 페이튼을 비롯한 호주교회 대표단이 한국을 방문하게 된다. 이들은 부산에 도착하여 처음으로 부산진교회에서 예배를 드렸는바, 엥겔이 인도하는 예배에서 큰 감동을 하였다고 적고 있다. 또한, 대표단은 엥겔의 안내를 받으며 부산지역을 시찰하였다.

---

49) 앞의 책, 1907년 4월, 3.

"오르간의 음악이 멀어지자 왕길 목사는 기도를 인도하였다. 모두 경외함으로 머리를 앞으로 숙였는데 얼굴이 거의 바닥에 닿을 정도였다…. 많은 사람이 눈물을 흘렸다. 왕길 목사가 마지막 찬송을 인도하기전…"[50]

두 주 동안의 한국방문을 모두 마친 호주대표단은 그다음 해인 1911년 1월 4일부터 1월 7일까지 호주선교사공의회와 수련회를 부산진에서 개회하였다. 당시 호주선교사공의회 총무가 엥겔이었다. 이들은 성경공부와 기도, 그리고 자기 성찰의 깊은 시간을 함께하였고, 세계선교, 평신도선교운동, 학생운동, 한국선교의 어려움 등을 토론하였다. 수련회 후에 공의회가 개회되었다.

"주요 안건으로는 확실하고 완성된 선교정책을 세우는 일이었다. 우리가 책임 맡은 지역에 공정한 인원 배치와 그들을 지원할 수 있는 재정확보의 때가 우리에게 온 것이다…. 그리고 점차 선교정책이 드러났다. 이 선교정책이 이후에 (호주) 총회의 안건으로 상정되었고, 약간의 수정 후에 통과되게 된다."[51]

'선교 전진정책'으로 알려진 이때의 결정으로 한국선교가 좀 더 조직적이고 왕성하게 진행될 수 있었고, 여기에 엥겔의 역할이 주요했음을 알 수 있다.

장로교공의회

1800년대 말, 조선에는 해외선교사들의 협의체가 존재하였다. '연합공의회'(1889), '선교공의회'(1893)를 거쳐, 1901년에는 '장로교공의회'가 탄생하였다. 엥겔은 아담슨과 함께 그때 장로교공의회에 가입하였다.

이때부터 엥겔은 한국장로교회의 조직과 제 규정 정립에 이바지하였다. 장로교공의회는 1901년부터 조선의 장로교회를 독립적인 기구로 조직하려고 시도하였다. 1902년 9월에 모인 장로교공의회에서 왕길지는 신학교육위원회, 교회정치위원회, 법규위원회, 교리표준위원회, 찬송가위원회 등에서 활동했다.

---

50) 페이튼과 캠벨, 39.
51) 앞의 책, 96.

그리고 1904년 엥겔은 장로교공의회 의장으로 선임되었다. 그는 이 역할을 비롯하여 경상남북도에 산재한 교회를 관장하는 경상위원회 대표를 역임하기도 하였다. 그리고 1906년의 장로교공의회는 한국의 첫 노회 조직을 결의하게 되고, 1907년 평양에서 '독노회'가 설립되었다. 독노회가 조직된 후 신학교를 졸업한 한국인 7명을 '대한국 예수교장로회 노회' 목사로 장립하였다. 엥겔은 독노회에서 정사위원, 규칙위원, 신학생 준시위원 등에 활발히 참여하며 공헌하였다.

총회장과 노회장

1912년 1월 6일, 새로 조직된 장로회 총회 결의에 따라 경상대리회가 부산진교회에서 개회되었다. 이때 총대로 선교사 15명, 한국인 목사 2명, 장로 9명이 참석하였다. 이 모임이 경상노회로 개편되었는바, 초대 노회장에 엥겔이 피선되었다. 이 노회에서 경상도에 있던 선교사들의 각 사역지를 정하였고, 조사를 세워 학습자를 세우는 권한을 허락하였다. 엥겔은 경상노회에서 경남노회로 분리될 때까지 경상노회의 핵심적인 지도자 역할을 감당하였다.

1913년 9월, 서울 승동교회당에서 열린 조선예수교장로회 총회에서 엥겔은 선거를 통하여 2대 총회장으로 피선되었다.

"임원을 선정하는데 회장은 왕길지 씨로 투표선정하고 부회장은 한석진 씨로 선정하고…."[52]

호주장로교회가 파송한 선교사가 초대 총회장인 미국의 호러스 언더우드를 이어 2대 총회장을 역임하므로 한국장로교 정치제도의 여러 규정과 규칙, 행정적 체계를 수립하는 데 앞장서게 된 것이다.

"당시 호주선교부 소속 선교사는 30여 명에 불과했으나 그가 호주교회를 대표하여 총회장으로 추대된 것은 한국교회의 지도자로 인정을 받았기 때문이기도 하지만 그간 여러 치리 기관에서의 봉사에 대한 인정이었다. 선교사로서 총회장을 역임한 사람은 왕길지 외에는 언더우드(제1대,

---

52)   예수교장로회 조선총회 제2회 회의록, 4.

1912), 배유지(제3대, 1914), 마포삼열(제8대, 1919) 뿐이었다.”[53]

그 후 엥겔은 1916년 당시 경상노회를 남북으로 나누자는 헌의 안을 발의하여 총회에서 이를 통과시켰다. 그는 경남노회에서도 초대부터 연이어 세 번 노회장을 역임하였다. 이처럼 엥겔은 한국교회 정치와 행정에 막강한 영향력을 가지며, 각종 치리회에서 활동하였으며 교회를 감독하였다. 엥겔은 또한 경남 내륙지방과 거제도 지방을 순회하며 많은 교회를 설립하거나 설립을 지원하였다.

‘평양선교부’

‘호주장로교 한국선교역사’를 쓴 에디스 커는 자신의 책에 다음과 같이 기록하고 있다.

“엥겔 박사는 1902년부터 이 신학교(평양신학교)와 관계를 맺기 시작하였다. 그는 학교의 시간제 교수로 일 년에 3개월씩 몇 년 동안 가르쳤으며, 1919년부터는 교회역사부의 회장직을 받아들였고, 히브리어와 그리스어도 강의하였다. 그리고 그는 평양에 상주하였다.”[54]

엥겔은 자신의 한국 선교사역 초기부터 신학교 교육에 참여하였다. 1906년부터는 매년 3개월간 평양에 거주하며 교수요원으로 활동하며 히브리어와 헬라어, 그리고 교회사를 가르쳤다. 평양신학교의 첫 졸업장 교수명단에 왕길지의 이름이 올라가 있는바, 초기 한국교회의 목회자 양성에도 크게 이바지하였다.

1915년 엥겔은 두 권의 교회사 교재를 저술 출판하였는데 한 권은 ‘고교회변증론’으로 고대 교회사이고, 다른 한 권은 ‘갱정사 후기’로 종교개혁 후기사이다. 칼빈과 종교개혁이 본 도서를 통하여 한국교회에 본격적으로 소개되었다.

엥겔은 1917년 평양신학교의 교수 겸 이사로 선임되었는바, 학교의 학생 수가 증가하자 더 많은 선교사 교수가 필요하였던 것이다. 호주선교회는 그가 부산에서 평양으로 이주하는 것을 허락하였고, 그뿐만 아니라 호

---

53) 이상규, 112.
54) 키와 앤더슨, 165.

주장로교의 '평양선교부'로 재정도 후원하며 선교사업을 추진하도록 하였다. 그리하여 엥겔은 1919년부터 평양에서 전임교수로 활동하게 되었다. 그는 이때부터 1937년 은퇴할 때까지 18년간 교수로 활동하게 되었다.

엥겔은 또한 1918년 계간지로 창간된 '신학지남'의 첫 편집이 되어 1921년까지 책임을 맡았다. 그는 당시 총 12권의 '신학지남'을 발간하였는바, 장로교회의 신학, 교회 생활, 그리고 삶의 지침 등을 제시하였다.

더 나아가 엥겔은 집필과 저술 활동에도 부지런하였다. '신학지남'을 통하여 다양한 주제의 많은 논문과 논설을 집필하거나 번역하여 발표하였다. 그중 일부만 보면 '성 어거스틴', '십이사도의 교훈', '영국감독교회 조직', '기독교 신경상으로 본 하나님의 신', '항거하시는 보혜사', '로마교회의 변천' 등이다.

엥겔의 활동 중에 꼭 언급되어야 할 부분이 또 하나 있다. 바로 구약 성서 개역 작업과 찬송가 편찬 작업이다. 그는 구약개역위원으로 초빙되었고, 1920년부터 개역에 참여하여 1936년에 개역 구약전서를 출간하게 된다. 동시에 그는 찬송가 편찬위원으로 활동하며 한국 찬송가 편찬에도 공헌하였다. 평양신학교 채플에서 반주자로 봉사하기도 했던 그는 1927년까지 25년 동안 편찬위원으로 활동하면서 공헌하였는데, 특히 마르틴 루터의 독일 찬송 '내 주는 강한 성이요'를 번역하였다.

평양의 빅토리아기숙사

엥겔 가족이 평양에 상주하면서 호주선교회는 평양에서도 선교 활동을 펼치었다. 먼저 학교운영을 위하여 평양신학교를 재정적으로 지원하면서, 학교 구내에 기숙사를 설립하게 된다. 이 기숙사는 후에 '빅토리아관' 혹은 '빅토리아기념기숙사'로 칭하였다.

호주선교회의 정책 중 하나가 대학교를 독자적으로 세우지 않는 것이었다. 그러나 다른 해외선교부가 세운 대학교는 지원하였다. 마침 1911년 초 호주교회 대표단이 한국을 방문하였을 시 그들은 선교사들과 함께 다음과 같이 결정하였다.

"호주선교부가 평양신학교 인접한 곳에 학생들을 위한 기숙사를 세우고 운영할 것을 동의 제청하였다. 안건이 통과되다."[55]

같은 해 9월에 진주에서 열린 호주선교사 공의회에서 평양신학교 내에 '빅토리아기숙사' 건립 안이 다시 논의되었다. 엥겔은 이 프로젝트를 위임받아 평양신학교 이사진과 협의를 하였고, 결국 학교 안에 있던 미국의 남장로교 소유의 부동산과 주변 부지에 대하여 영구무료임대 조건으로 그들에게 총 1,200엔을 지불하기로 합의하였다. 그리하여 빅토리아기숙사가 건립되었다. 이 기숙사는 주로 경남지방에서 온 학생들을 위하여 사용되었다.

그뿐만 아니라 엥겔이 평양에 거주하게 되자 연합기독대학인 숭실대학도 호주선교회와 관련을 맺기 원하였다. 호주선교회에 재정지원과 교수요원 한 명을 요청한 것이다. 결국, 1920년 엥겔이 교수를 하게 되었고, 그는 이 학교의 이사회에도 참가하게 된다. 이렇게 호주선교회는 1937년까지 24년간 숭실대학과 교류하며 인적 지원과 재정적 후원을 하였다.

"나는 이 같은 회합을 슬퍼하오."

엥겔은 1938년 8월 말 호주에서 공식적으로 은퇴하였다. 그의 나이 70세였다. 평양신학교에서의 은퇴와 환송예배는 그 전해인 1937년 3월에 있었다. '신학지남'에 실린 '은사 왕길지 박사를 보냄'이란 제목의 글을 통하여 그가 어떠한 사랑을 받았는지 짐작할 수 있다.

"우리 조선의 은사, 우리 교회의 은사, 우리 신학교의 은사되는 왕길지 박사를 보내는 글을 쓰고 할 때 일어나는 감상이 복잡하다…. 값있는 일생을 우리를 위해 바치신 위대한 은인은 그만 고국으로 돌아가셨다. 지금 우리는 그 정직하고 아버지다운 박사의 음성을 다시 들을 길이 없다…. 박사가 최후로 인연 깊은 강단에 무기력하게 나오셔서 '나는 이같은 회합을 슬퍼하오' 라고 울먹울먹하시던 인상이 아직 머리에 완연하다…."[56]

엥겔은 은퇴한 다음 해인 1939년 5월 24일 멜버른에서 세상을 떠났다. 그의 나이 71세였다. '더 미셔너리 크로니클' 선교지는 그의 사진과 함께

---

55) '더 레코드', Vol 1, 부산진, 1913, 12.
56) '신학지남', 19권 3호, 1937년 5월.

사망 소식을 알리며 다음과 같이 쓰고 있다.

"한국에서 38년간의 헌신적인 봉사는 위대한 기록이다. 1900년에 (한국으로) 떠난 그는 초보자가 아니었다. 동쪽(인도)에서 6년 동안의 선교사 경험이 이미 있었다…. 우리 교회는 이 신실한 부부에게 감사의 빚을 졌다.

엥겔 박사의 공헌은 다음과 같다. 그는 복음 전도와 교회 운영을 위하여 아낌없이 자신을 드렸다. 대부분 그의 '순회 전도'는 여행하기 가장 불편하고 위험하던 개척기 때였다. 그는 성서 번역작업에 동참하였다. (하나님의) 말씀을 자신들의 언어로 제공하는 것이야말로 전도에 있어서 가장 가치 있는 일이다. 그는 처음부터 신학교 교육에 관심이 있었고, 선교부가 그를 전임 교수로 임명할 때까지 그 일을 점차로 늘려나갔다. 이것이 학교나 성경학원 혹은 교회 안에서 그가 실천한 여러 교육 사역의 절정이었다. 그의 증인 된 삶으로 인하여 우리는 하나님께 감사드린다."[57]

멜버른의 캠버웰교회에서 열린 그의 장례식에는 총회장을 비롯하여 한국선교사였던 노블 맥켄지, 조지 앤더슨 등 많은 사람이 참석하였다. 그의 시신은 스프링베일에 있는 공동묘지에 안장되었다.

감사의 기록

호주선교사 공의회는 엥겔의 은퇴를 기념하며 엥겔과 그의 부인 아그네스에 감사의 기록을 남기고 있다. 오래전 엥겔은 선교사로 인도에 가면서 40년을 섬길 수 있게 해 달라고 기도하였는데, 결국 그 기도가 차고 넘치게 응답이 되었다고 공의회는 감사하고 있다. 다음이 그 기록의 일부이다.

"엥겔 박사는 '하나님의 풍성한 은혜의 선한 청지기'였다. 그는 인종적인 철저함과 신비함의 은사, 학문과 음악의 은사, 언어와 교회 행정의 은사, 끝까지 인내하는 신앙의 은사를 가졌다. 이 모든 은사를 그는 은사를 준 위대한 주인에게 돌려주었다. 그리고 그 하나님은 37년 동안 엥겔의 헌신을 한국의 교회와 선교를 위하여 사용하셨다.

---

57) '더 크로니클', 1939년 7월 1일, 2.

초창기 한국에서는 질병이 항상 가까이 있어 위협하였다. 무법의 난봉꾼들도 위험하였다. 엥겔은 병에도 걸렸고, 구타당하기도 하였다. 그에게는 쉼이 없는 노동이 있었다. 그는 홀로 순회 전도를 하면서 우리의 첫 학교의 교장으로 일하였고, 영국과 해외성서공회의 번역위원회에서 봉사하였다….

그의 31년 헌신은 신학교의 전임교수로 임명이 되면서 절정에 이르렀다. 1920년에 그는 자신의 사역을 인정받아 오하이오 우스터에서 신학박사 학위를 받았다."[58]

<참고도서>

김경석, 『왕길지 선교사』, 부산진교회, 2005.
겔슨 엥겔, 「겔슨 엥겔의 일기」, 1900년 9월 19일-1903년 12월 19일.
부산진교회, 「부산진교회 당회록」, 부산, 1904-1968.
수안교회공보부, 『왕길지 목사의 선교 발자취』, 수안교회, 1991.
양명득, 『호주선교사 겔슨 엥겔』, 나눔사, 2023.
이상규, 『왕길지의 한국선교』, 숭실대학교, 2017.
정병준, 『호주장로회 선교사들의 신학사상과 한국선교 1889-1942』, 한국기독교역사연구
        소, 2007.
페이튼과 캠벨 저, 양명득 역, 『호주장로교 한국선교 설계자들』, 동연, 2020.
커와 앤더슨 저, 양명득 역, 『호주장로교 한국선교역사 1889-1941』, 동연, 2017.

<영문자료>

빅토리아여선교연합회, 「더 크로니클」, 멜본, 1906-1939.
호주선교사공의회, 「더 레코드」, 부산진, 1913, 1937.

---

58) '더 레코드', Vol 24, 1937, 152-153.

5. 첫 의사 휴 커를

(휴 커를, 1871-1943)

1902년 1월 초, 빅토리아주 발라렛에서 빅토리아장로교 총회 해외선
교위원회 임원회가 열렸다. 여러 의제 중 한 명의 의사를 한국으로 파송하
는 안건이 있었다. 그리고 그들의 결정 내용은 그다음 날 한 신문에 등장하
였다.

"의사인 휴 커를 씨는 어제 발라렛에서 열린 해외선교위원회 임원회에
서 한국의 의료선교사로 임명되었다. 그는 3월 중순에 멜버른에서 안수를
받을 것이며, 4월 중에 선교지로 떠날 것이다."[59]

그리고 3월 18일 그의 안수식과 파송예배가 멜버른 총회 회관에서 열
렸고, 그다음 달 초 자신의 아내 루시 에델과 함께 호주를 떠나 한국 부산으
로 향하였다.

부산에서의 의료활동

휴 커를(거열휴)은 1871년 북아일랜드에서 태어났다. 그는 그곳에서
중등학교에 다녔고, 1892년 벨파스트에 있는 아일랜드 왕립대학교 퀸스
칼리지에 입학하였다. 그는 또한 더블린의 트리니티 칼리지를 우등으로 졸
업하기도 하였다. 그는 의료선교에 깊은 관심이 있었고, 결국 의과대학에
진학하므로 의료선교사의 길을 시작하였다.

커를은 남동생 제임스와 함께 1899년 호주 빅토리아로 이주하였다. 그
는 벤디고 근처 키아브람에서 그리고 후에는 루더글렌과 켄싱톤에서 병원
을 발전시키었다. 그는 당시 호주를 방문하던 앤드류 아담슨(손안로) 선교
사를 만났고, 그를 통하여 부산에서 일할 의사를 구하고 있다는 사실을 알
게 되었다. 커를은 자신의 사업 성공 정점에서 모든 것을 포기하고 개척적
인 한국의 첫 의료선교사로 나갈 결심을 하였다. 당시 그의 나이 31살이었
다.

커를 부부는 1902년 5월 19일 부산에 도착하였다. 그들은 일단 초량의
아담슨의 사택에 거주하며 부산 생활을 시작하였다. 그가 혼자였을 때 책
정된 봉급은 연 200파운드였으나, 결혼하고 나서 그의 봉급은 280파운드

---

59) '더 아르거스', 1902년 1월 7일, 5.

가 되었다. 아담슨은 기다렸던 의료선교사가 한국에 파송된 것에 대하여 다음과 같이 언급하고 있다.

"그의 파송은 말로 표현할 수 있는 그 이상의 의미가 있다. 한국의 기독교인들은 이것을 자신들을 위한 하나님 사랑의 또 하나의 예로 여긴다."[60]

그만큼 부산에 있던 호주선교사들에게 '의사' 동료는 소중한 것이었고, 그뿐만 아니라 그곳의 한국인들에게도 큰 축복이었다. 커를은 곧 시약소이자 간이 치료소를 설치하고 의료활동을 시작하였다. 마침 부산진일신여학교의 작은 방 한 칸을 빌려 사용할 수 있었다. 그는 이 당시 매일 평균 20여 명의 환자를 치료하거나 약을 주었다. 다음은 커를의 보고서 중 일부이다.

"질병의 종류는 농양으로부터 나병까지 그리고 화상과 척추 곡률까지 다양하다. 외과와 내과의 경우가 거의 동률이다. 눈병도 흔하다. 여기에서 외과 치료는 매우 인기가 많은데, 수술의 경우는 많지 않다. 수술 설비가 아직 제대로 갖추어져 있지 않기 때문이다. 20번 정도의 수술이 있었는데, 몇 번의 절단 수술과 종양 절개, 그리고 다섯 번의 죽은 뼈를 제거하는 수술이었다."[61]

커를은 그해 말 총회 해외선교위원회에 사택과 병원 건립을 요청하였다. 위원회는 동정적이었으나 그 목적으로 조성된 기금이 없었다.

"그럼에도 불구하고 커를은 부산과 동래의 여러 지역을 보러 다녔고, 1903년 말에는 구 부산에 있는 땅을 매입하도록 강력하게 촉구하였다. 그는 결국 선교부를 대신하여 땅을 사도록 권한을 받았으며, 해외선교위원회는 건축을 위한 기금 모금을 위하여 호주 국내의 교회에 호소하기로 동의하였다."[62]

동시에 커를은 1902년 말 당시 부산을 위협하고 있던 콜레라로 인하여 동분서주하였는데, 소독약과 약품을 나누어주며, 오전에는 부산진에서 오후에는 초량에서, 아침부터 밤늦게까지 주사를 놓으며 환자들을 치료하였다.

커를은 엥겔과 함께 부산 인근의 지역들을 순회하기도 하였고, 다니면

---

60) 장로교친교연합회, '14회 연례보고서', 1902-1903, 3.
61) '더 메신저', 1902년 12월 12일, 889.
62) 커와 앤더슨, 126.

서 치료를 하거나 약을 주기도 하였다. 처음에는 무료로 약을 주거나 치료를 하였지만, 효과적인 활동을 위하여 최소한의 치료비를 받았다. 그러나 그마저도 낼 형편이 안 되는 사람들에게는 무료로 치료하여 주었다.

진주로 간 이유

부산의 땅 매입은 잘 성사되고 있지 않았다. 또한 미북장로교선교부가 1903년 부산에 전킨병원을 설립하였고, 일본인 의사가 운영하는 공립병원도 있었다. 커를은 이럴 바에야 '인류애적인 방면에서나 이곳의 이방인들에게 복음을 전하기 위한 목적'으로 새 지역에 병원을 세우는 것이 더 큰 결실을 가져오겠다는 생각을 하기 시작하였다. 커를은 여기에 관하여 '1905-1906 보고서'에 다음과 같이 쓰고 있다.

"부산이 주요 항구이기는 하나 우리 선교를 위한 최상의 중심지는 아니었다. 특히 의료선교를 생각하면, 다른 지역이 우리에게 더 큰 기회를 제공할 수 있다고 생각하였다. 그래서 다른 도시에 우리의 병원을 개원하는 방안이 제안되었다."[63]

그러나 그 새 지역이 어디인지는 불분명하였다. 마산이 먼저 물망에 올랐다. 그곳은 항구이기에 외국 상인들에게 열려 있었고, 인구도 많았다. 그러나 그곳이 의료 사역을 위한 최상의 지역인지 그는 확신이 없었고, 그곳으로 떠날 결정을 못하고 있었다.

이 당시 호주선교회는 부산의 미국선교사들과 경상지역을 나누어 선교하기로 합의하고 시행하기 시작하였다. 미국인들은 중심과 북쪽을 맡기로 하였는데 모두 15개 지역이었고, 호주인들은 동쪽의 4개 지역과 남서쪽의 12개 지역을 맡았다. 이 지역 분할은 일이 겹치는 것을 막는 좋은 방법이었지만, 호주선교회에 주어진 두 개의 큰 지역은 생소한 곳이었다. 호주선교사들은 모두 동쪽의 작은 지역에만 모여 있었기 때문이다.

---

63) '더 크로니클', 1907년 2월 1일, 9.

커를은 그 두 개의 생소한 곳 중, 진주에 관심을 가지기 시작하였다. 다음은 당시 그의 보고서에 언급한 내용이다.

"그 결과 진주라는 곳이 우리 품에 안겼다. 진주는 큰 도시였고, 경상도의 수도였다. 이곳은 우리의 서쪽 지방 정 중앙에 위치하고 있었다. 이곳의 12 지역 모두 우리가 복음화해야 하는 책임을 맡은 것이다. 이곳에는 선교사도 없었고, 선교 의사도 없었고, 병원도 없었다. 병원은 80마일 떨어진 부산에 있었다. 우리는 이곳의 부름에 저항할 수 없었다."[64]

호주선교사 공의회는 진주에 두 번째 선교부를 설립하기로 하였고, 호주 총회 해외선교위원회에 제안하였다. 그리고 1905년 8월 말, 진주선교부 설립에 동의한다는 반가운 소식이 호주로부터 왔다. 그리고 며칠 후에 또 다른 기쁜 소식이 있었다. 빅토리아여선교연합회에서 페이튼 여사를 기념하기 위한 병원을 진주에 세우기로 하였다는 것이다. 병원 이름은 '마가렛 화이트크로스 페이튼 기념병원'으로 하기로 하였다는 상세한 소식이었다.

당시 한 매체도 빅토리아장로교회가 한국 진주에 병원을 세우기로 했다는 소식을 발 빠르게 전하고 있다.

"빅토리아장로교회는 한국의 큰 지역을 책임 맡았고, 최근에 진주로 오라는 깊은 호소가 있었다. 그곳에는 750,000명의 사람이 아직 전도되거나 돌봄을 받고 있지 못하다. 한 명의 의료선교사가 그 어두운 지역으로 갈 준비를 하고 있고, 우리의 일치된 호소는 그곳에 우리의 동역자를 기억하는 '마가렛 화이트크로스 페이튼 기념병원'을 세우자는 것이다. 모금 목표액은 3,000파운드이다."[65]

커를은 이미 진주를 1905년 6월 방문하였었다. 그는 그 읍내와 지역을 둘러보았다. 그리고 7, 8월에는 부산과 마산포를 오가며 의료 사역과 조선말 공부를 하였다. 그리고 마침내 9월에 가서 새 지역인 진주에서 일을 시작하기로 확정한 것이다.

"먼저 우리는 선교관과 병원을 세울 부지를 취득할 목적으로 진주를 방

---

64) 앞의 책, 9.
65) '더 익스프레스', 1905년 7월 31일, 1.

문하고, 그리고 이사를 위하여 짐을 꾸리고 준비하였다. 9월 말에 가서야 우리의 짐과 동산을 보냈는데, 느린 한국 배에 실어 강으로 나르게 하였다. 부지 매입을 위해서 우리는 한 번 더 진주를 방문하였고, 우리의 짐이 도착하는 것도 점검하였다. 그리고 다시 부산으로 돌아왔다. 그리고 10월 20일 우리는 모두 안전하게 진주로 이주하였다. 진주선교부가 시작된 것이다."[66]

커를은 마침내 아내와 두 딸, 그리고 부산진의 박성애 장로 가족과 함께 1905년 10월 20일 밤에 지친 상태로 진주에 도착하였다. 당시 부산진교회 당회록에는 다음과 같이 기록되어 있다.

"박성애와 그 모친 박주련과 그 아내 박순복이 삼인이 진주로 이사하고 거기서 거열 목사 아래 새 교회를 설시할 터이니 이별지 내어주기로 작정하다."[67]

초창기 사역

커를 일행은 9월 초에 진주에 와 매입하였던 초가 한옥에 거주하였다. 이것이 진주선교부의 시작이었고, 진주 교회의 시작이었고, 의료사역 즉 배돈병원의 시발이었다. 커를은 오래된 도시인 진주가 만만한 곳이 아니라는 사실을 알고 있었다. 다음은 커를의 기록이다.

"이곳은 이교도 지역이고, 미신의 땅이었고, 한국의 문화 습관과 함께 외국인과 외국 영향에 대한 강한 의심과 혐오가 깔린 곳이다. 하나님의 성전을 세우고, 그의 나라의 복음의 씨를 뿌리기 전에 헤쳐나가야 할 것들이었다."[68]

커를은 진주에 도착한 첫 주일, 자신과 박성애의 가족과 예배를 드리는데 호기심에 이끌린 두 명의 외부인이 참석하였다고 한다.

"1905년 진주읍 옥봉리교회가 성립하다. 이에 앞서 선교사 거열휴와 조사 박성애가 전도하야 진주군 북문 내에 초가삼간을 예배 처소로 정하고

---

66) '더 크로니클', 1907년 2월 1일, 10.
67) '부산진교회 당회록', 1905년 10월 14일.
68) '더 크로니클', 1907년 2월 1일, 10.

모여 예배하니라."[69]

그리고 그 해말, 그 집의 공간이 사람들로 꽉 차서 바깥에서 예배를 드릴 수밖에 없는 지경이었다. 주일 아침 예배에 46명의 남성과 소년들이 참석하고 있었고, 매주 화요일 저녁에는 여성들을 위한 모임이 별도로 있었는데, 초창기부터 평균 62명의 여성과 소녀들이 참석하고 있었다고 한다. 동시에 커를은 환자들을 계속 보고 있었다.

"매일 오후에는 임시 진료소에서 환자들을 치료하고 있다. 처음에는 사람들이 우리를 의심의 눈으로 보았고, 우리에게 다가오기를 부끄러워하였다. 그러나 몇 개월이 지남에 따라 진료하기가 나아졌고, 좀 더 넓게 알려지기 시작하였다. 지금은 서양 의료에 관한 믿음이 조금씩 증가하고 있다."[70]

커를에게는 당시 한 가지 아쉬운 점이 있었다. 진주지역을 실제로 순회할 시간이 없다는 것이었다. 그는 순회전도가 선교지의 가장 중요한 일일 수 있다고 생각하고 있었지만, 남자선교사 한 명으로는 역부족이었다. 전도사역과 의료 사역 그리고 집을 관리하는 일로 인하여 진주를 비우는 것은 불가능하였다. 커를은 그리스도를 모르는 수천 명 사람의 영혼을 위하여 순회 전도를 할 두 명의 남성 선교사를 호주에 긴급하게 요청을 하였다.

당시 한국인 전도부인으로는 윤마르다, 윤복이 그리고 김수은이 있었다. 윤마르다는 영국과 해외성서공회에서, 그리고 윤복이와 김수은은 빅토리아여선교연합회에서 봉급을 지원하고 있었다. 동시에 커를은 자신의 사택 방 하나를 기독교 책방으로 사용하면서 전도를 하였다.

"장날에 우리의 대문 앞은 외국인을 보기 위하여 모여든 사람으로 붐빈다. 그리고 이들 대부분은 자신들을 사랑하여 목숨까지 내어 준 하나님의 아들 예수에 관하여 듣게 된다. 최근에는 집의 한 방을 책방으로 운영하기 시작하였는바, 장날에는 보통 80-150권의 복음서와 사도행전이 팔리고 있다. 각 책의 가격은 매우 싸다."[71]

한편 커를의 아내 에델은 자신의 집 정원에서 여학생들을 가르치기 시작하였고, 또 이어서 남학생들도 가르치기 시작하였는바, 후에 시원여학교

---

69)   조선예수교장로회 사기 상권, 1928, 129.
70)   '더 크로니클', 1907년 2월 1일, 10.
71)   '더 메신저', 1906년 6월 15일, 330.

와 광림남학교로 발전되게 된다. 그녀 또한 진주에 거주한 첫 서양 여성임과 동시에 서양식 교육을 시작한 개척자이었다. 이렇게 진주선교부에서는 전도, 의료 그리고 교육의 주요 활동이 발전되기 시작하였다.

병원 건축을 위한 모금 활동

"1908년 5월의 '마가렛 화이트크로스 페이튼 기념 기금' 보고서에 우리는 한국 진주에 세울 병원 기금이 1,019파운드, 3실링, 1펜스가 있다고 보고하였다. 우리의 대부분 회원들이 알고 있듯이 병원 건물 건축은 아직 시작되지 못하고 있다."[72]

'마가렛 화이트크로스 페이튼 기금' 명예 회계인 매튜의 보고서를 보면 1908년 중반, 배돈병원을 위한 기금 천여 파운드가 있었고, 그러나 아직 병원 건축이 시작되고 있지 않음을 볼 수 있다. 사실 빅토리아여선교연합회는 1906년 진주에 병원 건립을 승인하면서 당시 825파운드를 기부하였고, 그동안 계속 모금을 해 온 것이었다. 처음에 커를은 수술실이 없는 '적당한 크기의 병원'을 생각하고 있었지만, 그래도 최소한의 병원 설비가 필요하였다.

1907년에 들어와 커를은 선교부와 병원 건립을 위한 부지를 매입하였다. 다음은 후에 에디스 커가 쓴 글 일부이다.

"1907년 12월 커를 박사는 병원설립 안건에 대한 초안을 호주로 보냈고, 또 다른 부지를 32엔에 매입하였다는 보고를 하였다. 6개월 후 그는 또 다른 밭을 25엔에 사들였고, 방이 3개 달린 집은 시약소로 운영하기 위하여 개조되었다. 그의 정책은 시장에 땅이 나오는 대로 매입하여, 그가 그의 선교지를 위하여 충분하다고 여겨질 때까지 편리할 때 되파는 것이었다. 그는 이러한 방법으로 진주에서 가장 훌륭한 선교부 거점을 마련할 수 있었다."[73]

마침 커를은 1909년 일 년을 앞당겨 호주에서 휴가를 보내면서 여러 곳을 다니며 병원 건립을 홍보하였다. 그리고 연합회 회원들은 그를 직접

---

72) '더 크로니클', 1909년 5월 1일, 13.
73) 커와 앤더슨, 127.

만나 설명을 들을 기회를 얻었고, 그의 진솔한 호소에 뜨거운 관심을 불러일으켰다. 또한, 한국에 선교사가 더 필요하다는 그의 요청에도 회원들이 공감하였다. 당시 그는 한국선교에 매우 낙관적이었고, 한 모임에서 다음과 같이 전망하였다.

"현장에 있는 선교사들은 생각하기를 충분한 인력이 지금 파송되어온다면, 20년에서 25년 사이에 해외선교사는 더 이상 필요 없을 것이라고 하였다. 한국교회에 그 땅을 온전히 맡길 수 있을 것이라고 하였다."[74]

동시에 커를은 호주의 한 건축가가 작성한 병원 건축 설계안을 총회의 해외선교위원회에 제출하여 승인을 요청하였다. 후에 이 안은 2층 규모의 병원으로 재설계되었고, 총예산은 1,841파운드로 상승하였다. 그리고 마침내 해외선교위원회는 건축 시공을 승인하였다.

또 다른 좋은 소식이 있었다. 일꾼이 더 필요하다는 커를의 호소에 1910년 첫 수간호사 프란시스 클라크(가불란서)가 진주로 파송된 것이다. 그리고 그 다음 해에는 찰스 맥라렌(마라연) 박사 부부가 진주에 합류하였다. 이제 병원이 속히 완공될 일만 남은 것이었다.

병원 건물 화재

병원 건축은 그러나 계속 지연되었다. 1910년 말, 호주대표단이 진주를 방문할 때 병원 건물의 기초는 파헤쳐졌지만, 그 이상 진전되지 않고 있었다. 커를은 일의 문화가 다른 한국인과 일본인 노동자들을 감독해야 하였고, 또 그들을 재촉하는 것도 소용없는 일이라는 것을 깨달았다.

1911년 봄에는 건축이 실제로 시작되었지만 여전히 방해 요소와 어려움이 있었다. 장마도 건축을 중단하게 하였다. 목재와 시멘트 등을 배로 날라야 하였는데, 운송수단도 성가신 문제였다. 전체적으로 불만족의 큰 이유는 첫 시공자였다.

우여곡절 끝인 1912년 초가 되자 드디어 병원은 거의 완공되고 있었다. 호주와 한국에서 완공을 고대하는 모든 사람은 기대에 차 있었다. 그러나

---

74) '더 크로니클', 1909년 6월 1일, 3.

청천벽력 같은 소식이 전하여 졌다. 거의 완공된 병원 건물에 불이 난 것이다. 이 비극적인 소식은 호주의 한 유력 일간지에 '선교병원이 파괴되다'라는 제목으로 다음과 같이 전해지고 있었다.

"장로교회 사무실에 한국 진주에서 전보가 날아들었는바, 그 내용은 다음과 같다. 페이튼 여사를 기념하기 위하여 세워진 병원이 화재로 인하여 심각하게 파손되었다. 다행히 병원 건물은 완공된 상태는 아니었지만, 피해가 500파운드에 달하여 선교회에 타격이다. 휴 커를 박사와 맥라렌 박사가 진주의 선교병원을 책임 맡고 있다."[75]

화재에 대한 구체적인 정황을 커를이나 맥라렌은 전하고 있지 않지만, 당시 진주에 있었던 마가렛 데이비스(대마가례)가 다음과 같이 전하고 있다.

"2월 21일 수요일 밤은 어둡고 습한 밤이었다. 비가 왔기 때문에 주중 기도회는 취소되었고, 교회당 안에는 2월 성경반에 참석하기 위하여 시골에서 올라 온 남성들이 몇 명 있었다. 그리고 갑자기 '불이야'하고 그들이 외치는 소리를 들었다. 남 선교사들은 5분도 안 되어 현장으로 달려왔다. 그러나 그때는 벌써 건물 전체에 불꽃이 보이었고, 맹렬하게 타오르는 모습을 속수무책으로 지켜볼 수밖에 없었다.

병원 근처의 새 우물에서 물을 길어서 뿌렸고, 비도 도움이 되어 불길이 더 옮기는 것을 막을 수 있었다. 그 결과 동편의 건물과 마당에 쌓아 놓은 바닥재는 구할 수 있었다. 만약 이 날밤 비도 안 오고 바람이 불었다면 학교 건물도 불에 탔을 것이다. 그리고 초가지붕의 이웃집들도 화마를 피할 수 없었을 것이다."[76]

오백 파운드의 손실이라면 전체 공사비용의 3분의 1에 가까운 액수이고, 그뿐만 아니라 그토록 기다렸던 병원 개원이 무산되거나, 또다시 무기한 연기되는 순간이었다.

그러나 여기서 커를은 놀라운 기록을 남기고 있다. 빅토리아여선교연합회가 좌절하지 않고 더욱더 가열하게 모금 활동에 들어갔다는 것이다. 이 화재는 호주의 회원들 마음을 움직였고, 짧은 시간에 그 손실을 메울 수

---

75) '더 헤럴드', 1912년 3월 4일, 3.
76) '더 크로니클', 1912년 5월 1일, 4.

있을 만큼 재정을 더 모금하였다. 그러나 병원 건축을 위하여 쓴 600파운드의 빚은 여전히 남아있었다. 연합회는 그 빚을 매달 갚아 나가기 위하여 모금 활동은 물론 바자회 개최와 수공예품 판매 등을 하였다. 빅토리아여선교연합회는 당시 한국 진주에서뿐만 아니라 뉴 헤브리데스 포트빌라에도 페이튼 병원을 설립하였다. 아시아의 한국과 남태평양의 뉴 헤브리데스의 배돈기념병원 완공 뒤에는 호주 빅토리아주 여성 교인들의 기도와 눈물 어린 후원이 있었기에 가능하였다.

배돈기념병원 개원

마침내 1913년 11월 4일 진주 배돈기념병원이 공식 개원되었다. 진주 최초의 서양식 근대병원이 설립된 것이다. 병원에는 존과 마가렛 화이트크로스 페이튼 부부의 사진이 걸렸고, 그 사진 중간에는 호주에서 가져온 벽시계도 있었다. 그리고 마가렛 페이튼 여사의 조카인 데이비드 라이얼(라대벽)이 참석한 가운데 병원이 개원되었다.

"개원식이 있던 화요일은 주로 남성들의 날이었다. 순서를 맡은 사람들과 높은 관원들은 현관에 앉았고, 현관은 여성 외래환자 병동 입구에 있다. 우리 여성들은 행사가 진행되는 것을 가까운 병동의 창문을 통하여 보았다. 그리고 행사의 첫 부분이 마치자 우리는 빨리 칸막이 뒤로 돌아갔다. 남성들은 한 번에 80명씩 병동으로 들어왔으며, 세심한 준비와 함께 구경꾼들도 질서 있게 구경하므로 모든 것이 걸림 없이 진행되었다."[77]

아쉽게도 이날의 개원식에는 호주선교회의 많은 선교사가 늦게 도착을 하거나 참석을 하지 못하였는데, 맥라렌, 왓슨, 라이트는 늦게 도착을 하였고, 통영의 무어, 왓슨 부인, 테일러 등은 참석을 못 하였다.

그다음 날은 여성과 어린이들을 중심으로 행사가 진행되었고, 여성들은 병원과 이날 개원한 기숙사도 둘러보았다. 이번에는 여성들이 칸막이에서 나와 차와 케이크를 함께 먹으며 마음껏 즐기었다.

한 가지 흥미로운 사실은 당시 개원식을 맞이하여 병원 깃발을 특별히

---

77)　'더 크로니클, 1914년 2월 2일, 6.

제작하였다는 것이다.

"진주 병원의 개원식을 위하여 깃발이 디자인되었고, 만들어졌다. 빨간 바탕에 하얀색의 십자가가 있고, 깃발의 구석 네 곳에는 한자어로 '배돈기념'이라고 쓰였다."[78]

병원 개원 당시 병원의 직원은 호주인 의사 2명(커를과 맥라렌), 한국인 의사 한 명, 호주인 수간호사(클라크), 한국인 간호사 3명, 약제사 1명, 병원 전도사 1명, 병동관리인 2명이었다.

한국인 의사의 이름은 기록되어 있지 않지만, 다행히 간호사들의 이름은 다른 곳에 기록되어 있다. 그들은 이평안, 김채봉, 박동내 이었다. 특히 초기 호주 간호사들의 편지에 이름 없이 성만 언급되는 '박 간호사'라는 여성이 종종 등장하는데, 그가 바로 박동내가 아닌가 짐작해 볼 수 있다. 만약 그녀가 그 인물이라 한다면 그녀는 젊은 과부였고, 배돈병원에서 간호사 훈련을 받아 후 첫 수료증을 받는 배돈병원의 매우 소중한 일꾼이었다. 이 당시 '더 크로니클' 선교지는 병원 직원 사진 한 장을 게재하고 있는바, 이들의 얼굴도 포함되어 있다.

커를의 주요 임무는 의료선교였지만, 그는 앞에서 언급한 대로 순회 전도, 교회 개척, 학교 설립 등 많은 일을 하였다. 그는 진주를 포함하여 사천, 삼가, 고성지역까지 관할하였는바, 진주읍교회를 포함하여 적지 않은 교회를 설립하거나 그가 전도한 사람들이 설립하였다.

커를은 또한 한국에서 보낸 마지막 3년 동안 매년 3개월씩 세브란스의 학교에서 강의를 하였다. 그의 교수 과목은 산과와 안과였고, 그 외에 이비인후과 관련 질병에 관한 것이었다. 당시 세브란스에서는 각 나라 선교회가 파송한 선교사들이 강의하였는데, 커를과 맥라렌도 이에 동참하였다.

영원한 챔피언

1915년 말, 커를 가족은 호주로 휴가를 떠났다. 사실상 영구 귀국이었다. 그의 부인 에델의 건강이 좋지 않았고, 부산에서 태어난 두 딸과 그리고

---

78) 앞의 책, 8.

진주에서 태어난 아들의 교육 문제도 있었다. 44세의 젊은 그는 한국에서 할 일이 많았지만, 호주 빅토리아주에 정착하기로 한 것이다.

커를이 당시 진주를 떠날 때 어떤 모습이었는지 그 자신은 기록하고 있지 않지만, 동료 스콜스는 다음과 같이 적고 있다.

"커를 박사와 그의 가족은 아내의 건강문제로 일찍 휴가를 보내게 되었다. 우리는 이들 모두를 그리워할 것이다. 그리고 특히 나이 든 한국인들은 진주에 처음 와 주님을 소개하여 자신들의 삶을 변화시킨 커를을 절대로 못 잊을 것이다. 그의 딸 에델과 애니가 호주의 학교에 입학하여 한국에 돌아오지 않을 것이라는 소식에 그들은 더욱 슬퍼하였다. 아들을 포함한 그들에게 작별을 고하기란 쉽지 않았을 것이다. 어릴 때부터 자라는 것을 보아 온 그들에게 이 아이들은 절대로 잊히지 않을 것이다."[79]

커를은 멜버른에 도착하여 먼저 휴가를 보냈고, 그곳 시내의 켄싱톤에 주택을 구매하였다. 그리고 개인 병원을 개업하여 일하기 시작하였다. 그는 그곳에서 평생을 나중에 사위 의사에게 병원을 인계하여 줄 때까지 일하였다. 동시에 그는 빅토리아장로교 총회 해외선교위원회에서 오랫동안 봉사하였다.

커를의 이름은 수년 후에 또 한 번 등장한다. 1937년 중순 홍옥순과 이영복 간호사가 연수를 위하여 호주를 방문하였을 때 총회 회관에서 열린 환영회에서 격려사를 한 것이다.

"이 두 명의 간호사는 앞으로 놀라운 일을 할 것이다. 이들은 이미 한국에서 간호사 과정을 다 마치었는데, 이곳의 병원과 간호 방법, 그리고 치료에 대한 새로운 시각을 보기를 원하고 있다. 이들에게 우리 간호사들도 배울 것이 있다고 나는 생각한다. 한국에서는 의사와 간호사가 육체의 치료를 영의 치료와 병행하고 있기 때문이다. 그리고 그들이 보이는 믿음의 본보기로 많은 사람을 기독교 신앙으로 이끌고 있다."[80]

오랜 세월이 흘렀지만 그는 여전히 한국교회와 의료 발전에 깊은 애정을 품고 있는 것을 알 수 있다. 그 후 한동안 또 커를의 소식은 전해지지 않았다. 그러던 1943년 3월 10일, 멜버른의 한 신문에 커를의 부고 기사가

---

79)   앞의 책, 1915년 12월 1일, 3.
80)   '더 아르거스', 1937년 9월 1일, 20.

떴다.

　"한국의 신실한 선교사이자 선교 활동의 견실한 친구인 휴 커를 박사가 3월 10일 마세돈에서 사망하였다. 3월 10일 수요일 갑자기 커를 박사가 사망하므로 교회는 헌신적인 회원을 잃었고, 교회의 해외 선교는 진정한 선교사 정신을 가진 일꾼을 잃었다."[81]

　그리고 곧 '더 크로니클' 선교지에 그의 추모사가 실리었다. 그 추모사를 쓴 필자의 이름은 없지만 커를을 잘 아는 사람이었을 것이다. 그는 휴 커를 박사가 한국의 첫 선교사는 아니지만 그런데도 그는 진정한 의미에서 개척자라 불렀다. 커를의 한 가지 목적은 많은 사람에게 다가가 가능한 최대한으로 그들을 돕는 것이었다고 하면서 커를 박사는 진주에서 위대한 선교사역을 하였다고 높이었다. 무명의 필자는 다음과 같이 추모사를 맺고 있다. "그는 한국과 한국인들에게 영원한 챔피언이었다."[82]

<참고도서>

「동아일보」, 서울, 1923년 12월 29일.
부산진교회, 「부산진교회 당회록」, 부산, 1905년 10월 15일.
양명득, 『호주선교사와 배돈기념병원』, 동연, 2021.
이상규/양명득, 『호주선교사 열전 – 진주와 통영』, 동연, 2019.
조헌국, 『호주선교사 커를과 그의 동료들』, 한국문화사, 2019.
커와 앤더슨, 양명득 역, 『호주장로교 한국선교역사 1889-1941』, 동연, 2017.

<영문자료>

「더 아르거스」, 멜버른, 1902년 1월 7일, 1937년 9월 1일.
빅토리아장로교회, 「더 메신저」, 멜버른, 1902년 12월 12일, 1906년 6월 15일.
빅토리아여선교연합회, 「더 크로니클」, 멜버른, 1907-1943.

---

81)　'더 마세돈', 1943년 3월 10일.
82)　'더 크로니클', 1943년 4월 1일, 9.

6. 사진작가 조지 로스

(조지 로스, 1861-1942)

　1904년 호주인 사진작가 조지 로스가 한국을 방문하였다. 그는 빅토리아주 클룬즈 출신으로 당시 인기가 있던 스테레오 그래프 제작에 재능을 발견하면서 그의 경력이 본격적으로 시작되었다. 스테레오 그래프는 두 개의 렌즈가 달린 카메라로 나란히 두 장의 이미지를 촬영한 후, 이를 카드에 붙여 스테레오 스코프라는 특수 뷰어에 넣으면 하나의 3차원 이미지로 나타나는 사진이다.

　로즈는 당시 발발한 러일전쟁 속에서 한국과 일본 등을 다니며 많은 사진을 촬영하였다. 한국에서 그는 서울은 물론 인천, 부산, 평양까지 여행하였고 조선인들의 평범한 일상생활을 카메라에 담았다. 당시 한국은 사진 기술이 늦게 도입되어 전문 장비가 많지 않았는데 그가 찍어 남긴 사진은 매우 가치 있는 유물이다.

　로즈의 사진은 다행히 양호하게 보존되어 2004년 한 권의 책으로 출판되었다. '호주 사진가의 눈을 통해 본 한국 1904'란 제목이다. 이 책에는 그가 촬영한 약 40개의 이미지가 담겨있는바 모두 수준 높은 전문적인 사진이다. 그의 촬영 활동과 결과물을 통하여 당시 대한제국 사회와 조선인의 모습을 엿볼 수 있다.

　"로즈의 사진이 특별한 이유는 일상생활의 모습을 생생하게 포착했기 때문이다. 전통 의상을 입은 사람들이 거리를 걷는 모습, 북적이는 시장의 노점상과 농부들, 바쁘게 일하는 노동자들, 돌로 쌓은 성벽 위에 서 있는 아이들 등 로즈는 피사체를 연출하지 않고 있는 그대로의 모습을 담았다. 기와지붕과 초가지붕을 얹은 건물, 탑, 사찰, 그리고 전원 풍경을 배경으로 사람들의 일상이 펼쳐진다. 그의 사진은 또한 하층민들의 고된 노동의 삶도 보여준다. 일부 사진에 등장하는 일본군의 모습은 당시의 긴장된 정치적 상황도 드러낸다."[83]

　1890년대부터 호주선교사들이 한국 특히 경상도 지방에서 촬영한 몇 몇 장의 희귀한 사진과 함께 1900년대 초 로스가 찍은 사진은 호주인의 눈으로 본 한국 풍경과 한국인 모습으로 그 의미와 가치가 지대하다고 할 수 있다.

---

83)　Carswell, 2.

<참고도서>

조지 로스, 『호주 사진가의 눈을 통해 본 한국 1904』, 교보문고, 2004.
양명득, 『호주와 한국: 120년의 역사』, 연세대출판사, 2009.
Carswell, B., 'Japan and Korea through an Australian lens', Dec 18, 2023.

7. 독립운동가 마가렛 데이비스

(마가렛 데이비스, 1887-1963)

2023년 한국 정부는 마가렛 데이비스에게 건국훈장 애족장을 수여하였다. 호주인으로는 처음으로 그녀를 포함한 호주인 여성 3명이 대한민국 독립유공자가 되었다.

데이비스 가문

마가렛의 성 '데이비스'가 말해주듯이 그녀는 한국의 첫 호주선교사 헨리 데이비스와 같은 가문의 사람이었다. 헨리 데이비스의 동생 존 데이비스 목사의 딸이다. 즉 헨리 데이비스의 조카딸이었다. 그녀의 모친인 애니 데이비스는 빅토리아여선교연합회 창립회원 중 한 명이었다. 그뿐만 아니라 마가렛은 1918년 한국으로 파송된 배돈기념병원의 의사 진 데이비스의 친언니였다. 초창기 한국과 호주 역사에 있어서 잊을 수 없는 가문인 것이다.

1909년 6월 15일 빅토리아여선교연합회는 마가렛의 한국 선교자원 신청서를 읽었다. 신청서는 동의와 제청을 거쳐 통과되었으며, 그동안 연합회가 한국에 파송할 교육 일꾼을 기도하며 찾은 하나님의 응답이라고 언급하며 감사하였다. 공식 파송은 이듬해인 1910년 시행하는 것으로 결정을 하였다.

마가렛은 멜버른대학교에서 문학 석사 학위를 우등으로 졸업하였고, 교육학도 수료하였다. 또한, 그녀는 선교훈련원에서 일정 기간 선교사 훈련도 받았다. 여선교연합회는 그녀를 어릴 때부터 보아왔고, 마가렛의 가정을 잘 알고 있었다. 그들은 마가렛을 '타고난 교사'로 불렀고, 그녀는 사실 가르치는 것을 제일 사랑하고 잘하였다. 연합회의 많은 지부도 이미 그녀를 만나 그녀의 선교적 사명에 관하여 들었고, 첫 순교자 헨리 데이비스 삼촌의 뒤를 이어 떠나는 그녀를 기꺼이 축복해 주었다.[84]

마가렛은 1910년 11월 해외선교부의 한국방문단과 함께 한국에 왔을 때 자신의 모친도 동행하였다. 빅토리아장로교회는 해외의 선교지에 이러한 대표단을 파송하는 것은 처음이었고, 그 대열에 마가렛은 파송 선교사

---

84) '더 크로니클', 1910년 10월 1일, 3.

로 동행한 것이다. 이들이 부산항에 도착하여 찍은 사진 중 복병산의 언덕에 있던 헨리 데이비스 무덤에서 마가렛과 모친이 함께 찍은 사진은 지금까지 남아 당시의 모습을 보여주고 있다.

마가렛은 한국어를 배우며, 한국 생활에 적응하며, 1895년 벨레 멘지스가 설립한 일신여학교에 매일 나가 학생들과 교사들을 만났다. 당시 여학교에는 소학과와 2년 전에 설립된 고등과가 있었다. 그리고 한국에서의 첫 성탄절을 어린이들과 함께 보내고 있다. 그중 서매물은 일 년 전에 만난 마가렛의 모친에게 편지를 쓰면서 자신은 마가렛에게 오르간 연주와 영작문을 배우고 있으며, 마가렛은 자신에게 한국어 쓰기를 배우고 있다고 말하고 있다.

'한 작은 땅의 위대한 빛'

1911년 말 시원여학교 교장 넬리 스콜스(시넬리)가 휴가를 떠나자 마가렛이 학교를 책임 맡아 진주로 이전하였다. 그리고 3년 후인 1914년 마가렛은 다시 부산진일신여학교로 돌아왔다. 교장으로 부임한 것이다. 그리고 이 해 말 그녀는 부산진에서 편지를 썼다. 마가렛이 진주로 떠나 있는 동안 부산진에도 변화가 있었는데, 엥겔 가족이 떠났고, 라이트는 시골 지역을 순회하고 있었고, 니븐과 알렉산더는 김해에서 여성들을 위한 성경학교를 운영하고 있었다.

이 당시 호주선교회가 지원하는 부산진의 전도부인은 박의윤, 오금안, 양주암, 강부은, 박계실, 정혁신, 이보은 등이었고, 일신여학교 교사로는 장금이, 문순금, 박덕술 그리고 일본인 가와쿠보가 있었다.

1915년 8월에는 일신여학교의 학칙이 변경되어 소학과는 수업 연한을 3년으로, 고등과는 4년으로 각각 개정하였다. 마가렛은 클러크와 이 해 하순 호주로 휴가를 떠났으며, 휴가를 보내는 동안 빅토리아주에서 여러 노회와 교회를 다니며 보고회나 강의를 하였다. 또한, 이 둘은 빅토리아교회에 한국을 알리기 위한 작은 교재를 준비하기도 하였다. 교재의 제목은 '한 작은 땅의 위대한 빛'이었다. 시니어여선교연합회와 빅토리아여선교연합회는 이 책자를 모든 지부에 보급하여 공부하도록 독려하였다. 책은 당시 한 권에 9다임이었다.

이 교재는 몇 개의 주제에 따라 장이 나누어져 있고, 각 장 말미에 토론 제목이 있어서 참가자들의 토론을 유도하고 있다. 선교동아리회에서는 각 장을 낱개로도 인쇄하여 판매하였는데, 한 개에 4다임이었다.

다시 부산진으로

1916년 9월 마가렛은 다시 한국 부산진으로 돌아왔다. 그리고 그녀는 두 주 후에 다음과 같은 편지를 쓰고 있다.

"일 년 동안의 휴가 후에 새 열의와 열정을 가지고 클러크와 나는 다시 집으로 왔다. 솔직히 처음에는 다시 적응하고 안정을 찾기 어려웠다. 극동의 이 세계는 우리의 것과는 너무나 다르다. 보이는 것들과 냄새는 우리 서양인에게는 큰 거부감이 든다. 대부분 집이 너무 가난하고, 열악하다. 이번에 두 번째 왔는데, 이곳의 많은 삶 속에 어두움과 고통의 징표를 곳곳에서 볼 수 있다."[85]

1917년 2월에는 일신여학교에 특별 방문자가 있었다. 경상남도 도지사였다. 그와 함께 온 공무원들은 학교가 정부의 방침대로 운영되는지 참관하러 나온 것이었다. 그들은 교실과 학생들이 만든 수예품과 그림 등을 둘러보았고, 모여 있는 학생들에게 짧은 연설도 하였다. 특히 성경을 윤리 과목의 교재로 언급하였고, 학생들과 함께 일본국가도 제창하였다. 일본 정부의 통제 속에 일신여학교도 점점 압박을 받는 상황이었다. 삼일운동이 일어나기 2년 전의 일이었다.

1917년 말, 미우라 기숙사이자 고아원을 책임지고 있던 멘지스가 호주로 휴가를 떠나자, 마가렛이 그 일까지 대신에 하여 맡고 있다. 그러므로 그녀는 미우라에 관한 분기별 보고서도 썼다.

"미우라학원의 숙소에는 현재 순복이를 포함하여 10명의 소녀가 있다…. 그중 1명은 지난 보고서 후에 통영에서 왔고, 1명은 울산에서 왔다. 또 다른 1명의 부모는 부산에서 이사 나갔는데, 딸의 교육을 위하여 우리

---

85)　앞의 책, 1916년 12월 1일, 13.

숙소에 남겨두었다. 우리는 8시 30분에 정확하게 기도를 시작하고, 각 소녀는 성경의 구절을 암송한다. 그리고 장금이는 급히 학교로 뛰어가 종을 울린다."[86]

1918년 초 마가렛은 자신의 친동생 진 데이비스 박사가 한국으로 파송되어 만나는 기쁨도 있었다. 동생 진은 진주의 배돈기념병원에서, 언니 마가렛은 부산의 학교에서 두 자매는 삼촌이 순교한 경상남도에서 눈부신 활동을 하게 된 것이다.

이 해 말 부산에서는 독감이 창궐하여 많은 사람이 고생하였다. 독감은 자칫 폐렴으로 발전할 수 있고, 또 다른 합병증으로 유발되면 위험한 병이었다. 부산진의 일신여학교와 미우라학원의 학생들, 그리고 호주선교사들도 독감에 걸려 힘든 시기를 보내고 있었다. 하루에 부산에서만 35명씩 사망하고 있다고 마가렛은 보고하였다.

'부르시오! 만세를 부르시오'

1919년 2월 11일, 마가렛은 여선교사들을 대신하여 빅토리아여선교연합회에 편지를 쓰고 있다. 다름 아닌 호주선교회의 한국인 직원들의 봉급 인상 등을 연합회가 동의한 것에 감사하는 내용이었다. 이 당시 호주선교회의 봉급을 받고 일하는 한국인 직원은 전도부인 등을 포함하여 교사, 전도인, 매서인 등 십 수 명이 있었고, 역할에 따라 봉급에 차이가 있었다.

이 해에 서울에서 일어난 삼일운동을 기점으로 전국적으로 일제의 통치에 항거하는 물결이 일어났다. 부산에서도 며칠 후 만세시위가 일어났고, 일신여학교 학생과 교사들도 참여하여 학교는 큰 어려움을 당하였다. 그뿐만 아니라 교장인 마가렛 데이비스를 비롯한 멘지스와 데이지 호킹(허대시)도 경찰서와 법원에 불려 다니며 큰 고초를 당하였다. 마가렛은 그 당시 상황을 3월 18일 편지에 비교적 상세히 기록으로 남기고 있다.

학생들의 만세시위 참여로 경찰서로 잡혀간 마가렛과 호킹은 그다음 날 3월 13일 오전 11시 30분 풀려났다. 경찰서장은 이들에게 잘못이 없어

---

86) 앞의 책, 1918년 7월 1일, 4-5.

풀어주는 것이 아니라 폭력을 쓰지 않았고, 한국인이 아니기 때문이라 하였다. 그리고 서장은 경고도 잊지 않았다. 여선교사들은 기독교 순교자의 진실에 대하여 말하였지만, 서장은 귓등으로 들었다.

이들은 풀려나서야 학교 학생 11명과 (기숙사 거주학생 5명 포함)과 교사 2명이 감옥에 갇힌 것을 알게 되었다. 이 학생들 면회는 가족 포함하여 누구에게도 허락되지 않았기에, 선교사들은 감옥 근처의 여관에서 음식을 준비하여 넣어 주는 것 외에 다른 방법을 쓸 수 없었다고 한다.

그리고 그것이 끝이 아니었다. 마가렛과 두 명의 여선교사들은 법원에 소환되어 교차 심문을 받았다. 그리고 경찰서에도 여러 번 가서 많은 질문에 대답해야 했다. 당시의 일본 경찰 질문은 다음과 같았다. "당신은 이곳에 오기 전 당신의 나라에서 범죄한 사실이 있습니까?" "당신의 해로운 가르침으로 학생들이 감옥에 있는데 수치스럽지 않습니까?" 물론 이들은 전혀 수치스럽지 않다고 대답하였다.[87]

그러나 일본 경찰은 다르게 생각하였다. 호주 여교사들이 '만세를 부르시오! 만세를 부르시오.' 하면서 선동했다고 기록하였다.[88] 그리고 경찰은 이 내용을 근거로 이들을 법정에 세웠으며, 법정에서의 싸움은 계속되었다. 일신여학생들과 여교사들이 포승줄로 묶이고 머리에는 자루를 쓴 채 법정에 나타났고, 만세시위에 가담하였다는 이유로 주경애와 박신연 교사는 각 18개월과 강제 노역을 선고받았고, 학생들은 5개월과 강제 노역을 선고받았다. 부산 일신여학교 출신 통영 진명학교 교사 문복순과 김순이도 6개월과 강제 노역을 선고받았다.

이 해 말에 가서 마가렛은 학교와 기숙사가 정상으로 운영되고 있다고 호주에 보고하였다. 학교에서는 특별 새벽기도회가 일주일 동안 진행이 되었는데, 기숙사의 상급생 학생들이 매일 참석을 하였다. 이들은 만세운동 시 감옥에 갇혀 고생하였던 학생들이었고, 아직 감옥에 남아있는 사람들을 위하여 열심히 기도하였다. 겉으로는 부산이 평온하였지만, 마가렛은 일제에 대한 저항감을 강하게 느끼었다.

---

87)　앞의 책, 1919년 6월 2일, 3-4.
88)　김정명, 163.

교육 활동의 어려움

1920년 4월 1일 부산진일신여학교는 방학을 마치고 다시 개교하였다. 새로운 커리큘럼으로 교육이 시작된 것이다. 작년에 165명의 학생이 등록을 하였는데, 이 해에는 200명에 가까울 것이라고 마가렛은 예상하였다. 문제는 기숙사가 충분치 않았고, 교사도 많이 부족하였다. 마가렛은 여성경학원에서의 시간을 줄이고 학교 업무에 집중하고 있었다.

1921년 말, 마가렛은 또 한 번의 휴가로 호주를 방문하게 된다. 마가렛이 떠나 있는 동안 뮤리엘 위더스(위대서)가 일신여학교를 책임 맡았다. 마가렛은 빅토리아 전역에 있는 여선교연합회 지부들을 방문하며 보고회를 하였다. 특히 그녀는 '생일 감사 선교사'이므로 가는 곳마다 생일 감사로 해외선교사를 후원해 줄 것을 호소하였다.

빅토리아여선교연합회는 마가렛의 일정을 관리하며, 각 지부에서 초청하는 날짜를 조정하였다. 또한, 생일 감사 후원자가 최소 365명이 나와 매일 그녀를 위하여 기도하기 원한다고 홍보하였다. 마가렛은 1922년 8월 1일 멜버른 총회 회관에서 열린 환송예배에 참석하고, 세 번째 임기로 한국으로 돌아왔다.

마가렛이 한국으로 돌아오자 어려움이 기다리고 있었다. 일신여학교 안에 교사와 학생들 간의 긴장이 있었는데, 교사가 부족한 이유로 학생들의 불만이 있었다. 여선교연합회는 이 소식을 다음과 같이 전하고 있다.

"데이비스 양은 한국에 돌아가 지금까지 어려움을 겪고 있다. 고등과 학생들이 불만을 제기하였는바, 한 명의 교사로는 불충분하다는 이유였다. 그들은 수업 거부를 하였고, 학교는 어쩔 수 없이 주동 격인 학생을 징계할 수밖에 없었다. 이것은 굉장히 어려운 과정이었으나, 데이비스 양은 이제 안정을 찾고 있다고 하였고, 교사들은 기도로 학교의 영성을 되찾기 위하여 매일 기도회를 했다."[89]

여기서 데이비스 양은 물론 교장인 마가렛이다. 그녀는 이 사건에 대하여 후에 다음과 같이 언급하고 있다.

---

89) '더 크로니클', 1923년 2월 1일, 2.

"학교 방학이 시작되는데 이번에는 졸업생이 없다. 고등과의 학생들이 10월에 파업하였기 때문이다. 주동자들은 한 달, 두 달, 혹은 석 달 정학이 되었다. 이것으로 그들은 한 학기 정도를 이수하지 못하였다. 그런 이유로 졸업생도 없고, 개근상도 없고, 장려상도 없다. 파업이 얼마나 심각한 것인지 이 기회에 학생들이 깨달았으면 좋겠다. 학교의 유익을 발전시키는 방법이 아닌 것이다."[90]

마가렛에게는 입양한 소녀 한 명이 있었다. 명세라는 이 소녀가 결혼하게 되었는데, 남편은 거창의 은행원이었다. 마가렛은 그녀가 스키너의 양녀처럼 벙어리나 귀머거리가 아니므로 재봉틀이나 암소를 지참금으로 가지고 가지 않아도 된다고 말하고 있다. 결혼사진이 잘 나오면 '더 크로니클' 선교지에 보내겠다고 약속하기도 하였다.

1924년 초에는 마가렛의 부모가 한국을 방문하고 있다. 여동생 진이 호주로 휴가를 갔다가 다른 대표들과 함께 입국할 때 동행한 것이다. 부산항에서 마가렛은 가족과 즐거운 재회를 하였다.

동래일신여학교 건축

마가렛의 여학교 고등과에는 당시 세 명의 남성 교사와 한 명의 일본인 여성 교사가 있었다. 두 명의 한국인 여성 교사는 초등학교에서 와 재봉질과 체육을 가르쳤는데, 대부분 교재가 일본어로 되어있었기에 이들은 가르칠 요건이 안 되었다. 고등과에는 60명가량의 학생이 있었고, 소학과에는 200명 정도가 있었다. 고등과에 입학하려면 어려운 시험을 통과하여야 하였기에, 많은 수의 학생은 아니었다.

고등과에서 마가렛은 성경, 영어, 음악을 가르쳤다. 이 선생은 산수, 대수학, 기하학을 가르쳤고, 윤 선생은 지리, 물리학, 화학을 가르쳤다. 지 선생은 성경과 역사, 후쿠야마는 일본어와 그림, 그리고 위더스도 영어나 오르간 연주를 이따금 가르쳤다.

1924년 말, 마가렛은 드디어 좋은 소식을 호주교회에 보내고 있다. 일

---

90)   앞의 책, 1923년 3월 29일, 3.

신여학교의 고등과를 위한 부지를 확보하고, 학교 건물 건축을 위한 기초를 놓은 것이다. 그 위치는 동래였다. 설계는 멜버른에서 하였고, 건축사는 중국인이 운영하는 서울 소재 복음건축회사였는데, 기독교 회사와 계약을 맺게 되었다고 마가렛은 언급하고 있다. 이들은 먼저 돌로 된 기념비를 남기었는데 다음과 같이 적혀있다. '호주여자전도부 주후 1924년 12월 21일.' 마가렛은 다음 해 봄 건물이 완성되어 어서 고등과 학생들이 그곳으로 이사하기를 희망하고 있다.

드디어 제인하퍼기념학교가 완공되었다. 제인 하퍼는 1890년 창립된 빅토리아여선교연합회 초대회장이었는데 그녀를 기념하기 위하여 호주에서 이 이름을 붙였고, 한국에서는 동래일신여학교로 알려졌다. 학교 본관과 기숙사 건축비용은 총 30,000엔이 들었다. 1925년 6월 15일 마가렛과 위더스를 포함한 교사진과 20여 명의 학생은 새 석조 건물의 기숙사로 이사를 하였고, 완공식은 6월 20일에 열렸다. 기숙사는 아래층에 5개의 방과 위층에 6개의 방이 있었고, 최대 52명의 학생을 수용할 수 있었다고 한다. 새 학기가 되면 방 대부분이 찰 것으로 마가렛은 기대하고 있다.

호주와 한국의 여학생 비교

'더 크로니클' 선교지는 마가렛이 1925년 말 심각한 수술을 받았다는 소식을 그다음 해 초에 전하고 있다. 호주의 후원자들은 이 소식에 크게 염려하고 있지만, 수술은 잘 되었고 회복도 잘 되고 있다고 보고하였다. 그러나 어떤 수술이었는지는 언급하지 않았다. 빅토리아여선교연합회는 마가렛에게 전보를 보내 이른 휴가를 보내도록 그녀에게 제안하였고, 마가렛은 1926년 4월 말 호주로 입국하였다. 멜버른에 도착한 그녀는 딥딘의 부모 집에서 당분간 휴양을 하게 되었다.

마가렛을 대신하여 위더스가 이해 4월 하퍼기념학교 보고를 하고 있는 바, 1학년에 64명의 신입생이 입학하였고, 2학년에 1명이 더 들어 왔다고 하였다. 일신여학교 소학과 22명의 졸업생 중에 19명이 하퍼기념학교에 입학하였다는 소식을 기쁨으로 전하고 있다. 그리고 기숙사에도 42명의 여학생 들어와 포화상태라고 보고하였다.

마가렛은 1년간의 휴가 동안 건강을 회복하였고, 휴가를 좀 더 연장하여 보고회를 다녔다. 그리고 1927년 8월 5일 큐교회에서 열린 파송 예배에 참석하였는데, 감사의 작별 편지를 '더 크로니클' 선교지에 싣고 있다.

"캠프 양이 나에게 한국으로 떠나기 전 작별 편지를 써 달라고 요청을 하였다. 나는 기쁨으로 대답을 하였는바 나의 휴가 동안 나에게 친절을 베푼 많은 분에게 감사의 말을 전하기 원하였기 때문이다. 나의 방문 기록은 스키너의 기록에는 조금 못 미치나, 나는 도시와 시골에 있는 수백 명의 여선교연합회 회원들을 만나 대화를 나누었다. 즐겁고 영감적인 많은 대회와 지부 모임, 단체 모임의 기억이 오래 남을 것이다. 하나님 나라를 위한 이러한 열정적인 단체에 속한다는 것은 큰 자부심이다."[91]

그뿐만 아니라 마가렛은 '오늘날의 여학교 학생들 – 한국과 호주'라는 제목의 글도 따로 기고하였다. 이 글에서 마가렛은 한국의 학교와 학생들, 그리고 특히 동래일신여학교를 소개하면서, 호주의 풍요로운 학생들이 한국의 가난한 학생들을 도울 수 있다고 호소하였다.

"빅토리아의 장로교 학교 여학생들은 자신들보다 불행한 한국의 소녀들을 도울 수 있다. 한국의 우리 여학생들은 대부분 가난한 집에서 왔으며, 그들의 부모는 자신들의 딸 학비를 낼 수 없는 형편이다. 여학생들이 돈을 벌어 학비를 충당할 수 있도록 우리는 일신여학교와 동래의 제인 하퍼 기념학교에 자조반을 만들었다. 학생들이 일하면서 배울 수 있도록 한 것이다….

호주의 여학생들은 많은 것을 가지고 있지만, 한국의 여학생들은 가진 것이 거의 없다. 바다 건너 자매들에게 도움의 손길을 건네는 것은 특권이 아닐 수 없다."[92]

마가렛은 이해 9월 한국에 도착하였고, 부산항에는 그녀를 환영하는 친동생 진과 동료선교사들, 그리고 학생들이 모여 있었다. 동래일신여학교에서는 다시 돌아온 교장을 위하여 환영 잔치를 열어 주었다.

---

91)　　앞의 책, 1927년 8월 1일, 4.
92)　　앞의 책, 17-18.

빅토리아교회의 장학금

1930년 초 마가렛은 한국의 학교에서 소요사태가 일어나고 있는 것을 보고하고 있다. 이것은 광주에서 한국인과 일본인 학생들 간의 공산주의 논쟁에서 비롯되었는데 서울로까지 번지고 있었고, 전국으로 퍼질 조짐도 보였다. 호주선교회의 학교들은 그 사태에 아직 휘말리지 않았지만, 마가렛은 염려하였다.

"우리 학생들에게 주지되기를, 만약 이런 소요사태가 우리 학교 안에 일어나면 우리 학교가 정부로부터 지정받는 기회에 부정적인 영향을 미칠 것이다. 만약 지정이 안 되면 학생들에게 심각한 영향이 미칠 것이다. 우리는 현재 부산의 관공서에 지정 신청을 한 상태이며, 사태가 가라앉으면 우리 신청서를 심사하겠다고 그들은 약속하였다."[93]

동래일신여학교를 정식 중고등학교로 승인받기 위하여 마가렛과 호주선교회는 애쓰며, 일본 정부와의 불편한 관계를 이어가고 있었다. 당시 학교에는 호주에서 주는 3가지 장학금이 있었다. 마가렛은 이 장학금을 받는 3명의 학생을 소개하고 있는데, 박봉윤, 한경순, 그리고 오정은이다. 이들은 빅토리아장로교여친교회와 '목사관의 딸 장학금'을 받고 있었는바, 받은 장학금과 약간의 수공예 노동을 통하여 받는 돈으로 학교에 다니고 있었다. 이들에게 투자하는 장학금이 절대 헛되지 않다고 마가렛은 호주의 후원자들에게 확신을 주고 있었다.

한국선교 20주년 축하

마가렛은 1930년 말 한국선교 20주년을 맞이하였고, 43세의 베터랑 독신 선교사가 되어있었다. 1930년 10월 17일 동래일신여학교는 교장의 한국선교 20주년을 맞이하여 축하의 자리를 준비하였고, 저녁에는 여학생과 졸업들이 음악회를 열었다. 동시에 이 해는 학교의 전신인 부산진일신여학교 25주년이 되는 해였다. 많은 손님과 더불어 과거와 현재의 교사와

---

93)　앞의 책, 1930년 4월 1일, 7.

학생들이 축하 행사에 참석하여 흥겨운 잔치가 벌어졌다.

교실 안에는 학생들의 작품과 학교의 역사 자료를 전시하였는바, 그중에 특히 '목사관의 딸 장학금'을 받은 장래가 촉망되는 두 여학생이 눈에 띄었다. 한 명은 알렉산더의 양녀 복순이였고, 다른 한 명은 멘지스의 양녀 신복이였다. 마가렛은 이날 내외손님들의 많은 선물을 받았으며, 40개 정도의 축하 전보를 받았다고 한다.

1931년 동래일신여학교 졸업반에는 11명의 여학생이 있었다. 마가렛은 보고하기를 그중 3명이 상급 성경공부를 하기 원한다고 하였고, 그들이 그 과정을 마치면 전도부인이나 성경 교사가 될 것이라고 하였다. 그중에 한 명은 평양의 신학교에 진학하기를 희망하고 있었고, 또 한 명은 한 목사의 딸이라고 언급하였다.

이 당시 호주의 빅토리아여선교연합회나 해외선교부는 재정적인 어려움을 겪고 있었다. 특히 한국에서 진행되고 있는 다양한 선교 프로그램 지원이나 선교사들과 한국인 직원들의 봉급을 유지할 수 없을 처지에까지 이른 것이다. 선교 지원을 감소해야 하지만 호주선교사의 수를 줄이는 것에 대하여는 모두가 주저하였다. 결국, 여선교연합회는 선교사와 직원 봉급을 일정 기간 삭감하는 것으로 결정하였다.

마가렛은 이런 상황에 학교에 대한 지원이 줄어들까 염려하고 있었다. 호주교회의 지원으로 하퍼기념학교의 여학생들이 어떻게 기독교인으로 변화되고 있는지와 그 열매에 관하여 계속 편지를 쓰고 있다. 특히 이 당시의 편지에는 학교에 피아노가 얼마나 필요하지도 언급하고 있다.

드디어 지정되다!

1932년 중반 마가렛은 또 한 번의 휴가를 호주에서 갖는다. 빅토리아여선교연합회 회장 매튜 여사는 그다음 해 2월 21일 생일감사선교사 마가렛을 위하여 특별 모임을 조직하였다. 동멜본 장로교여성친교실에 연합회 회원들을 초청하여 특별 손님 마가렛을 만나도록 한 것이다. 한국선교 21년을 맞은 그녀를 축하하고 높이는 자리였다. 그뿐만 아니라 마가렛은 와라갈과 모웰의 대회에 참석하고, 남호주에서 열린 총회에도 참석하여 한국선교에 관한 소식을 보고하고 있다.

마가렛이 호주에 있는 동안 맥피가 교장 대리로 있는 동래일신여학교에서는 크게 기쁜 일이 발생하였다. 정부로부터 공식적으로 인정받아 '지정학교'가 된 것인바, 공립 고등 보통학교와 동등한 자격을 인정받는 학교가 된 것이다. 맥켄지, 한국인 수교사 그리고 맥피가 교육부에 가서 그 증명서를 받았다. 마가렛은 호주에서 하퍼기념학교가 지정받은 의미를 교회에 설명하였다.

당시 일본 정부는 한국인들의 교육을 자신들만이 자신들의 언어로만 하려고 하였고, 종교단체의 교육을 크게 위축시키고 있었다. 단, 공식 교육 기관으로 지정하는 미션스쿨은 예외였고, 그 수 또한 극소수였다. 교사들의 높은 자격, 학교의 충분한 설비, 그리고 넉넉한 장학금이 그 조건이었기 때문이다.

마가렛은 동래일신여학교를 지정된 공식기관으로 승인받기 위하여 지난 수년 동안 기다려 왔는데, 마침내 한국에서 두 번째 여학교로 지정을 받은 것이었다. 13세에서 20세까지의 학생들이 4년 동안의 과정을 마치면 정부 학교와 마찬가지 자격을 갖게 된 것이다. 그러므로 앞으로 더 많은 학생이 입학할 것이고, 미래는 희망찼다.

일제의 압력

1935년 동래일신여학교는 계속 발전하고 있었다. 마가렛은 보고하기를 이 해에 총 144명의 학생이 등록하였고, 신입생은 103명이 신청하여 시험에 통과된 46명이 입학하였다. 기숙사에 거주하는 학생도 51명이나 되었고, 전라도에서 온 학생도 있었다. 또한, 운영이사회는 3월 첫 주일에 모든 경남노회 교회가 학교를 위하여 헌금하도록 제안하였으며, 노회는 승인하였다.

"아마도 가장 많은 헌금은 동래교회와 학교 자체의 250엔일 것이다. 우리는 우리 집의 파 부인처럼 다른 사람들이 많은 헌금을 할 것으로 기대하지는 않는다. 그녀는 자신의 월급 25엔에서 10엔이나 헌금하였다. 학교가 해 온 일들을 고마워하는 헌금이라고 하였다."[94]

호주선교회에 속한 여학교나 유치원에 동래일신여학교를 졸업한 교사가 다 있을 정도로 학교는 지역사회뿐만 아니라 선교회 안에서도 중요한 역할을 하고 있었다.

이 해 말인 11월 30일 토요일, 마가렛의 선교 25주년을 기념하는 잔치가 동래교회에서 열렸다. 교회당 안은 특별히 꾸며졌는데 특히 한국과 호주 지도를 그린 그림이 눈에 띄었다. 그리고 두 나라는 '예수님의 사랑'이라는 글씨로 연결되어 있었다. 이날 마가렛은 많은 격려와 선물을 받았는데, 그중 산상수훈과 시편 23편이 한국어로 쓰인 8폭짜리 병풍도 있었다.

1936년에 와서 미션스쿨에 대한 일제의 통제는 점점 심화하고 있었다. 신사참배의 압력은 동래일신여학교에도 예외 없이 가하여져 왔고, 마가렛은 큰 염려 속에 학교를 운영하고 있었다.

"신사에 참배하는 문제는 초가을에 우리에게 아픈 질문이 되었다. 그러나 우리가 감사하는 것은 지역 정부가 우리의 입장을 반영하여 큰 배려를 하였는데, 신사에 절하는 대신에 하나님께 침묵으로 기도하는 것을 허락하였다. 이것이 이 어려운 문제에 해답이 되기를 우리는 간절히 희망한다."[95]

앞서 언급한 학교의 교실을 늘리기 위한 모금은 부산, 진주, 마산 등의 교회에서 8,500엔을 약속하였다고 한다. 마가렛는 일제의 압박 속에서도 더 많은 학생이 입학할 수 있도록 건물 확장에 노력하고 있었고, 이제는 호주교회만이 아닌 한국교회도 헌금에 동참하고 있었다.

마지막 업무 그리고 사표

1938년 마가렛은 호주에서의 휴가를 마치고 다시 한국으로 복귀하였다. 그녀에게 한국은 더는 미지의 땅은 아니었지만, 불확실의 땅이었다. 환송 예배에서 빅토리아여선교연합회 해외선교부 총무인 캠벨은 다음과 같이 말하고 있다.

"데이비스 양이 낯선 업무로 복귀하는 것은 아니다. 그러나 오늘날의

---

94)　앞의 책, 1935년 8월 1일, 7.
95)　앞의 책, 1937년 3월 7일, 7.

상황은 불확실한 미래가 앞에 있다는 것이다."[96]

일제의 통치 속에서 정치적이고 종교적인 복잡한 관계는 동래일신여학교를 포함하여 모든 미션스쿨의 장래를 어둡게 하고 있었다. 일본의 군국주의로 인한 전쟁의 그림자는 모든 종교적 관용을 무너뜨리고 있었고, 과거 신앙의 자유를 더는 누릴 수 없었다. 여선교연합회와 마가렛은 학교를 더 이상 운영할 수 없을지도 모른다는 것을 알고 있었다.

"미래가 어떻게 펼쳐지던, 우리의 환송 메시지를 한국으로 함께 가져가기 바란다. 어려운 시기에 바울이 에베소교회에 준 말씀이다. 6장 10절~13절."[97]

1939년 1월 4일 진주에서 있었던 호주선교사 공의회는 신사참배에 관한 입장을 다시 한번 확고히 하였다. 공의회는 이미 1936년 교회와 학교에서 신사불참배의 견해를 확실히 밝히었지만, 이번에 재확인 한 것이다. "신사에 절하는 행위는 하나님의 진리 즉 그리스도를 증거하여야 하는 기본적인 의무에 위반되는 것"임을 분명히 하였다.

호주선교회 소속 학교의 학교장들은 이것이 무엇을 의미하는지 알고 있었다. 마가렛은 동래일신여학교도 일제에 의하여 폐교될 것임을 예견하고 있었다. 그런데도 그녀는 일말의 기적을 기대하며 학교와 출석하는 182명의 학생을 위하여 계속 정진하였다. 그녀는 학교 건물 증축에 약속한 돈을 속히 보내 달라고 호주교회에 연락하였다. 그리고 멜버른의 여선교연합회는 3월에 열린 정기모임에서 약속한 900파운드를 보낼 것을 승인하였다.

1940년 1월 '더 크로니클' 선교지는 마가렛이 사표를 냈다는 소식을 담고 있다. 이해 6월까지 임기를 마치고 호주로 귀국한다는 설명이었다. 빅토리아여선교연합회는 오히려 마가렛이 호주로 돌아와 자신들의 곁에 있게 되었다며 기뻐하는 모습이었다.

마가렛은 호주로 돌아와 '더 크로니클' 편집인으로 1941년 5월부터 1960년 2월까지 19년을 봉사하고 완전히 은퇴하였다. 마가렛은 건강이 안 좋았지만, 다행히 의사인 여동생 진이 옆에 있었다. 그로부터 3년 후, 마가

---

96)　앞의 책, 1938년 9월 1일, 4.
97)　앞의 책, 4.

렛은 1963년 6월 23일 별세하였다. 그녀는 자신이 다녔던 중고등학교인 프레스비테리안 레이디스 칼리지 건너편에 있는 버우드 공동묘지에 묻혔다. 어머니 애니 데이비스의 묘 옆자리였다.

<참고 도서>

김경석, 『부산의 기독교 초기선교사』, 한세 인쇄, 2013.
김정명, 『조선독립운동1』, 원서점, 1967.
동래학원 백주년편찬위원회, 『동래학원 백년사』, 부산, 1995.
양명득, 『호주인 독립운동가 마가렛 데이비스』, 나눔사, 2023.
존 톰슨-그레이, 양명득 역, 『첫 호주인 선교사 헨리 데이비스와 그의 조카들』, 동연, 2020.
커와 앤더슨, 양명득 편역, 『호주장로교 한국선교역사 1889-1941』, 동연, 2017.
페이튼과 캠벨, 양명득 편역, 『호주장로교 한국선교 설계자들』, 부산진교회, 2020.

<영문자료>

빅토리아여선교연합회, 「더 크로니클」, 멜본, 1909-1941.
존 톰슨-그레이, 『How Great Thine Aunt』, Publicious Book Publishing, 2018.
호주선교사공의회, 「더 레코드」, V.27, 1940.

8. 나환자의 아버지 제임스 노블 맥켄지

(제임스 노블 맥켄지, 1865-1956)

제임스 노블 맥켄지(한국명: 매견시)는 1910년 1월 5일 호주 멜버른 항을 떠나 한국 부산으로 향하였다. 그런데 그는 선교 초보자가 아니었다. 그는 이미 남태평양의 뉴 헤브리디스의 산토 섬에서 15년 동안 일한 경험이 있었다. 그곳의 열대성 기후로 그와 그의 아내 매기는 질병으로 고통을 받았고, 결국 아내는 그곳에서 사망하였다. 그 후 맥켄지는 산토 섬으로 다시 돌아가지 못하였고, 대신에 한국으로 지원을 하게 된 것이다.

당시 45세였던 맥켄지가 부산에 막 도착한 1910년 3월, 부산진에서 호주선교사 공의회 연례모임이 열렸다. 이 모임은 맥켄지의 장차 사역이 마산과 그 인근의 섬에서 이루어질 것을 추천하였다.

그리고 같은 해 10월 맥켄지는 1905년부터 부산에서 활동하고 있던 메리 제인 켈리와 약혼하였다는 소식이 전해졌다. 켈리를 파송하였던 빅토리아여선교연합회로서는 유능한 일꾼을 잃어버리는 것이었지만, 남편과 함께 한국에서 계속 봉사하게 된다는 것이 위안이었다. 맥켄지와 켈리는 1912년 2월 상해에서 결혼하였다. 그 후 이들은 1939년 은퇴할 때까지 27년의 긴 세월을 부산지역에서 함께 살며 일하게 된다. 맥켄지는 후에 자신의 자서전에 다음과 같이 말하고 있다.

"부산에 도착한 후 첫 2년간에 일어난 일 중에서 나와 나의 선교사업을 위하여 가장 중요한 일은 메리 켈리 양과 결혼한 일이었다. 켈리 양은 나보다 5년 앞서서 한국에 온 선교사였는데 그때 내가 고투하고 있던 한국어에 아주 능숙하였으며, 나의 한국어 습득과 다른 여러 가지 일들에 많은 도움을 주었다."[98]

한국인에 관한 인상

맥켄지는 부산에 도착하여 한국어를 배우며 여러 지역을 방문하였다. 그는 자신의 보고서에 한국인에 관한 첫인상을 다음과 같이 말하였다. "뉴 헤브리디스에서 일할 때는 종종 바다와 육지에서 위험을 겪었지만, 이번 여행은 전혀 그렇지 않았다. 한국인들은 그들이 이방인임에도 불구하고 매

---

98)   지응업, 57.

우 친절하고 예의 발랐으며, 사랑스러웠다. 그들과 함께 있는 것이 매우 안전하게 느껴졌다."[99]

맥켄지는 처음으로 마루 위에 양반다리를 하고 앉는 방법을 배웠고, 젓가락을 사용하여 밥을 먹을 때 흘리지 않는 요령을 배웠다. 가는 곳마다 세례받기 원하는 신자들을 만나 그들의 기독교 신앙의 지식을 문답하였다. 그리고 준비된 자들에게는 세례를 주기도 하였다. 겔슨 엥겔(왕길지)의 동행이 그에게 큰 도움이 되었음은 말할 나위 없다.

모터보트의 꿈

맥켄지는 뉴 헤브리디스의 많은 섬을 배로 순회한 경험이 있었다. 그가 한국의 남해 지역에 와 섬이 많은 것을 보고 그는 즉시 하나님이 자신을 이곳의 섬 선교를 위하여 보내었다고 생각하였다. 처음에 동료선교사들은 맥켄지가 그 일에 합당치 않다고 생각하였다. 그러나 그는 언어를 배우며 때를 기다리고 있었다. 그리고 마침내 진주에서 열린 호주선교사 공의회에서 기회가 왔다.

"진주의 모임에서 내가 그 섬 지역에서 활동하도록 결정하였다. 나의 희망대로 된 것이다. 내가 전도한 산토의 교인들이 내가 떠날 때 200파운드를 선물하였다. 그리고 그들은 말하기를 나의 한국 사역을 위하여 모터보트를 사도 좋다고 하였다. 내가 모터보트를 사게 되면, 그 배를 '산토'로 부를 것이다."[100]

한 가지 흥미로운 점은 산토 섬의 장로들이 맥켄지의 한국선교를 지원하기 위하여 2년 동안 활과 화살 그리고 얌(칡)을 팔아 모은 거금 200파운드를 헌금하였다는 사실이다.

맥켄지는 곧 선교사역의 목적으로 마산포 항에 모터보트를 사용할 수 있도록 일본해군 대장에게 신청하였다. 그러나 결과는 불승인이었다. 이것은 그에게 큰 실망이었다. 모터보트를 구입하려는 계획은 일단 보류되었다. 그러나 마산포를 근거지로 삼아 많은 섬을 다니며 선교하려는 그의 계

---

99) '더 크로니클', 1911년 2월 1일, 6.
100) 앞의 책, 1911년 12월 1일, 11.

획은 여전하였다.

맥켄지의 아내 메리는 후에 이런 기록을 남기고 있다.

"맥켄지는 현재 본토에서 멀리 떨어진 섬들을 방문하고 있다. 그 섬들은 화요일 새벽부터 금요일 밤까지 걸린다. 그곳의 섬사람들에게는 선교사에 의한 방문이 처음이고, 그들을 많이 도울 수 있기를 희망한다."[101]

부산의 나환자들

부산의 나환자병원(나환자요양원 혹은 상애원)은 1909년 미국 북장로교 선교사에 의하여 감만동에서 시작되었다. 그러다가 1910년 부산·경남 지역을 호주선교회가 맡게 되었고, 그 중 나병원 책임도 포함되었다. 맥켄지는 마산에서의 일이 여의치 않게 되자 이 일을 책임 맡게 되었다. 당시 나병원의 환자는 80명이나 되었다. 그는 의사는 아니었지만, 일정 기간 의료 훈련을 스코틀랜드에서 받은 경험이 있었다.

1913년 초, 맥켄지의 아내 메리는 나환자교회에서의 예배에 관하여 쓰고 있다. 그녀는 구약의 나아만 장군 이야기를 소개하면서 부산에도 3년 전 '인도와 동양의 나환자를 위한 선교회'에서 나환자들을 위한 집을 세웠다고 밝히고 있다. 맥켄지는 기회가 있을 때마다 이곳을 방문하여 예배를 인도하고 있었고, 니븐도 여성과 소녀 환자들을 위하여 성경공부를 지도하고 있었다.

"그중 몇 명은 오랫동안 예수 그리스도를 믿는다고 고백하고 있었고, 세례를 받기 원한다고 하였다. 그래서 지난주 맥켄지는 그들이 준비되었는지 문답하였고, 3명의 남성과 7명의 여성이 지난주 세례를 받도록 하였다. 세례식이 포함된 예배는 이곳에서 처음 있는 일이었고, 매우 엄숙하고 감사하게 진행되었다."[102]

1916년 당시 나환자요양원에도 전도부인이 있어 호주에서 지원을 받으며 선교사를 돕고 있었는데, 그녀의 이름은 이분이였다. 빅토리아 발라렛의 한 후원자가 그녀를 재정지원 하였다. 또한, 매년 호주에서 보내오는

---

101) 앞의 책, 1913년 2월 1일, 8-9.
102) 앞의 책, 1913년 2월 1일, 8.

미션박스 속의 생필품들도 환자들에게는 꼭 필요한 선물이었다.

"박스 속의 가치 있고 당장 쓸 수 있는 물건들을 나환자들에게 나누어 주었다. 158명의 환자 모두가 장갑이나 양모 목도리를 받았다. 여성들은 비누 등이 든 가방과 스카프를 받았다. 남는 것이 있으면 밖에서 입원을 기다리고 있는 환자들에게도 나누어 주었다… 이 일을 하면 할수록 더 가치 있는 사역이라는 생각이 든다."[103]

이 무렵부터 나병 치료의 특효약이라 불리는 대풍자 기름이 수입되어 치료로 쓰이게 되었고, 1918년에는 25%에 이르던 환자 사망률이 1923년에는 2퍼센트 이하로 떨어지는 결과가 있었다. 1924년에는 환자 44명이 완치되어 퇴원하였는바, 이 소문을 들은 많은 환자가 병원으로 몰려왔는데 그 인원을 다 수용하지 못하였다.

다음은 맥켄지로부터 직접 치료를 받은 환자들의 증언을 바탕으로 작성된 기록 일부분이다.

"당시 직접 맥켄지 부부로부터 치료를 받았다는 용호동 나환자촌의 김 모 씨(70) 등 20여 명의 환자도 '매 선생 부부를 평생 잊어 본 적이 없다'면서 '그들이 많은 생명을 살려냈다'고 회상했다. 치료 혜택을 받을 수 없었던 당시 거의 매일같이 바다에 투신하는 자살 환자가 속출했으나 매 선생 부부가 온 뒤부터 모두가 독실한 신자가 돼 희망을 품고 살아왔다고 했다."[104]

울릉도 순회전도

1914년 초 부산에는 7명의 호주선교사가 일하고 있었다. 맥켄지 부부, 엥겔 부부, 멘지스, 니븐 그리고 알렉산더가 그들이다. 섬 사역에 관심 있던 맥켄지는 한국에 부임하여 얼마 안 있어 울릉도를 방문하며 전도하고 있었다.

"제임스 맥켄지 선교사의 울릉도 방문은 그가 한국에 도착한 첫해인 1910년부터 시작되었다. 당시 울릉도는 대한예수교장로회 경상노회 소속이었으며, 맥켄지 선교사도 부산·경남지방에서 사역을 하므로 경상노회와

---

103)　앞의 책, 1917년 4월 2일, 13.
104)　『부산진교회 100년사』, 1991, 124.

긴밀한 협조하에 있었다. 그는 울릉도를 순행한 첫 외국인 선교사였다."[105]

'울릉도 기독교 90년사'에 따르면 울릉도 선교 초기에 세워진 네 개의 교회 성장에 맥켄지가 큰 견인차 역할을 하였고, 실제로 저동교회, 장흥동교회 그리고 현포교회의 창립자를 맥켄지 선교사로 기록하고 있다.[106]

1914년 6월에도 그는 울릉도를 다시 방문하였다. 전에는 4일 걸리던 뱃길을 이번에는 작은 일본 증기선을 타고 이틀도 안 되어 울릉도에 도착하였다고 설명하였다.

"나는 일요일 아침 일찍 섬에 도착하였다. 해변에서 한 무리의 기독교인이 나를 기다리고 있었다. 그들은 나를 융숭하게 환영하였다. 나의 첫 번째 방문과는 참 대조적인 것은 당시는 나를 환영하는 기독교인이 이곳에 한 명도 없었기 때문이다."[107]

맥켄지의 지난 방문 시에는 기독교인이 있었지만, 교회당은 없었다. 그러나 이번에는 예배당이 생겼고, 더 많은 기독교인이 있었다. 기독교인 중 한명이 자신의 집을 예배당으로 내어준 것이다. 교인들이 그 집의 방을 트고 단장하여 예배당으로 꾸민 것이다.

맥켄지는 곧바로 교회당으로 갔다. 그리고 교인들과 함께 바닥에 무릎을 꿇고 앉아 하나님께 감사하였다. 교인들은 교회당에 선교사가 온 것도 감사하였고, 맥켄지는 그들의 믿음과 열정에 감사하였다.

이날 집을 교회당으로 드린 남성이 다른 두 명과 함께 세례를 받았다. 그는 교회의 지도자로 선출되었고, 맥켄지가 다시 올 때까지 교회의 모든 예배를 책임지게 되었다.

그다음 날 맥켄지는 교인 몇 명과 함께 울릉도를 순회하였다. 그는 먼저 멀리 가파른 산에 있는 교회당을 방문하였다. 이 교회당은 한 목수가 지었는데 교인들의 도움으로 빚 없이 완공하였다고 한다. 18개월 전 맥켄지가 이곳을 방문하였을 때에는 세례받은 자가 없어 성찬식을 나누지 못하였는데, 12명이 이때 세례를 받으므로 모두 19명이 성찬식에 참여하였다. 맥켄지는 6일 동안의 울릉도 방문 동안 31명의 성인과 세례받은 부모를 둔 13

---

105) 양명득, 38.
106) 『울릉도 기독교 90년사』, 1999, 66-67.
107) '더 크로니클', 1914년 9월 1일, 4.

명의 어린이에게 세례를 베풀었다.

"18개월 전 내가 처음 울릉도를 방문하였을 때 세례받은 자는 성서공회의 매서인 한 명밖에 없었다… 지금은 67명의 남녀가 세례를 받았고, 101명이 세례학습자로 내 명단에 기록되어 있다."[108]

이 해말, 울릉도에는 크게 흉년이 들었고, 맥켄지의 호소로 호주교회가 모금을 하였다. 그리고 양곡과 구제품 등을 그곳 교회를 통하여 나누어주기도 하였다.

1915년에는 메리도 맥켄지와 동행하여 울릉도에 갔다. 그녀는 울릉도에 간 이유를 다음과 같이 밝히고 있다. "복음을 갈망하고 있는 울릉도 여성들과 소녀들을 가르치고 믿음을 나누기 위하여 갔다."[109]

당시 그들이 울릉도에서 찍은 사진이 두 장이 크로니클 선교지에 남아 있는데, 하나는 관모봉이 멀리 보이는 도동항에서 촬영하였고, 하나는 짐꾼을 앞세운 메리의 사진이다.

이방인과 기독교인 놀이

1916년 말 맥켄지는 많이 지쳐있었다. 무리한 순회 여행으로 뉴 헤브리디스에서 앓던 열병이 도졌고, 진주의 테일러 박사와 네피어 간호사가 그를 돌보았다. 동시에 맥켄지는 자신의 전도 여행에 관하여 청소년선교동아리에 설명하고 있다.

먼저 자신은 책과 자신이 먹을 약을 챙기면, 아내는 도시락을 준비한다고 하였다. 도시락에는 홍차, 설탕, 소금, 빻은 귀리, 버터, 우유, 육포 그리고 빵 등이었다. 대부분 선교사는 한국 음식인 밥, 달걀, 국 등도 먹지만 호주에서 보내주는 자신들에게 익숙한 음식을 가지고 다녔다. 물론 이국적인 음식으로 인하여 탈이 나는 것을 보호하기 위한 목적도 있었다.

또한 맥켄지는 접히는 요와 이불 그리고 담요 등도 챙겼는데, 보통 짐꾼이 지게로 짐을 운반하며 동행하였다. 맥켄지에게는 예배당의 구들도 신기하였는바, 종종 며칠 동안의 성경공부를 인도하면서 겨울의 추운 밤을 예

---

108) '더 크로니클', 5.
109) 헬렌 맥켄지, 242.

배당에서 자기도 하였다.

1917년 초 맥켄지는 아내와 두 딸 헬렌과 캐서린과 함께 호주 빅토리아로 휴가를 떠나게 된다. 어린 두 딸은 호주로 떠나기 전부터 감기가 떨어지지 않았고, 가는 동안에 천연두의 증세도 나타났다. 그들은 염려되는 항해 속에 마침내 5월 16일 멜버른에 도착하게 된다.

그러나 맥켄지는 쉴 수 없었다. 그의 전임지인 뉴 헤브리디스 산토 섬을 방문하기로 되어있었다. 맥켄지와 테일러가 그곳을 떠나 한국으로 온 후 그곳의 교회에는 상주하는 선교사가 없었다. 그는 3개월가량 산토 섬을 방문한 후에 자신을 후원하는 빅토리아주의 여러 선교동아리 지부를 방문하며 보고회를 했다. 깁스랜드 노회를 시작하여 주의 북서쪽까지 넓은 지역을 다니며 한국선교를 소개하며 후원을 호소하였다.

1918년 말 한국으로 다시 돌아온 맥켄지는 부산에서 계속 사역을 이어갔다. 당시 엥겔은 대부분 시간을 강의나 번역에 몰두하고 있었고, 그는 라이트와 함께 부산지역의 교회들을 돌보았다. 맥켄지는 39개의 교회를 맡고 있었고, 165명의 나환자가 있는 요양원을 책임지고 있었다.

또한 1919년 맥켄지 부부는 나병에 걸리지 않은 건강한 자녀들을 위한 '어린이 집'을 시작하고 있었다. 호주를 방문하였을 때 모금한 600파운드를 가지고 쓰지 않는 병원 건물을 사들여 수리하였다. 그리고 7명의 어린아이를 받아들여 개소식을 하였다. 맥켄지는 후에 이곳에서 자란 두 소녀에 관하여 다음과 같이 소개하고 있다.

"두 소녀는 처음에는 '나환자의 집'에서 살고 있다가 나병 증세가 사라진 다음'건강한 어린이집'으로 옮겨졌다. 이 두 소녀는 우리 선교단이 운영하는 초등학교와 고등학교를 졸업하고 간호직업학교에 입학하였는데 그 성적이 아주 훌륭하였다. 이들 두 소녀는 어린 시절부터 나병으로 인하여 '우리의 집'에 와서 몇 년간 치료를 받고 건강진단서를 발부받았다."[110]

그 후 이들은 건강이 좋아져서 인생도 크게 바뀌게 되었다. 위의 두 소녀가 아닌 다른 한 소녀도 비참한 상태로 '건강한 어린이집'에서 10년을 살았다. 그녀는 다리와 팔에 나타난 나병 자국 때문에 자신의 동네에서 쫓겨

---

110)　지응업, 77.

났다가 '나환자의 집' 이야기를 듣고 이곳을 찾아온 것이다.

"상당한 세월이 지난 후에 이 소녀는 '증세 없음'이라고 판정을 받고 '건강한 어린이집'으로 옮겨졌으며 선교부가 운영하는 초등학교를 졸업하고 지금은 고등학교를 우수한 성적으로 다니고 있다. 장래에 간호사가 되기를 희망하고 있으며 다른 무엇보다 예수를 주님으로 받아들이고 구세주로 믿고 있다는 사실을 자랑스럽게 생각하고 있었다. 그녀는 항상 성경을 읽고 있었으며 주일학교에서 어린이를 가르치고 있었고 자기가 받은 큰 은혜에 대하여 항상 감사드리는 일을 게을리하지 않고 있었다."[111]

'세상에서 가장 좋은 일'

1920년 중반부에 와서 맥켄지는 40개의 교회와 나환자요양원 그리고 그들의 어린이들을 위한 집을 책임 맡고 있었다. 지난 11년 동안에 청소년 선교동아리가 그와 그의 가족을 지원해 왔으며, 맥켄지는 동아리 회원들에게 감사를 전하고 있다.

"나는 여러분이 좀 더 성장하였을 때 몇 명은 선교사로 부름을 받기를 희망합니다. 나의 오랜 경험으로 말하자면 세상에서 가장 좋은 일이기 때문입니다. 예수의 이름을 전혀 듣지 못한 사람들에게 그의 이름을 전하고, 그로 인하여 수많은 사람이 열심히 예수를 쫓으려는 모습을 보면 그렇습니다. 나환자 중에 일하는 것은 유쾌한 일이 아니라고 여러분은 생각할지 모르지만, 그러나 그 일도 밝고 즐거운 것이 많습니다."[112]

1922년 말, 맥켄지는 한국에서의 사역이 이제 13년이 되었고, 한국이 그동안 얼마나 변하고 있는지 설명하고 있다. 특히 한일합병 이후 일본 군대와 일본인들의 존재가 부산에 생생하게 작용하고 있다고 하였다.

"오늘날 한국인들은 일본과 같은 군대나 해군도 없지만, 그들은 강력한 그리스도의 군대를 가지고 있다. 사탄과 대적하여 싸우는 강한 힘이 있으며, 밤낮으로 그 전쟁은 계속되고 있다. 한국인들은 대부분 그리고 최고의 전사들이다. 한국인들은 최전선에서 싸우며, 우리 선교사들은 후방에서 가

---

111) 앞의 책, 77.
112) '더 크로니클', 1920년 8월 2일, 13.

르치며 훈련하며 어떻게 싸울지 돕는다.

그리고 여기서 선교동아리 회원들도 중요한 역할을 하고 있다. 여러분은 고향에서 우리가 여기에서 할 수 없는 일을 하고 있다. 우리는 이 싸움에서 이기고 있는바, 하나님의 편에 있기 때문이다. 꼭 승리할 것이다. 여러분이 도울 수 있는 만큼 지원해 달라. 나는 당신들의 선교사이다."[113]

교회당 건축

맥켄지는 자신의 편지에 끊임없이 호주의 청소년선교동아리 회원들을 격려하고 있으며, 그들의 도움이 자신의 한국선교에 얼마나 중요한지를 강조하고 있다.

"우리의 나환자요양원에 끔찍한 병에 걸린 매우 똑똑한 소년과 소녀들이 있습니다. 그런데 우리가 하는 치료를 받으며 지금 그들은 강건하고 얼굴의 상처도 없어지고 있습니다. 몇 명은 곧 자신들의 집으로 돌아갈 수 있을 것입니다. 우리는 이들을 위한 학교도 운영하고 있고, 여러분들같이 매일 수업을 받고 있습니다."[114]

맥켄지는 1926년 호주에서 휴가를 보낼 때 나환자요양원과 교회당 건축을 위하여 모금 활동을 하였다. 그 결과 여성들을 위한 요양원 병동을 세울 수 있었고, 또한 550명 정도가 참석할 수 있는 아름다운 교회당 건축을 마칠 수 있었다.

"내가 전에 휴가로 호주에 갔을 때 우리 나환자들을 위한 새 교회당 건축을 위하여 많은 기금을 제공받았습니다. 지금은 교회당이 완공되었는데, 매우 자랑스럽게도 나의 감독하에 나환자 자신들이 건축한 것입니다. 헌당식에 지사와 시장 등이 참석하고 많은 사람이 함께하였는데, 그들도 이제는 나환자들에게 관심을 두게 되었습니다. 그런 사람들을 먼저 돌보아야 한다는 것을 우리 선교사들이 가르쳤다고 그들은 알고 있고, 지금 그들은 우리를 도와 나환자들을 보살피도록 하고 있습니다."[115]

---

113) '더 크로니클', 1923년 2월 1일, 6-7.
114) 앞의 책, 1926년 5월 1일, 11.
115) 앞의 책, 1927년 5월 2일, 9.

  1926년의 부산진 의료선교 보고서가 1927년 발표되고 있다. 맥켄지는 이 해 한 해 동안 450명의 남녀 나환자가 요양원에 머물렀다고 쓰고 있다. 이 해도 요양원 입원을 원하는 나환자 500명 정도를 돌려보낼 수밖에 없었다고 한다. '우리의 집' 앞에는 항상 환자들이 줄을 서서 "도와주세요." "살려주세요." "구해주세요."라고 외치는 상황이었다. 맥켄지는 대문 밖에 심은 잔디가 길게 자랄 수 없었는데, 그 위에 누워 입주를 기다리고 있는 환자들의 몸으로 잔디는 항상 눌러져 매끈하게 되어있었다고 할 정도였다. 이 해 25명의 환자가 사망하였고, 44명의 환자가 치료되거나 다른 이유로 퇴소하였다.

일본 제국과의 관계

  1929년 맥켄지는 나환자들을 위한 20년 동안의 봉사로 일본 천황으로부터 블루리본 훈장을 받는다. 그는 일본 정부가 나병에 관한 관심을 가지고 특별 정책을 수립하여 20~30년 이내에 나병을 박멸한다는 계획에 기대하고 있다. 일본 정부는 맥켄지의 요양원에 많은 부분 재정지원을 해 오고 있었다. 맥켄지는 그 훈장의 공을 그동안 자신을 후원한 청소년선교동아리에 돌리고 있다.

  그러나 후에 맥켄지는 이것으로 인하여 비판을 받기도 한다. 그는 일본 제국과 우호 관계 속에 일하였으며, 호주선교회가 한국교회와 함께 적극적으로 신사참배를 거부하고 저항하였지만 맥켄지는 그 일에 대해서는 소극적이었기 때문이다.

  1930년 초에 와서 맥켄지는 그동안 돌보던 많은 교회를 젊은 선교사들에게 넘기고 오직 나환자 교회와 요양원만 돌보고 있다.

  "나는 여러분들처럼 더 이상 젊지 않습니다. 내가 돌보던 시골의 교회들은 이제 젊은 선교사들이 맡았습니다. 나의 사역하에 있는 교회는 이제 2개인데, 하나는 요양원에 있는 교회로 540명이 있고, 또 하나는 2마일 떨어진 나환자 마을에 있는 교회로 200명의 환자가 살고 있습니다. 이들 대부분은 우리 요양원에서 많이 치료되어 나온 사람들로 스스로 살 수 있는 사람들입니다.”[116]

이 해는 맥켄지의 한국선교 20주년을 맞이하는 해였다. 요양원의 나환자들은 '맥켄지 기념 대문'을 직접 제작하고 용접하여 선물하였다. 또한 '제임스 노블 맥켄지 목사를 기념하여'라고 쓰인 기념비도 세워졌는데, 그때 참석한 사람들이 함께 모여 찍은 사진이 현재도 남았다. 맥켄지는 그 기념비가 마치 자신의 묘비를 보는 느낌을 받았다고 후에 적고 있다.

“'나환자 선교회'에 대한 감사 기념비가 화강암으로 만들어져 그 제막식이 있었다. 이 제막식보다 약 한 달 전에 내가 한국에 온 지 20년을 기념해서 화강암으로 기념비를 만들어 '우리의 집' 아래의 길가에 세웠다. 기념비 제막식에는 정부 관리의 대표자를 위시하여 일본과 중국의 친구들, 비기독교 단체들 및 부산에서 종종 만나는 '한국 장로교회'의 관계자들 많은 손님이 참석하였다.”[117]

한편 맥켄지의 아내 매 부인도 그다음 해 1월 15일 부산진교회 40주년을 기념하여 그동안의 공로를 인정받아 한글과 영문으로 된 표상장을 받는다.

1931년 맥켄지 가족은 또 한 번의 휴가를 호주에서 보냈다. 모든 호주 선교사는 현지에서 6년 사역을 한 후, 본국에서 1년 머물며 휴식도 취하고 보고 활동도 하였다. 그는 호주에서 일 년 동안 한국선교 홍보 차 빅토리아주 전역을 다녔는데 총 거리가 5,500마일이었고, 235번의 강연을 하였다고 하였다. 그는 국내교회의 부흥과 해외 선교는 서로 연결되어 있다고 믿었고, 국내교회가 어려울수록 해외 선교를 멈추면 안 된다고 말하였다. 당시 그는 자신을 후원하는 선교동아리회에 특별히 감사하였다.

선교병원의 필요성

부산으로 다시 돌아온 맥켄지 부부와 또 다른 두 딸 루시와 실라는 다시 한국 생활에 적응하며 사역을 이어갔다. 맥켄지 부인은 장티푸스로 인하여 한동안 고생하였고, 어린 두 딸은 호주에 남은 자신의 언니들과 떨어져 사

---

116) 앞의 책, 1930년 5월 1일, 4.
117) 지응업, 144-145.

는 안타까움이 있었다. 맥켄지는 이제 호주선교사 중에 가장 나이가 많았다. 그럼에도 그는 여전히 나환자와 그의 아이들을 위하여 동분서주하며, 요양원과 교회에서 사역을 이어나갔다.

1935년 부산선교부의 연례보고서가 발표되었다. 보고서의 많은 내용 중에 진주의 배돈기념병원 같은 선교병원이 부산에도 필요하다는 내용이 유독 눈에 띈다.

"우리가 계속 보고 듣는 많은 환자가 우리에게 동정심을 강하게 요청하고 있다... 비용을 지불할 수 있는 사람은 정부 병원에 갈 수 있지만... 어떤 경우에 우리는 환자를 진주의 배돈병원으로 보내기도 한다.

맥켄지는 레인 부인의 도움을 받아 특히 부산진의 가난한 아이들을 치료해주고 있다. 우리 선교부에 의사의 필요성은 점점 긴박해지고 있다. 특히 부산에 빈민 구가 늘어나고 있는 것을 볼 때, 우리의 아동진료보건소와 관련하여 그렇다. 우리의 형제들은 부산에 선교병원이 필요하다고 계속 강조하고 있다."[118]

맥켄지 부부는 본인들의 임기 동안 부산에서의 일반병원 설립을 보지 못한다. 그러나 자신의 딸이 의과대학에서 공부하고 있었고, 한국에 선교사로 나올 계획을 하고 있었다. 맥켄지는 후에 사망하기 전 자신의 두 딸이 부산에 병원을 설립하였다는 소식을 듣는다.

그다음 해의 맥켄지 보고서를 보면 나환자요양원에서의 사역은 다음과 같이 진행되고 있었다.

"요양원에서 치료를 받는 환자는 현재 600명이 조금 넘는다. 그리고 시골의 5개 나병 마을의 환자들은 우리 병원 간호사의 도움을 계속 받고 있다. 89,664명이 대풍자유 주사를 맞았고, 정부가 제공하는 같은 성분의 알약도 복용하고 있다...

우리의 교회도 잘 운영되고 있다. 수년 동안 나환자들은 자신들의 노동 대가로 받은 돈 일부를 시골의 이방인들에게 전도하는 일꾼 봉급을 위하여 자발적으로 기부를 하고 있다. 이런 방법으로 그들은 시골에 교회 3개를 개척하도록 도왔다."[119]

---

118) '더 크로니클', 1935년 9월 2일, 19.
119) 앞의 책, 1936년 8월 1일, 14.

1937년에 맥켄지는 26년 동안의 나환자 사역에 대하여 다음과 같이 보고하고 있다.

"26년 동안의 나환자 사역 경험을 말하자면 이것보다 더 나은 기독교 사역이 없다는 것이다. 이 사역이 우울하고 힘든 일로 여겨질지 모르지만, 우리는 그렇게 경험하지 못하였다. 이 사역의 필요성이 크고, 도움을 받은 사람들이 여러 방법으로 감사를 표할 때 그 보상은 크다."[120]

그러나 당시 나환자 선교에 대한 일본 정부의 간섭은 점점 심화되고 있었으며, 요양원 장소를 옮겨야 하는 압박에 처해있었다. 당시 '나환자의 집'에 있던 상애교회는 400명 이상의 세례교인이 있었다. 그리고 1937년 교회에서에서의 마지막 성탄예배가 열렸다. 천정에는 만국기가 걸려있고, 한복과 두루마리를 곱게 차려입은 남녀노소 교인들이 '야소 생일'을 축하하며 찬송을 소리 높게 불렀다. 당시 촬영한 사진이 지금까지 전해지고 있다.

'승리하며 행복하고 영광스럽게'

1938년 초에 들어와 맥켄지는 건강이 좋지 않았다. 그리고 3월, 부부는 마침내 한국 사역을 모두 마치고 호주로 귀국하게 된다. 맥켄지의 나이 73세였다.

맥켄지가 한국을 떠날 때 한국인과 일본인, 정치인과 교인, 건강한 자와 나환자 등 할 것 없이 모두 나와 그를 환송하였다. 트럼펫 나팔수가 '우리 다시 만날 때까지 하나님이 함께 계셔'를 연주하였고, 교인들도 따라 불렀다. 부산의 일본 제일국립은행은 그에게 500년 된 도자기를 선물하기도 하였다.

당시 동료였던 진주의 맥라렌과 부산의 투루딩거는 맥켄지가 선교지를 떠나게 되는 것에 대한 감상을 글로 남기었다. 그 일부를 차례로 소개한다.

"거룩한 왕의 대사, 처음에는 식인종들의 뉴 헤브리디스에서 그리고 후에는 한국에서 40년 동안의 열정적인 헌신 후에, 승리하며 행복하고 영광스럽게 떠나는 한 남자가 있다면, 그가 바로 제임스 노블 맥켄지이다... 그는 자신의 이름 그대로 자신이 노블(고귀)하다는 것을 스스로 입증하였다"[121]

---

120) 앞의 책, 1937년 12월 1일, 21.
121) 앞의 책, 1938년 9월 1일, 18.

이해 10월 22일 토요일, 호주 멜버른 시내 리틀 콜린스 가에 있는 센트럴 홀에서 맥켄지 부부를 환영하는 성대한 모임이 있었다. 청소년선교동아리회 주관의 이 모임은 그들의 지난 27년 동안의 한국선교를 치하하며 위로하는 자리였다. 당시 호주장로교회 총회장 존 맥켄지가 예배를 인도하였다.

그다음 해 맥켄지는 선교사직에서 완전히 은퇴하였다. 그러나 교회는 그의 경험과 지혜를 더 사용하기 원하였다. 빅토리아장로교회 총회장으로 그가 피선되었다는 소식이 1940년 1월 크로니클 선교지에 전하여졌다. 그리고 5월 6일 그는 총회장으로 취임하였다.

"(총회장으로) 재직 당시에는 시골교회를 방문하여 모임에서 연설을 하며, 교회연합운동과 인종차별 반대를 위하여 일하였다. 그는 총회장 퇴임 후에도 1946년까지 금주위원회와 세계교회협의회의 지역위원회, 나환자선교회 호주위원회에서 일하였다."[122]

맥켄지는 또한 자신의 선교 활동 경험을 자선전으로 집필하여 '제임스 노블 맥켄지 자서전'을 1949년 런던에서 출판하였다. 그리고 그는 1953년 6월, 그동안의 공을 인정받아 영국 여왕으로부터 대관식 훈장을 받았다. 맥켄지는 말년에 여러 지병으로 병원과 요양 생활을 하던 중 92세 되던 해인 1956년 7월 2일 생을 마감하였다.

<참고도서>

제임스 노블 맥켄지, 지응업 엮음, 『제임스 노블 맥켄지 목사 자서전』, 부산진교회, 2004.
헬렌 맥켄지, 김영동 역, 『호주선교사 맥켄지의 발자취』, 기독교 서회, 2006.
양명득, '울도로 간 호주선교사 제임스 맥켄지', 「크리스찬리뷰」, 2012년 6월.
양명득, 『호주선교사 노블, 메리, 헬렌, 캐시 맥켄지』, 나눔사, 2025.
정춘숙, 『맥켄지가의 딸들』, 일신기독병원, 2012.
존 톰슨-그레이, 양명득 역, 『첫 호주인 선교사 헨리 데이비스와 그의 조카들』, 동연, 2020.

<영문자료>

빅토리아여선교연합회, 「더 크로니클」, 멜버른, 1910-1956.
헬렌 맥켄지, 『Mackenzie Man of Mission』, 멜본, 1995.

---

122) 정춘숙, 65.

9. 세브란스의대 교수 찰스 맥라렌

(찰스 맥라렌, 1882-1957)

맥라렌은 1882년 8월 23일 일본 동경에서 태어났다. 찰스 맥라렌의 부친은 영국에서 장래가 촉망되는 법조인이었으나 기독교 선교의 사명을 가지고 아내와 함께 일본에 와 한 대학교에서 교수로 일하였다. 이곳에서 브루스, 메리, 그리고 찰스가 차례로 태어났다.

부친의 건강이 안 좋아지자 그들은 일본을 떠날 결정을 하게 되는데 추운 스코틀랜드로 돌아가기보다 따뜻한 호주로 가기로 하였다. 이때 찰스는 4살 정도이었는데 앞으로 호주 멜버른에서 자라고, 공부하며, 성장하게 된다. 찰스 맥라렌에 있어서 부모와 형제들과의 관계가 특별히 중요하였고, 장차 찰스의 일생은 그들과의 관계에서 큰 영향을 받게 된다.

무엇보다도 맥라렌은 부모의 영향 아래 깊은 신앙심을 가지게 되었는데, 그의 동료 에스몬드 뉴(유영완)가 말하기를 "요즘 말로 하면 한번 회심한 영혼으로 다시는 회심이 필요 없는 그런 사람 중의 한 명 같았다"고 할 정도였다. 그는 학생 시절에 호주학생기독연맹의 활동에 적극적으로 참여하였고, 멜버른의대에서 외과 전공의로 졸업하였다.

맥라렌은 1910년 헌신하던 병원을 떠나 호주학생기독운동을 위하여 호주와 뉴질랜드를 순회하였다. 이때 그는 평생의 동반자가 될 제시를 만나 그다음 해 결혼을 하였다. 그리고 그해 9월 멜버른의 스코트교회에서 선교 목사로 안수를 받은 것이다. 당시 의료선교사들에게 목사 안수를 베풀었는데, 그들도 교회를 돌보도록 하기 위함이었다.

진주로 부임하다

맥라렌 부부는 1911년 10월 30일 부산에 도착한다. 그들은 하얀 두루마리를 입은 한국인들과 먼저 온 선교사 동료들의 환영을 받았다. 이들은 마산을 거쳐 앞으로 오랜 시간 인연을 맺을 진주에 도착하였다.

진주는 호주빅토리아교회의 세 번째 선교거점이 있던 경상도 남쪽의 오래된 수도였다. 호주선교회의 선교사 휴 커를(거열휴) 박사가 이곳의 첫 의사였는데, 그는 임기 한 기간을 이미 이곳에서 보냈으며 수천 명의 환자를 돌보았고, 배돈기념병원의 건축도 거의 끝나가고 있을 때였다. 그는 맥라렌 부부를 두 손 벌려 환영하였다.

맥라렌의 주 임무는 병원에서의 의료활동이었지만, 그와 그 아내는 시골에 있는 교회를 방문하는 것을 좋아하였다. 그들은 수 개월 지나서야 완공된 자신들의 저택으로 입주할 수 있었다. 진주선교부는 병원 화재의 악몽에도 불구하고 점점 성장하고 있었다. 병원에는 두 명의 의사인 커를과 맥라렌 그리고 수간호사 프란시스 클러크(가불란서)까지 튼실한 팀을 이루고 있었고, 한국인 직원들도 늘어나고 있었다.

당시 맥라렌과 커를은 진주와 서울을 오가며 세브란스의과대학에서 3개월씩 돌아가며 강의를 하고 있었다. 맥라렌의 과목은 신경정신학과와 소아과였으며, 커를은 산부인과와 이비인후과였다. 그곳의 학생 기숙사는 100명을 수용할 수 있었지만, 교수진이 완성되지 않아 당시 60명 정도의 학생이 있었다고 한다.[123)]

마침내 1913년 11월 4일 배돈기념병원이 공식 개원하였다. 경남지역의 일본 도지사를 비롯하여 많은 정부 관리가 참석하였고, 페이튼 부인의 조카 데이비드 라이얼(라대벽)이 빅토리아여선교연합회를 대표하여 참석하였으며, 부산과 마산 등 각 선교부 대표도 참석하였다. 다음 날에는 여성 기숙사도 개원되었다.

병원 건물은 매우 훌륭하고 아름다웠으며, 이곳에서 이미 많은 일이 진행되고 있었다. 두 명의 호주 의사와 간호사의 명성은 널리 퍼졌고, 환자들도 원근 각처에서 오고 있었다. 동료선교사 스콜스는 다음과 같이 말하고 있다.

"이곳에 병원을 운영하는 것은 위대한 인류애적인 것이며, 자연적인 병으로 인한 고통 외에, 불필요한 고통까지 감당해야 하는 한국인들에게 꼭 필요한 것이다."[124)]

진주선교부에는 이제 병원, 학교, 네 개의 사택, 그리고 새 저택을 또 짓기 위한 기초들이 우뚝 서게 되었다. 후에 기록된 진주선교부의 모습은 이러하다.

"동네의 변두리에서 진주선교부를 올려보면 건물들이 순서대로 서 있는 모습을 볼 수 있다. 일렬로 된 것은 아니지만 부지의 구성에 맞추어 서

---

123) '더 크로니클', 1913년 8월 1일, 2.
124) 앞의 책, 1913년 7월 1일, 5.

있다. 맨 뒷줄 왼편에는 교회당이 있고, 그리고 공터가 있고, 그리고 커닝햄의 사택, 알렌의 사택, 그리고 아름다운 나무가 있는 커를과 맥라렌의 사택이 있다.

아래 줄 왼쪽에는 남학교와 기숙사가 있고, 여학교는 알렌의 사택 앞에 서 있다. 그리고 그 아래 병원이 있고, 맥라렌 사택 앞에 여성의 집과 여학생 기숙사가 있다. 전체를 조망하여 보면 건물들의 정렬이 굉장히 인상적이고, 넓은 타일로 된 지붕은 시내 어디서나 먼저 보인다.”[125]

배돈기념병원은 의술만 시행하는 곳이 아니었다. 매년 성탄절이 되면 병원은 서양식의 성탄 행사를 개최하였다. 선물, 캐럴, 흰 눈, 성탄예배, 아기 예수와 구유 등등 모두가 당시 한국인들에게는 낯선 문화였다. 그중에서도 산타클로스 할아버지는 더욱 신기하였고 병원의 아이들에게는 즐거운 만남이었다. 산타 할아버지로 분장한 맥라렌을 아이들은 처음에 무서워하였지만, 곧 맥라렌 의사 아저씨임을 알고 좋아하였고, 병원은 선물을 준비하여 나누어주기도 하였다.

호주의 한 후원자가 맥라렌을 매년 후원하고 있었다. 이 후원금 10파운드를 맥라렌은 임의로 사용할 수 있었는데, 그는 이 돈으로 전도부인을 임명하여 형편이 어려운 아이들을 찾아 돌보고 교육하는 일을 하게 하였다. 어느 날 그 부인이 두 명의 어린아이를 데리고 왔는데 고아였다. 그리고 그 아이 삼색이는 맥라렌 가족의 일원이 된다. 이렇게 하여 그는 세 명의 여아를 차례로 입양하여 교육도 하고 돌보게 된다. 이 입양 이야기는 당시 진주 지역에 큰 화제가 되기도 하였다.

1915년 말에 커를과 그의 가족은 진주를 떠나 호주로 귀국하였다. 커를 부인의 질병으로 호주로 돌아가게 된 것이다. 진주의 개척자이자 진주교회와 배돈기념병원을 계획하고 설립하고 운영하였던 커를이 떠나자, 진주선교부는 큰 변화를 겪게 된다.

병원의 책임은 이제 맥라렌이 전적으로 담당을 하였고, 그뿐만 아니라 서울 세브란스의과대학 강의도 그가 호주선교부를 대표하여 책임을 맡게 되었다. 다행히도 진주교회에는 다른 선교사가 있어 그가 교회 목회를 책

임을 지고 있었고, 진주지역 교회들은 커닝햄이 돌보게 되었다.

프랑스 전선에서

1917년 말, 맥라렌이 진주를 떠난다는 소식이 들려왔다. 그는 영국 정부에 일차세계대전 군 복무를 신청하였고, 프랑스 전선의 의료장교로 임명이 되어 떠난다는 것이다.

사실 맥라렌은 이 당시 행복하지 않았다. 그의 형 브루스의 죽음이 그를 비통하게 하였다. 브루스는 영국에서 한 대학의 교수로 있었는데 1차 대전 참전 중에 전사한 것이다. 이들의 부친이 사망하였을 때 브루스는 편지에 동생이 아버지의 사역을 승계하고, 아버지의 시계와 목걸이를 간직하도록 하였었다.

맥라렌은 결국 자신도 참전하기로 하였다. 주변 사람들은 그가 한국에 남아있기를 권하였으나, 참전은 하나님의 뜻으로 맥라렌은 생각하였다. 그리고 12월 11일 맥라렌을 환송하는 모임이 진주교회당에서 있었다. 남학교의 학생들은 교회를 장식하였고, 강단 앞에는 호주 깃발 유니온 잭과 교회 깃발이 걸렸다. 박성애 장로는 한국인들을 대신하여 그동안의 맥라렌 사역을 사랑과 감사의 마음으로 치하하였으며, 은메달을 선물로 주었는데 메달에는 금으로 된 십자가가 새겨져 있었다.

맥라렌은 강단 앞에 있는 두 개의 깃발을 가리키며 충성과 사랑의 상징이라 하였다. 맥라렌은 진주지역의 일본인들에게도 관심을 가졌는데, 관료들과 좋은 관계를 유지하였었다. 일본인이었던 경상남도 도지사는 맥라렌에게 장검을 선물로 주었는데, 이백여 년 된 것이라 하였다. 일차대전 당시 일본은 영국과 동맹이었다. 맥라렌이 떠날 때 한국인 일본인 할 것 없이 많은 사람이 따라와 그를 배웅해 주었다.

35세의 맥라렌은 일본을 거쳐 캐나다로 갔다. 그곳에서 중국에서 온 지원자들과 합류하여 영국으로 향할 계획이었다. 그리고 그는 영국을 통과하여 프랑스에 도착하였다. 그곳에서 그는 중국에서 일하던 호주인들로 구성된 대대의 군의관으로 복무하였다.

그곳 후방 병원에서 그는 독일군과 대치하고 있는 최전선으로 나가기를 자원하였고, 결국 본인의 의사대로 최전방에서 복무하게 된다. 그는 그곳에서 정신적으로 고통받는 많은 전투원을 만났다.

뉴는 맥라렌의 전쟁 경험을 다음과 같이 평가하고 있다. "찰스는 전쟁의 압박감 속에 강한 남자가 울거나 전체 부대가 지쳐서 반응하는 모습을 보았다. 그리고 그는 한국으로 돌아오는데, 정신의학의 선구자가 될 더 나은 자격을 갖추게 되었다."[126]

다시 한국으로

호주 빅토리아장로교회의 여선교연합회는 맥라렌 부부를 다시 한국으로 파송한다. 1920년 3월 2일 총회 회관에서 환송예배가 있었는데, 적은 인원이 참석하였지만 좋은 연설이 있었다고 기록되고 있다. 그리고 맥라렌이 한국으로 다시 입국한 것은 그다음 달 4월이었다. 진주는 이미 맥라렌 가족이 도착한다는 소식을 전보로 듣고 있었고, 모두 높은 기대감으로 기다리고 있었다. 진주에 도착하였을 때 300여 명의 인파가 나와 그를 환영하였다. 맥라렌 부부는 자신들의 사역이 가치 있었음을 확인하며 하나님께 감사드렸다.

당시 배돈기념병원은 한국인 의사를 구하지 못하여 통영의 의사 윌리엄 테일러(위대연) 박사가 종종 방문하여 진 데이비스(대지안) 박사를 돕고 있었다. 그러나 이제 맥라렌이 복귀하였고, 그는 병원의 원장이 되어 일상으로 들어간다. 맥라렌 부인 제시는 본인이 교장이었던 야간학교를 다시 책임 맡게 되었다.

맥라렌이 복귀할 즈음 빅토리아장로교 총회 방문단도 한국의 호주선교부를 방문하였다. 해외선교부 총무였던 프랭크 페이튼의 주관으로 마산에서 호주선교사 공의회가 열렸는데, 그곳에서 맥라렌을 서울의 세브란스병원으로 보내기로 제안하였다. 그러나 진주에서 그의 역할을 대신할 사람을 찾을 수 없었고, 맥라렌은 1923년 서울로 완전히 이사하기까지 매년 일정 기간 세브란스로 출장 강의를 나갔다.

---

126) 앞의 책, 1918년 4월 1일, 67.

배돈기념병원의 원장이라는 자리는 환자를 보는 것 외에도 병원 경영을 해야 하였다. 맥라렌은 임상병리사, 엑스선 기사 등 한국인 직원들이 세브란스의전 또는 다른 곳에서 공부하도록 돕기도 하였다. 한때 병원 내에는 급여 문제로 파업의 움직임이 있기도 하였다. 맥라렌은 전체 직원회의를 소집하였고, 그들 스스로 어떤 수준의 봉급이 적당한지 토론하게 하였다. 그 결과 직원들은 자신들의 생각보다 호주선교회에서 제시하는 봉급의 수준이 더 적정하다고 결론을 내었다.

"병원선교도 지속되었다. 전도사 한 명과 전도부인 한 명이 입원환자 전도를 책임지고 있었다. 전도사는 병원에서 입원환자 명단을 받아 병실로 그들을 방문하도록 하였으며, 퇴원 후에도 집까지 방문하기도 하였다. 그들은 매일 대기실에서 기다리는 사람들에게 말을 걸고 전도하였고, 심지어 집을 찾아가며 전도하였다. 그들은 병원 내에서 성경과 찬송가 기타 기독서적을 파는 서점을 경영하였다."[127]

당시 진주선교부의 고민은 점차로 노골화되고 있는 일제의 간섭이었다. 일제 식민지 정부는 호주선교회의 활동과 영향력이 확대되는 것은 달갑지 않게 생각하였다. 호주선교회의 교육은 물론 목회 그리고 의료활동까지도 점차로 일제 간섭의 표적이 되고 있었다.

"맥라렌에게도 이런 일이 일어났다. 1920년 9월, 경찰이 진주교회 교인 6명을 체포하고 감금하였다. 그중에는 교회지도자 대장장이 강 씨도 포함되었다. 맥라렌은 그 이유를 이해할 수 없었다. 그는 일본 정부가 잘못되었다고 결론지었다. 배돈병원에도 경찰 한 사람이 배치되어 병원과 교회에서 일어나는 모든 것을 감시하기 시작하였다. 그는 맥라렌이 한때 병원에서 생명을 구했던 사람이었다."[128]

그뿐만 아니었다. 그가 출강하고 있는 서울 세브란스에서도 갈등이 일어나고 있었다. 졸업생이 의사면허를 취득하기 위해서는 교수진 중에 일본인 교수가 포함되어야 한다고 일본 정부가 요구하기 시작한 것이다. 세브란스대학의 교수는 원래 기독교인이어야 한다는 교칙이 있었는바, 기독교인이면서 일본인 교수를 구하기는 거의 불가능하였다.

---

127) 민성길, 47.
128) 앞의 책, 47.

한 가지 흥미로운 사실은 일본에서 태어난 맥라렌은 초창기 한국에서 일할 때 일본 관리들과 우호적인 관계를 맺었었다. 그가 프랑스 전선으로 떠날 때 일본 도지사로부터 오래된 장검을 선물 받을 정도였고, 호주에 돌아가서는 두 가지 정책에 근거해서 한국선교가 진행되어야 한다고 하였는데 하나는 예수 그리스도에 충성하는 것이고, 또 하나는 일본 정부에 충성하는 것이라고 하기도 하였다.

그러나 이즈음에 일본에 대한 맥라렌의 생각은 바뀌고 있었고, 그 증거는 곳곳에서 발견되고 있다. "맥라렌은 점차 일본이 한국에 대해 나쁜 짓을 하며, 약속을 지키지 않고, 비도덕적이라 생각하기 시작하였다."[129]

맥라렌은 1923년 서울의 세브란스병원으로 영구 부임하게 된다. 진주의 병원은 통영의 테일러가 책임 맡게 되었다. 그 후 병원은 테일러와 여의사 진 데이비스에 의하여 운영되었다.

세브란스의과대학

맥라렌이 서울의 세브란스의과대학에 출강하기 시작한 것은 1913년부터였다. 그의 전공과목인 '정신의학' 학점이 그다음 해 졸업하는 4학년 학생들부터 부여되었다고 한다.

1915년 세브란스의 통합화 정책에 따라, 세브란스 연합의학전문학교가 공식적으로 호주선교회 맥라렌을 신경정신과 전임교원으로 파견해 달라고 요청하였다. 이에 호주선교회는 신경정신과 설립을 위하여 의료진 한 사람과 연 150파운드의 운영비를 부담함으로 연합운동에 참여하기로 결의하였다.

그러나 이 결정이 여러 가지 이유로 즉시 시행되지 못하였음은 주지의 사실이다. 그리고 1923년 초에 와서야 드디어 맥라렌은 그의 아내 제시와 갓 태어난 딸 레이첼, 그리고 입양한 세 명의 한국인 딸 일행과 함께 서울로 이사하였다.

맥라렌 가족은 북한산과 경성의 성벽이 올려다 보이는 사직동에 살 집

---

129) 앞의 책, 48.

을 마련하였다. 동네 사람들은 이 집을 '영국인의 성'이라 불렀다 하지만, 맥라렌은 병원이 가득 찰 경우 치료를 위하여 환자를 집으로 데리고 오고는 하였기에 성의 엄숙한 분위기는 아니었다고 한다. 그뿐만 아니라 때로 숙소를 찾지 못한 선교사들이 이 집을 방문하기도 하여 종종 손님들로 붐비기도 하였다.

맥라렌 가족은 이곳에서 행복하였다. 제시는 이화여전에서 봉사할 좋은 기회를 가질 수 있었고, 꽃을 열정적으로 사랑한 그녀는 그 대학의 정원을 설계하고 잔디와 나무를 심는 명예 관리사로 임명되기도 하였다. 그뿐만 아니라 제시는 한국 YWCA 창설에 도움을 주었으며, 1925년에 이 연합회의 명예 고문이 되기도 하였다.

1926년 한국의 한 일간 신문은 제시가 진주에서 운영하던 유치원에 관한 흥미로운 기사를 싣고 있다.

"기독교 유치원. 1915년경에 호주선교사 마 부인의 창설을 위시하여 씨의 성심 노력으로 설비 충실과 아동지도에 노력하게 되어 실로 다수 조선 아동을 보양하여 오던바, 씨의 경성전임으로 테일러 부인에게 후임으로 인계하여 현금에 이르렀다. 현재 아동 수는 80여 명이요, 씨의 보모로서 취미 있는 보양에 노력 중이라 함이라."[130]

한국 정신의학 선구자

세브란스 연합의학전문학교 신경정신과는 1917년 창설되었다. 그러나 그 과목을 강의해야 할 맥라렌은 당시 진주에 있었다. 맥라렌은 여전히 진주선교부 소속으로 되어있었기 때문이다. 앞서 언급한 것 같이 그는 배돈기념병원 소속으로 서울을 오가며 세브란스에서 강의하였다.

"1923년 맥라렌이 서울로 이주함으로 세브란스 연합의학교 신경정신과 교실로서의 활동이 본격적으로 시작되었다. 교수직에 맥라렌이 임명되었다. 맥라렌이 처음 한국에 왔을 때부터 그는 한국에 있는 유일한 서구 신경정신과 의사였다. 그런 점에서 세브란스에서는 맥라렌에 대한 기대가 컸

---

130) '조선일보', 1926년 1월 7일.

118

다."[131)

세브란스병원은 맥라렌을 두 손 벌려 환영하였다. 병원은 그에게 작은 사무실을 제공하였지만, 나머지는 그가 스스로 알아서 찾아야 하였다. 맥라렌은 호주선교회와 친구들에게 지원을 호소하였고, 후에 8개의 침대가 있는 병동을 마련하였다.

맥라렌은 당시 그의 글에 정신과 의사는 과학자이자 의사라고 하였다. "그는 신앙을 가진 기독교인 정신과 의사는, 사회로부터 버림을 받고 이성에 눈이 멀어져 영혼이 끌어 내려져 있는 정신병 환자를 돌보고 치료하는 사명을 받고 있다고 하였다. 그러므로 정신과 의사는 눈을 똑바로 뜨고, 모든 물질적 및 영적 자원을 동원하여 뇌와 마음의 치료에 임하여야 한다고 하였다."[132)

맥라렌은 약으로 병이 나았다고 해서 그 병이 치유된 것은 아니라고 보았다. 정신의학은 일반적인 정신치료에 더하여 신앙과 공감에 기초하여 기독교적이고 영적인 정신치료가 필요하다고 하였다. 그리고 그 영적인 정신치료가 근본적인 치료라고 믿고 있었다. 이것은 후에 한국에서 '영성 정신학'의 길이 열리는데 중요한 시발점이 되었다.

뉴는 당시 맥라렌의 세브란스병원 사역의 주요 목적은 한국인을 훈련하는 것이었다. 서양의 전문가 2세가 기독교 교육을 더는 하지 못하리라는 것이 점차로 분명해지고 있었기 때문이다. 그래서 이 일이 계속되려면 한국인들이 가능한 한 빨리 훈련이 되어야 하였다. 그는 본인의 조수 이 박사가 비엔나 가기를 희망하였지만, 그 자신이 경비를 제공할 수 없었다. 호주교회는 그의 요청을 받아들여 300파운드를 후원하였다.

신사참배 반대, 그리고 구치소의 11주

세브란스에서의 마지막 시절, 맥라렌은 '한국의 교회가 처한 위기'라는 제목의 글을 발표하고 있다. 그는 크게 세 가지를 지적하고 있는데 첫째 위기는 일제의 신사참배 강요이고, 둘째 위기는 일부 한국교회 노회가 그 압

---

131) 민성길, 55.
132) 앞의 책, 57.

박에 순종하여 의식을 행하는 것이고, 그리고 마지막 세 번째는 개개인 성도가 감시와 핍박을 견디지 못하고 의식을 따르는 것이라고 통탄해 하였다.[133]

한국의 호주선교회는 두 차례에 걸쳐 신사참배에 대한 견해를 밝혔는데, 1936년과 1939년이었다. 1936년 모임에서는 맥라렌이 사회를 보며 신사참배 반대에 대한 견해를 주도하였으며, 1939년 모임에도 같은 결론으로 맥라렌의 영향력이 컸다.

"맥라렌은 명치 정부 하의 일본에서 출생했고, 일본 식민지 조선에서 선교 활동을 하였으므로, 일본의 국가주의와 신도주의, 곧 신도주의의 본질과 신사참배 강요의 깊은 의도를 알고 있었다. 맥라렌은 세브란스에 있을 때부터 일본의 위협을 감지하고 있었다."[134]

1938년 10월경 세브란스를 완전히 사임한 맥라렌의 소식은 그다음 해 1월에나 가서야 호주에 전해졌다. 그리고 '더 크로니클'은 사임의 이유를 '나쁜 건강'이라고만 언급하고 있으며, 그는 계속 한국에 거주하며 진주의 배돈병원을 도울 것이라고 전하고 있다.

맥라렌은 1939년 9월경 다시 진주로 돌아왔다. 그리고 호주선교회는 그에게 진주 배돈기념병원에서 다시 임시로라도 일해 주기를 요청하였다. 그의 나이 57세였다. 당시 병원은 지난 일 년 동안 9,803명의 환자가 진료를 받았고, 400명의 환자가 입원 치료를 받았다고 전하였다.[135]

1941년 4월 16일 빅토리아장로교 해외선교부와 여선교연합회의 공동 회의에서는 중요한 결정을 하고 있다. 한국의 빅토리아여선교연합회 선교사들을 한국에서 철수시킨다는 결정이었다. 그리고 그들에게 호주로 귀국하라는 전보를 홈즈 회장 명의로 보내고 있다. 한국주재 영국대사관은 그 전해 10월에 이미 호주선교사들에게 철수를 권고한 바 있었다.

맥라렌 가족도 호주로 돌아갈 것을 심각하게 고려하고 있었다. 제시도 그렇고 딸 레이첼도 학교를 마치고 계속 교육을 받을 계획이었지만 전쟁의 기운이 감도는 한국 땅에서 더는 있을 수 없었다.

---

133) '더 크로니클', 1938년 10월 1일, 14-15.
134) 민성길, 163.
135) '더 크로니클', 1939년 4월 1일, 8.

그러나 맥라렌의 생각은 확고하였다. "나 자신은 돌아갈 생각이 없다. 나의 특별한 선교사역과 공헌을 보건데, 지금은 내가 이곳에 있어야 할 때이다."[136]

맥라렌은 한국을 떠나는 것을 완강히 거부하고 있었다. 서울에 살던 그의 아내 제시와 딸 레이첼는 짐을 꾸려 3월 호주로 귀국하였고, 다른 선교사들도 이미 떠났거나 속속히 배를 타고 있었다. 진주에는 이제 맥라렌만 남았다. 그리고 배돈기념병원은 한 한국인 의사에게 명목상의 세만 받고 빌려주었으며, 기독교 정신을 바탕으로 하여 병원을 계속하여 운영하여 달라고 간곡히 부탁하였다.

그리고 맥라렌에게 운명의 날이 찾아 왔다. 12월 8일 일본이 하와이 진주만을 폭격함으로 태평양전쟁이 발발되었고, 그날 저녁 8시경 한국인과 일본인 경찰 6명이 맥라렌 집에 들이닥쳤다.

"처음에 나는 인터뷰를 위하여 방문한 줄 알고 집으로 들어오라고 하였다. 그러나 그들의 태도와 행동은 곧 진짜 상황을 드러내었다. 나는 폭력 없이 체포되었고, 기다리던 차에 태워져 이송되었다. 친절한 한 한국인 경찰은 나에게 미안하다고 하였으나, 현재는 전쟁 중이었다."[137]

그들은 맥라렌을 진주경찰서로 데리고 갔고, 그곳 구치소에서 그는 장차 11주 동안 감금되게 되었다. 이 당시의 상황을 맥라렌은 '일본 경찰 구치소에서의 11주'라는 제목의 글로 남겼고, 후에 이 글은 호주 멜버른에서 소책자로 제작되어 판매되는데, 당시 이 책자는 호주에서 빠르게 천부가 팔려나갔다고 한다.

이 소책자는 '호주선교사 찰스 맥라렌'이란 책에 포함되어 한국어로 번역되어 출판되었으므로, 본 글에서는 지면의 한계로 맥라렌의 11주 동안의 구치소 생활에 대해서는 언급하지 않기로 한다.

가택연금과 추방

맥라렌은 진주 경찰구치소에서 1942년 2월 23일 석방된다. 그리고 그

---

136) 앞의 책, 1941년 3월 1일, 2.
137) 뉴와 맥라렌, 97.

는 다른 4명의 호주선교회 동역자 즉 레인 선교사 부부와 라이트 선교사 부부가 연금되어 있는 부산의 집으로 이송되었다.

"내가 처음으로 한 영광된 일은 뜨거운 물로 목욕을 하는 것이었고, 교도소에서는 꿈도 꾸지 못할 옷을 입는 것이었다. 그리고 상처 난 나의 몸은 나의 동료 레인 부인의 숙련된 간호로 치료를 받았다. 벌레 이로 인해 가려움으로 특히 발목 부근을 계속 긁었으며, 발톱 같은 나의 손톱에는 염증이 좀 있었다.

또한 덥수룩하게 길어버린 나의 수염을 다듬기만 하여 트로피처럼 간직하려고 했지만, 가위와 면도칼은 그것을 전부 밀어버리는 유혹에 넘어가게 하였다."[138]

가택연금은 3개월 가까이 계속되었고, 그리고 결국 1942년 6월 2일 마지막까지 남아있던 맥라렌을 비롯한 호주선교사 5명은 한국에서 추방되었다. 맥라렌과 동료선교사들이 부산을 떠나려고 준비할 때, 그 소식을 들은 한국인 여성들이 그들을 보려고 한걸음에 달려왔다. 그들은 맥라렌과 레인, 그리고 라이트에게 비단 양복을 선물로 주었고, 그 옷은 그들이 밤새도록 앉아 바느질하여 완성한 것이다. 맥라렌은 이 선물을 귀하고 보물같이 여겼다. 경호 속에 그들이 집 앞문으로 나올 때 여성들은 밖에서 기다리고 있었다.

그들은 선교사들과 같이 걸었고, 그들과 경호원들이 탄 같은 전차에 올라탔다. 그 여인 중 한 명은 허밍으로 찬송가를 부르고 있었는데 전차에 탄 사람들이 모두 쳐다보았다. 여성들은 항구로 입장하는 규정을 피하여 맥라렌과 선교사들을 태운 증기선을 환송하였다.

맥라렌과 일행은 일본 고베로 보내어졌고, 그곳에서 다른 선교사들과 함께 포로 교환선 타즈타 마루호로 동아프리카의 포루투칼령 로렌코 마키스까지 갔다. 그곳에서 전쟁 포로교환 조건으로 풀려나, 다른 배를 타고 호주로 돌아갔다.

---

138) 앞의 책, 137.

맥라렌을 포함한 다섯 명의 일행이 호주 멜버른 항에 도착한 날은 1942년 11월 16일이었다. 빅토리아장로교회 총회 차원에서 그들을 환영하는 모임이 스코트교회에서 열렸다. 총회장 버튼의 환영사 후에 찬양이 있었고, 레인과 라이트, 그리고 맥라렌이 차례로 보고하였다. 한국의 마지막 선교사들이 적의 땅에서부터 무사히 자신들의 품으로 돌아온 것을 회중은 기뻐하며 감격하는 모습이었다.

그러나 당시 호주는 국가적으로 두려워하고 있었다. 일본의 아시아 침략으로 그들의 군대가 남하하면서 호주 대륙도 위협을 받고 있었기 때문이다. 호주 북부에 있는 다윈시가 폭격을 맞기도 하였다. 호주군은 일본어를 알고 있는 맥라렌이 필요하였다. 그가 다시 군 복무를 할 수는 없었지만, 교육 교원으로 군 지도자들에게 일본어를 가르치거나 일본에 대해 교육을 하였다.

맥라렌은 또한 호주의 여러 지역과 교회들을 다니면서 한국과 일본, 그리고 아시아 상황에 관하여 강연을 하고 다녔다. 동시에 그는 왕성한 저술 활동을 하며 그의 말년을 보냈다. 그가 출판한 소책자 '일본과의 평화를 위한 서문'에는 당시 호주 수상이었던 멘지스 경이 서문을 쓰기도 하였는데, 맥라렌은 인간 문제의 근원을 해명하고 있으며, 참된 평화는 인간의 마음과 영혼에 있는 그 어떤 것이라는 점을 정확히 인식시켜주고 있다고 하였다.

당시 맥라렌의 관심사는 호주 백호주의 반대 운동이었다. 그는 호주 정부의 뿌리 깊은 유색인종 차별정책을 항의하는 활동을 벌였으며, 교회 안과 밖에서 할 수 있는 대로 의견을 피력하였다. 맥라렌의 입장에서 백호주의는 일본의 식민지 정책과 다름이 없었다. 하나님의 형상으로 지음 받은 인간이 인종이나 피부색으로 차별을 받아서는 안 된다는 것이 그의 신앙이자 신학이었다.

맥라렌은 자신의 주장을 입법 활동을 통하여 실현하기 위하여 의회 진출까지 시도하였다. 1949년 연방의회 진출을 위하여 멜버른에서 무소속으로 출마하였다. 그러나 결과는 낙선이었다. 호주사회와 일부 교회는 여전히 호주에서 백인들의 사회와 문화를 지켜야 한다고 생각하고 있었다.

그렇다고 맥라렌은 한국을 전혀 잊은 것은 아니었다. 자신의 제자였던 이봉은을 1950년 호주로 초청하여 멜버른의과대학 정신과에서 유학하도록 도와주기도 하였다.

그리고 1957년 10월 9일 맥라렌은 이 땅에서의 모든 사명을 마감하고 멜버른 큐에 있는 그의 집에서 75세의 일기로 세상을 떠났다. 그의 아내 제시는 30년 동안 한국에서 살았는데, 그곳에서 그녀는 오래되고 희귀한 한국어책을 많이 모아 도서실처럼 발전시키었다. 그리고 후에 한국에서 태어난 그의 딸 레이첼은 1984년 그 도서 중 136권의 책을 '맥라렌-휴먼 컬렉션'이란 이름으로 캔버라에 있는 호주국립도서관에 기증하였다.

<참고 도서>

민성길, 『말씀이 육신이 되어 – 맥라렌 교수의 생애와 사상』, 연세대학교 출판문화원, 2013.
에스몬드 뉴 & 찰스 맥라렌, 양명득 편역, 『호주선교사 찰스 맥라렌』, 동연, 2019.
「조선일보」, 서울, 1926년 1월 7일.
커와 앤더슨, 양명득 편역, 『호주장로교 한국선교역사 1889-1941』, 동연, 2017.

<영문자료>

빅토리아여선교연합회, 「더 크로니클」, 멜버른, 1911-1957.

II.

한국에서 호주로

10. 무명의 '존 코리아'

몇 해 전 뜻밖의 문서 한 장이 공개되었다. 'Corea' 출신의 35살 'John Corea'라는 사람의 귀화증명서이다. 이 증명서는 호주영연방이 시작되기도 전인 무려 1894년 뉴사우스웨일스에서 발행된 것이다. 이 사실을 알린 송지영 박사는 "최초의 호주 한국인 이민자는 1876년 호주에 도착한 존 코리아이다."라며 다음과 같이 말하였다.

"1876년 한 17세 소년이 로치엘이라 불리는 배를 타고 호주에 도착했다. 우리는 그의 원래 이름을 모르지만 약 20년 뒤 그의 귀화 기록에는 NSW의 서부 내륙의 작은 마을 골골에서 양털깎이로 일한 한국 출신자라고 적혀있다."[139]

존 코리아는 1895년 서호주 쿨가디에서 광산 면허를 신청할 수 있었지만, NSW주에서는 귀화한 사람이라는 이유로 이를 거부당하였다. 그는 포기하지 않고 NSW주 브로큰힐에서 다시 면허를 신청했고, 1903년 마침내 취득하였다. 그 후 존 코리아는 결핵을 앓게 되면서 1917년부터 1920년까지 3년여 동안 애들레이드 병원에 입원하였다. 병원 기록에 따르면 존 코리아의 국적이 일본이었는데 당시 조선은 국권을 잃고 일제의 지배를 받고 있었기 때문이다. 그는 1924년 65세의 나이로 사망했으며, 결혼을 하지 않아 자녀도 없었다. 그의 장례식은 1924년 8월 6일 지역신문에 부고를 실은 지인들에 의해 치러졌는바 밀두라의 니콜스 포인트 묘지에 안장됐다.

"존 코리아의 이야기는 한국인과 호주인의 관계가 많은 사람이 알고 있는 것보다 훨씬 빨리 시작됐음을 보여준다."[140]

이것은 중요하고도 상징적인 발견으로 존 코리아같이 비록 본명은 알 수 없지만, 초기 한국과 호주 역사에 있어서 우리가 모르는 무명의 개척자가 더 있을 수 있다는 단서이기도 하다. 존 코리아의 이야기는 한국과 호주 역사에 관심 있는 연구자들에게 도전이 되고 또 새로운 연구과제를 던져주고 있다.

---

139) 권상진, 2023.
140) 앞의 글, 2023.

<참고도서>

권상진, '호주의 제1호 한국인 존 코리아', TOP Digital, 2023년 1월 30일.
송지영, 『이민의 진화』, 푸른숲, 2025.

11. 독립운동가 김규식과 안창호

(김규식, 1881-1950)

1910년대 중반에 최정익이란 남성이 호주를 여행하였다. 그는 미국 샌 프란시스코에서 도산 안창호를 보좌하며 대한인국민회의 총회장과 신한 민보의 주필을 겸임하고 있었던 인물이다.

『재미한인사략』을 쓴 노재연은 최정익의 호주방문을 다음과 같이 쓰 고 있다. "최정익 씨는 연전에 상업차로 호주와 다히티도를 역방하고, 작 년 4월에 상항에 회환하였는데, 금 2월 29일 벤추라호 선편에 심상 서필순 씨와 동반하여 다시 호주로 향하여 도항하다가, 호놀룰루에서 한재명 씨 를 만나서, 3인이 작반하여 오스트레일리아주 전경을 여행한 후에…"[141]. 이 내용을 보아서는 최정익은 최소한 1915년에 이미 호주를 방문하였고, 1916년에도 친구 두 명과 함께 호주를 또 방문하고 있다.

최정익의 계속되는 호주방문은 그가 1918년 1월과 5월 두 차례에 걸쳐 안창호에게 보낸 우편엽서를 통하여 확실히 알 수 있다. 그의 엽서에는 오 스트레일리아 시드니 사서함 1230의 주소가 적혀있다. 총 6장으로 된 그 림엽서 첫 장에 '안도산 선생'으로 호칭된 한문 성과 호와 영문 이름이 적혀 있고, 그의 미국 주소는 캘리포니아 로스앤젤레스 피게로아가 106으로 되 어있다. 동시에 뉴사우스웨일스 시드니의 소인과 연도가 선명하게 찍혀있 다. 엽서에는 도산의 안부를 묻는 내용으로 시작하여 "북미실업회사를 대 규모로 확장함에 재한줄 신하노니 (중략) 현금으론 희망을 두고 진행중이 오니"라고 쓰여있다.

북미실업회사는 안창호가 대한인국민회와 흥사단 동지들과 함께 1913 년 설립한 금융기관으로 한인 자본으로 민족기업을 일으키고, 국제무역에 서 신용거래를 할 수 있는 재원을 마련하는 회사였다. 최정익이 호주에 간 이유는 북미실업주식회사의 사업확장을 위한 목적이었던 것으로 보이지 만, 구체적인 행적은 밝혀지지 않았다. 그러나 그 일이 쉽지 않았음을 편지 내용을 통해 엿볼 수 있고, 이 회사는 경기 불황과 공황 등으로 1927년 폐 사하였다.

그뿐만 아니라 안창호도 1926년 호주를 방문하였다. 독립기념관 한국 독립운동사연구소의 한 연구위원은 "미국에서 활동하던 안창호는 1926년

---

141) 노재연, 506.

3월 오스트레일리아의 시드니를 경유하여 중국으로 갔다"고 적고 있다.[142]

독립기념관 자료실의 자료들을 보면 안창호는 호주방문에 관하여 위에서 언급한 로스앤젤레스 주소에 거주하는 부인 이혜련에게 쓴 편지 중 세 편의 편지에 호주에 관하여 언급하고 있다. 첫 편지는 1926년 3월 13일 자로 그는 샌프란시스코에서 배를 타고 호놀룰루에 갔고, 그곳에서 머물지 못하고 바로 오스트레일리아로 가고 있다는 내용이다. 그리고 시드니에 도착 후 다시 편지하겠다고 약속하고 있다. 그리고 시드니에 도착하여 두 번째 편지를 쓰는데 다음이 그 내용의 전문이다.

"나의 사랑 혜련

그간 어떠합니까. 나는 오늘 시드니에 도착해서 방을 정하고 중국 밥을 사 먹고 돌아왔습니다. 오는 길이 평안하였고 내리는데도 아무 장애 없었습니다. 이곳 4월 14일에 떠나는 배가 있고 그다음에는 26일에 떠나는 것이 있다 하니 잘 알아보아서 작정하겠나이다.

이곳은 기후가 매우 좋습니다. 눈에 보이는 모든 것이 미국과 같이 화려하지 못하고 질박한 모양이 많습니다. 포도와 복숭아 등 과실이 지금 많습니다.

4259년 3월 23일 당신의 사랑"[143]

이 내용을 보면 안창호는 중국으로 가는 길에 시드니에 내려 배를 기다리며 3주 동안이나 머물렀던 것으로 보인다. 그는 같은 해 4월 16일 다시 아내에게 짧은 편지를 보내고 있는데 시드니에서 브리즈번으로 이동하여 그곳에서 배를 탄다는 내용이다.

"나의 사랑 혜련, 이왕에 작정한 대로 그저께 시드니를 떠나서 오늘 아침에 부리스베인이란 곳에 왔는데 오늘 저녁이나 내일 아침에 떠난다고 합니다. 당신의 사랑."[144]

한편 상해 임시정부의 우사 김규식도 호주를 방문하였다. 안창호보다 6년이 빠른 1920년 호주를 방문하여 호주 정치인들과 만났고 10월 3일에 호주 수상 윌리엄 휴즈를 만나 한국의 독립을 후원해줄 것을 청원하였

---

142) 김도형, 19.
143) 안창호, 1926.
144) 앞의 책.

다.[145] 당시 호주 정부가 한국의 독립에 관하여 어떤 태도를 가지고 있었는 지 엿볼 수 있는 중요한 내용이다.

정치인 김규식과 안창호 그리고 사업가 최정익의 호주방문에 관한 구체적인 내용이 더 발굴되어 대한민국 독립운동사와 그리고 한국과 호주 관계 역사에 이들의 방문이 어떤 의미가 있는지 앞으로 계속 연구되어야 하겠다.

<참고도서>

김도형, 「도산 안창호의 '여행권'을 통해 본 독립운동 행적」, 2012.
노재연, 『재미한인사략(상)』, LA, 1951.
안창호, 「이혜련에게 보내는 엽서」, 1926.
이연복, 『한민족독립운동사연구』, 국학자료원, 2004.

---

145) 이연복, 209.

12. 첫 호주유학생 김호열

(김호열, 1901-1925)

1921년 호주로 유학한 첫 한국인은 김호열이다. 그는 호주선교사가 세운 마산의 창신학교 교사였다. 김호열은 호주선교사 데이비드 라이얼이 멜본의 오션 그로브 대회에서 김호열을 소개하며 호주에 와 공부하기 원한다는 보고를 통해 소개되었다. 호주장로교 연합회는 즉시 그 제안에 동의하고 경비에 필요한 94파운드를 모금하여 그의 방문을 추진하였다.

당시의 한 신문은 김호열의 유학을 '호주류학은 처음일'이란 제목으로 그를 소개하고 있다.

"본시 그 학교는 호주사람의 경영하는 학교이엿슴으로 자연 씨의 뛰어나는 텬재는 말다른 호주사람에게까지 감동을 주게되야 여러가지로 교섭이잇슨후 씨는 금월 십오일에 신호를 떠나 멀리 남양 호주로 가서 (중략) 그의 학비는 전부 (중략) 호주사람 교회에서 부담할터인대 우선 조선에서 려비문데에 곤란을 밧고 지금씨는 평양에 잇서서 백방으로 주선중이라하니 반갑고도 딱한일이라 하겟다더라."[146]

김호열은 백호주의가 왕성하던 1921년 9월 6일 마침내 호주 북부 서스데이 섬을 통해 입국하였다. 백호주의는 유색인종 특히 아시아인과 남태평양인의 호주 땅 입국을 제한하는 호주 정부의 법령을 기초하고 있다. 이것은 김 씨의 호주 입국 과정이 쉽지 않았을 것을 의미하지만, 동시에 호주유학이 불가능한 상황도 아니었음을 방증한다.

김 씨가 호주 입국할 때 기록한 '외국인 등록증'이 멜본 고문서관에 오랫동안 보관되어 있었다. 그 기록에 따르면 그는 1901년 출생으로 당시 만 20세이었으며, 한국인이지만 일본 여권(여권번호 190081)를 소지하고 있었고, 방문 목적은 '멜본대학에서의 공부'임을 밝히고 있다. 또한 '민족주의자라는 증거 없슴'과 '불충실의 혐의가 없슴'이라는 성격소견과 서스데이 경찰서의 직인과 함께 그의 지문이 찍혀있다.[147] 멜본에 도착한 그는 멜본시 근교의 큐에 거주했던 외국인 등록 기록도 남아있다.

"김호열의 입국과 관련된 공식 문서에서 흥미로운 점은 그의 국적이 기록된 방식이다. 그의 신청서에는 출생지가 '한국'으로 기록되어 있지만, 그 옆에는 다른 색깔의 연필로 '일본'이라고 적혀있다. 이는 김호열이 일제 강

---

146) '동아일보', 3면. 철자법 그대로 인용함.
147) 양명득, 23.

점기 시대에 호주에 입국했고 일본 여권을 소지했음에도 불구하고 공식 문서에서는 한국인(한국인)으로 인식되었음을 보여준다.

또한, 신청서에는 출생지와 국적 항목을 가리키는 화살표가 있는데, 이는 김호열을 '분류'하려는 과정에서 발생한 관료적 갈등을 보여주는 것일 수도 있다. 한편, 김 씨는 거주지 변경 신고서에서 처음에는 중국인으로 기록되었으나, 신고서에서 해당 부분이 지워져 있다. 아마도 이는 호주 관료 조직 내에서도 무지가 존재했음을 의미하며, 이는 당시 호주에 입국했을 가능성이 있는 다른 한국인들이 더 있을 가능성을 시사한다."[148]

김호열은 그 후 스카치 칼리지에서 단기 영어공부 후 문학사 공부를 위하여 멜본대학에 입학하게 된다. 짧은 기간 안에 영어를 배우면서 기말시험에 합격하는 등 김호열은 공부에 진전을 가져온다. 기록에 의하면 그는 자기의 쾌활한 성격으로 인하여 만나는 사람들에게 사랑을 받았다. 그러나 불행하게도 2학년 말에 가서 후두암이 진행됨에 따라 공부하는 데 큰 지장을 받았다. 그는 서리 힐스에 있는 한 병원에 입원하여 치료를 받았고 프랭크 페이튼 목사를 비롯하여 많은 호주 친구들의 위로를 받았다. 그는 병문안을 온 친구들에게 다음과 같이 말하여 그들을 놀라게 하였다.

"나는 모든 것이 합력하여 선을 이룬다고 믿습니다. 그리고 그 모든 것에는 죽음까지도 포함됩니다."[149]

김 씨는 결국 의사의 권고와 자신의 의지에 따라 1925년 5월 한국으로 돌아왔다.

그 후 김호열은 찰스 맥라렌 호주 의사가 있는 서울 세브란스병원에서 치료를 받았다. 그러나 회복되지는 못하였다. 가족은 그가 고향으로 돌아와 죽음을 준비하기 원하였기에 퇴원하고 고향으로 향하였다. 그러나 그는 충격적이게도 고향 가는 기차 안에서 운명하였다. 빅토리아 장로회 총회 해외선교부는 장래가 촉망되고 능력 있는 김호열의 불행을 다음과 같이 애도하고 하였다.

"그의 이야기와 오랜 기간의 고통은 우리를 매우 슬프게 한다. 그러나 그의 신앙은 사라지지 않았다. 우리는 이 한 알의 밀이 장차 많은 열매를 맺

---

148) 스펜서, 2.
149) '더 프러스비터리안 메신저', 610.

을 것을 믿어야 한다.”[150]

　빅토리아장로교 총회는 김호열에 계속 관심을 두고 보고해 왔으며, 그의 사진도 소개하므로 자료를 남기고 있다. 마지막 보고서에는 “장래가 촉망되고 능력 있는” 김호열 교사의 불행을 애도하였다.

<참고도서>

‘동아일보’, 1921년 8월 6일.

양명득, ‘한호간 초기 인적교류와 한인사회 형성’, 『호주한인50년사』, 2008.

<영문자료>

빅토리아장로교회, 「더 프러스비터리안 메신저」, 1925년 11월 13일.

빅토리아장로교여선교연합회, 「더 크로니클」, 1925년 11월 2일.

루루 스펜서, ‘김호열’, 미출간 원고, 2023.

---

150)　‘더 크로니클’, 3.

13. 호주인의 친구 양한나

(양한나, 1893-1976)

한국 여성으로 호주를 처음 방문한 사람은 양한나(혹은 양귀념)이다. 1893년생인 양한나는 기독교 가정에서 태어나 호주선교사가 세운 부산의 일신여학교 1회 졸업생으로 마산 의신여학교에서 교사로 근무하였다. 그러나 1915년 학교 당국이 일본 왕 대정의 즉위식 기념 떡을 학생들에게 먹이려고 하자 학생들과 반발하여 요주의 인물이 되었고, 일본에 건너가 요코하마신학대학에서 수학하였다.

그 후 그녀는 중국으로 망명하여 소주여자사범대학에 학적을 두면서 상해임시정부 경상도대의원을 지냈다. 1922년 임시정부 특사로 밀입국하던 중 잡혔으나 곧 석방되어, 이듬해 다시 상해로 건너가 민족운동가들과 주로 재정을 모금하는 독립운동을 하였다. 당시 그의 이름이 양귀념에서 양한나로 바뀌었는데 이는 도산 안창호가 '백두산에서 한라까지 내 나라를 길이 보존하도록 노력하라'는 격려의 뜻으로 개명해 준 것으로 알려져 있다.

양한나는 어머니의 병환으로 귀국하여 1924년 이화여자전문학교 유치사범과를 마치고 중국에 드나들며 민족운동에 계속 관여하는 한편, 사회사업에 뜻을 두고 있다가 1926년 호주를 방문하게 된다. 당시 동아일보는 양한나의 유학을 사진과 함께 보도하였다.

"시내뎡동 리화유치원에서 오래동안 보모로잇던 량한라씨는 작십칠일에 '오스트랄리'로 류학의 길을 떠낫는데 조선녀자로 오스트랄리에 류학하기는 이분으로써 처음이라 하겟습니다"[151]

1926년 9월 20일에 스키너는 양한나와 함께 호주 시드니를 통과하고, 곧 멜본에 도착한다. 그리고 그곳에서 여선교연합회의 환영을 받는다. 그녀는 빅토리아의 교회들을 방문하여 강연도 하고 여러 곳을 견학하였다. 그녀의 선한 매너, 유머 감각, 그리고 긍정적인 태도로 호주인에게 좋은 인상을 남기고 있다. 1927년 8월 5일 스키너와 함께 멜본의 큐 교회에서 환송식을 받고 다시 한국으로 돌아온다. 그녀는 호주교회를 방문하여보니 그곳의 여선교연합회가 선교사를 파송하는 정말 위대한 일을 하는 줄 알게 되었다고 한다.[152]

---

151) '동아일보', 3.
152) '더 크로니클', 5.

그다음 해 그녀는 한 편의 글을 영문으로 남겼다. '빅토리아교회에 대한 한 한국인의 인상'이란 제목의 글이다. 그녀는 한국과 호주의 문화 차이와 호주의 교회에 관하여 적었다. 그녀는 또한 유치원 운영과 교회음악 등을 견학하였고 후에 한국에 돌아가 어린이와 여성 특히 1936년에는 부산 YWCA를 창설하는 등 사회사업가로 일하였다.

해방 후인 1946년 그녀는 초대 수도여자경찰서장에 취임하였고, 부산 애국부인회장으로 여성운동과 사회사업에 헌신하였다. 양한나는 부산이 낳은 대표적인 여성운동가, 독립운동가 그리고 사회운동가였다. 그녀는 1976년 국민훈장 동백장을 수여하였다.

이 시기 한 가지 눈에 뜨이는 것은 1924년 8월 호주 퀸즐랜드주의 세관에서 발행한 공문이다. 당시 호주 북부 서스데이 섬 지역은 진주조개, 고동, 해삼 등의 채취가 성행이었는데 한국에서 일꾼을 초청해도 좋을지 멜본에 있는 내무성에 문의하는 내용이다.

"어떤 관계로 한국인을 초청하려는 지에 관한 설명은 없지만, 1) 현재 일본인들과 같은 조건으로 고용할 수 있는지, 2) 한국인들이지만 일본 국적으로 외교적 취급을 해야 하는지, 3) 한국인들은 아시아인 중에 우수한 민족이고, 좋은 뱃사람들이고, 그렇지만 일본인들을 아주 싫어한다는 내용 등이 담겨있다."[153]

이후 한국인이 실제로 이 일로 입국하였는지에 관한 기록은 없지만, 호주인이 한국인을 '아시아인 중에 우수한 민족'으로 인식하고 있는 한 단면을 볼 수 있어 흥미롭다.

<참고도서>

「동아일보」, 1926년 8월 18일.
양명득, 『호주와 한국: 120년의 역사』, 연세대출판사, 2009.

<영문자료>

빅토리아여선교연합회, 「더 크로니클」, 1927년 9월 1일.

---

153) 양명득, 22.

14. '호주기행'을 기록한 이중철

(이중철, 1904-1945)

이중철은 1904년 평안남도 신안주에서 태어났다. 그는 가난한 가정에서 성장하였지만, 목사인 부친의 노력으로 배재학당에 입학하였다. 1923년 우수한 성적으로 졸업한 그는 세브란스연합의학전문학교에 입학하였다. 그리고 그곳에서 그는 인생의 전환점을 맞이하였다.

세브란스의전 재학 시절 이중철은 호주인 신경정신과 의사 찰스 맥라렌(마라연)을 만났다. 맥라렌 박사의 인품은 대쪽 같았고 수련의들에게 엄격하였지만, 신앙심이 깊어 따뜻한 사람이었다. 당시 학생들에게 신경의학이란 학문이 낯설었고 교수도 엄격하여 그의 과목을 듣기 꺼렸다고 한다.

"그러나 최고의 의사가 되기를 갈망했던 이중철은 오히려 이런 기회를 반겼고, 맥라렌의 학문과 신앙을 사사했다. 맥라렌도 '훌륭한 성품과 뛰어난 능력을 가진' 이중철을 총애했고 그를 최고의 신경정신과 의사로 키우기 위하여 동분서주했다."[154]

이중철은 1935년 초 학위논문을 제출하고 약 반년에 거쳐 호주를 방문하게 되었다. 자신의 스승 맥라렌의 주선으로 호주장로교회의 초청을 받아 멜버른에 있는 멜본의과대학을 연구차 방문하게 된 것이다.

당시 한 신문은 이중철의 사진과 함께 호주방문의 의의를 다루었다. 그의 호주방문이 '조선인으로 호주에 의학 연구의 길을 밟기는 이 씨가 효시이다'라고 소개하면서 호주인이 조선을 연구하려는 열이 높아가는 이때에 이곳으로 연구의 길을 찾는 것은 의의 있는 일이라고 언급하였다.[155]

그 후 이중철은 1935년 3월부터 호주방문을 '호주기행'이라는 제목으로 동 신문에 여러 차례에 걸쳐 연재하므로 관심있는 한국의 독자들에게 호주의 지리와 풍속 그리고 의학 발전의 모습을 소개하였다. 그는 조선 사람이 서양을 가면 아직도 조선이 어디 붙어있는지 모르는 친구가 많다고 하며 그래서 금강산 같은 아름다운 조선 엽서를 많이 가지고 가야 한다고 하였다. 그뿐만 아니라 어느 곳에 가든 구경거리가 되니 각오하라는 말도 덧붙였다.

이중철은 멜버른에서의 연수를 마치고 7월 27일 귀국하였다. 그의 귀국 소식을 한 신문은 다음과 같이 전하였다.

---

154) 신규환, 2012년.
155) 동아일보, 1935년 1월 17일, 2.

"세계적 권위 밑에서 의술을 연구하고자 오스트랄리아(호주) 멜본대학에 파송 연구 중이던 세브란스의전 부속병원의 신경병과 이중철 씨는 6개월의 예정을 마치고 고국에 돌아왔다.

씨는 정신병의 특히 뇌수술로 세계적 권위가 있는 호주 멜본대학에 최초의 조선인 연구생으로 가서 연구하는 여가에 각 방면의 의학과 병원 시설을 시찰하고 돌아온 바 앞으로 세브란스병원의 정신신경과 주임으로 시무를 보리라 한다."[156]

이중철의 박사 논문은 그해 말 통과되었으며 논문 제목은 '마비성 치매 소뇌의 치성 조직학적 연구'였다. 이는 정신의학 분야에서 한국인이 받은 최초의 박사학위였다. 이 박사는 그 후 세브란스의전 신경정신병과 교실 주임 교수로 재직하며 노인성 치매 등 세계적인 신경 정신 연구를 선도하였다. 그러던 중 뜻밖의 교내입시 비리 사건으로 인하여 그는 1938년 학교에서 사직하고 종로구에 이중철의원을 개원하였다. 맥라렌도 그 비슷한 시기에 교수직을 내려놓고 학교를 사직하였다. 이것은 세브란스 정신의학과의 큰 손실이었다.

"맥라렌과 이중철이 정신의학의 중요한 두 측면을 대표하고 있었기에 당시 세브란스 정신과는 균형잡힌 발전을 할 수 있는 환경에 있었다. 그러나 이중철의 때 이른 사직과 요절, 그리고 일제 말기 맥라렌의 강제 추방 등 어려운 내외 환경 등으로 인해 해방되기까지 더 이상의 학문적인 발전을 기대하기 어려웠다."[157]

1941년 태평양전쟁이 발발하자 일제의 압박은 정점에 달하였고 신사참배를 강렬히 반대하였던 자신의 스승 맥라렌은 진주감옥소에 갇혔다. 이중철도 일제가 강요하는 일본식 성명 강요와 신사참배를 거부하였고 일제의 의복과 두발 통제도 모두 거부했다. 그야말로 사제동행이었다.

맥라렌은 진주에서 부산으로 옮겨 가택연금을 당하다 1942년 호주로 추방되었고, 이중철은 1945년 해방을 몇 개월 안 남기고 안타깝게 발진티푸스 감염으로 운명하였다.

---

156) 동아일보, 1935년 7월 30일. 2.
157) 여인석, 73.

이삼남과 이약신의 방문

한편 이중철이 호주를 방문하기 한 해전인 1934년 말 호주를 방문한 한국인 여성이 있었다. 진주의 배돈기념병원 간호사 프란시스 클라크(가불란서)의 '헌신적인 친구이자 조력자' 이삼남이었다. 클라크는 호주인들에게 이 한국인 여성이 얼마나 매력적이고 우호적인지를 설명하였다.

(이삼남, 1930년대 초)

당시 이삼남은 멜버른의 한 석간신문과 인터뷰를 하면서 한국의 한복을 소개하였다. 그러나 그녀가 한 말이 제대로 전달되지 못하였다고 클라크는 말하였다. 기자가 그녀에게 한 질문 중에 서양 여인들의 옷에 관한 내용도 있었는데, 삼남의 간단한 대답이 불쾌한 비교를 하였다는 오해였다.

"인터뷰 기사 내용은 마치 삼남이 호주 여성들에게 적대적이고 우호적이 아닌 것 같은 인상을 준다. 그러나 그것은 전혀 그녀의 입장이 아니다. 인터뷰 기사가 그러한 불공정한 인상을 주고 있다는 것을 밝히고 싶다."[158]

---

158) '더 크로니클', 9-10.

이삼남은 호주장로회 여성친교회 회원들을 만나는 것을 좋아하였고, 특히 친교회 배지를 받았을 때 자신도 '친교회 회원'이 된 것 같이 기뻐하였다.

클라크는 보고서에 계속하여 말하였다. "나는 또한 삼남에 대한 여러분들의 환대에 감사를 드린다. 여러분이 그녀를 환영해 줄 것은 알았지만, 이토록 가슴으로 뜨겁게 맞이해 줄지는 몰랐다. 그녀에게는 특별한 경험이었고, 그녀의 마음 한구석에는 호주의 여러분들이 항상 남아있을 것이다. 그녀가 어디를 가든지 호주에서 만난 친구 여러분들에 관하여 말할 것이다."[159]

이삼남은 후에 호주선교회가 운영하던 부산 동래실수학원에서 일하는 등 그 관계를 계속 이어갔다.

한편 1937년 중순에는 이약신 목사가 호주를 방문하였다. 당시 호주장로교회는 100주년 기념행사를 하였는데 그 행사에 부산·경남 교회를 대표하여 초청된 것이다. 그는 호주선교회가 키운 한국인 지도자 중의 한 명이었고, 여러 호주선교사와 친밀한 관계를 이어왔었다. 그해 말 멜본에서 열린 기념행사에서 이약신은 흰 두루마리를 입고 백 주년 축하 인사와 함께 한국을 지원하고 사랑한 것에 대한 감사를 표하였다.

<참고도서>

「동아일보」, 1935년 1월 17일 & 7월 30일.

신규환, '세계의 이목을 집중시킨 한국 최초의 정신 의학자 이중철', 「베스트 닥터」, 2012년 2월 9일.

여인석, '세브란스 정신과의 설립과정과 인도주의적 치료전통의 형성-맥라렌과 이중철의 활동을 중심으로', 「의사학」, 제17권 제1호, 2008년 6월.

<영문자료>

빅토리아여선교연합회, 「더 크로니클」, 1935년 3월 1일.

빅토리아장로교회, 「더 메신저」, 1937년 10월.

---

159) 앞의 책, 10.

(홍옥순, 1917-2008 & 이영복, 1917-1978)

1937년 두 명의 한국인 간호사가 호주로 유학을 간다는 소식이 전하여
졌다. 홍옥순(혹은 손옥순)은 개성의 호수돈여고를 졸업하고, 1936년 세브
란스 간호부 양성소를 졸업하였고, 이영복은 이화여고를 졸업하고 1937년
같은 세브란스를 졸업하였다. 세브란스병원의 호주인 의사 찰스 맥라렌이
이들의 호주 연수를 주선하였고, 빅토리아여선교연합회의 초청으로 성사
되었다.

당시 한국의 한 일간지는 이 두 여성을 '백의 처녀'로 소개하며 호주유
학 소식을 전하고 있다.

"'로열 병원'은 호주에서 가장 크고 완벽에 가까운 과학시설로 이름난
병원인데 그들은 이곳에서 주로 임상 간호학을 연구하게 되리라하여 이곳
에서 연찬의 길을 마친 다음 다시 조선에 돌아 와 모교의 일을 보게 될 것
으로 의료기관이 빈약한 조선에 한 폭의 명랑보를 던지고 있다. (중략) 이
두 사람의 유학생을 선정함에 있어 세브란스 당국으로서는 후보자의 학업
성적은 물론 풍토관계로 엄밀한 신체검사를 하여 가정 우수한 학생을 뽑은
것이라고 한다."[160]

빅토리아여선교연합회는 이들의 호주방문 목적을 다음과 같이 쓰고 있
다. "연수 후에 한국에 돌아가 간호사를 배양하는 것이다. 이들에게 이 기회
를 주는 것은 우리가 한국의 전문 간호직을 발전시키는 데 큰 공헌이 될 것
으로 믿는다."[161]

이 해 초에 홍옥순과 이영복은 영어를 배우고 있었고 곧 호주를 향하여
떠났다. 8월 31일 멜버른에서 열린 환영회에서 이들은 따뜻한 환영을 받았
다. 또한, 배돈기념병원 창시자이자 의료선교 개척자인 휴 커를 박사도 참
석하여 다음과 같이 격려사를 하였다.

"이 두 명의 간호사는 앞으로 놀라운 일을 할 것이다. 이들은 이미 한국
에서 간호사 과정을 다 마치었는데, 이곳의 병원과 간호 방법, 그리고 치료
에 대한 새로운 시각을 보기를 원하고 있다. 이들에게 우리 간호사들도 배
울 것이 있다고 나는 생각한다. 한국에서는 의사와 간호사가 육체의 치료
를 영의 치료와 병행하고 있기 때문이다. 그리고 그들이 보이는 믿음의 본

---

160)　'조선일보', 1937년 5월 13일. 2.
161)　'더 크로니클', 1937년 7월 1일, 2.

보기로 많은 사람을 기독교 신앙으로 이끌고 있다.”[162]

홍옥순과 이영복은 한복을 입고 이 모임에 참석하였으며, 막힘없는 영어로 자신들을 소개하였고 한다. 그리고 그들은 곧 샌 앤드류스 병원에서 연수를 시작하였다. 1938년 1월부터는 로열 멜버른 병원으로 옮겨 훈련을 받았다. 이영복은 다리에 염증이 생겨 거의 두 달 동안 침대에 누워 치료를 받기도 하였다. 이들은 여선교연합회가 특별히 모금한 기금과 또 병원에서 주는 수고비로 학비와 생활비를 충당하였다.

이들은 원래 1년 비자를 받고 호주에 입국하였지만, 1년을 더 연장하였다. 이후 이들은 여선교연합회 지부와 교회를 방문하며 회원들과 친교를 나누기도 하였고, 11월부터는 한 유아원에서 연수하여 수료증을 받기도 하였다. 다음 해인 1939년 초에는 정형외과 병원, 여성병원, 이비인후과 병원 등에서 연수하였다. 여선교연합회는 이들이 5월에 한국으로 귀국하는 것에 동의하였다.

그리고 1939년 중순의 ‘더 크로니클’ 선교지는 홍옥순과 이영복이 5월에 호주를 떠났다고 보고하면서, 그들의 사진을 또 싣고 있다. “이들이 이곳을 방문한 것은 모든 방면에서 성공적이다. 이곳 교회에 깊은 인상을 남겼으며, 자신들의 간호업무를 위한 소중한 경험을 하였다. 우리는 이들이 한국에 돌아가 어떤 일을 하게 될지 기대가 되며, 한국에 하나님 나라를 위한 일에 유망한 미래가 있음을 확신한다.”[163]

한국으로 돌아온 홍옥순은 서울의 세브란스병원에서 일을 시작하였고, 이영복은 진주의 배돈기념병원에서 예비 간호사들을 가르치며 수간호사를 맡을 준비를 하였다. 그리고 이 두 명은 곧 한국 간호사 사회에 두각을 나타내기 시작하였다.

해방 후 홍옥순은 1946년부터 1949년까지 초대 대한간호협회 회장으로 공헌하였고, 후에 6~7대 회장직도 연임하였다. 그녀는 보건간호과, 기관간호과, 조산사업과 체제를 갖추고 간호사업의 틀을 잡아 나갔다. 또한, 지방 각 도에서 간호사업계 체계를 정비하였고, 간호교육, 행정 등 간호사업의 중요성을 인식시켜 나갔다.

---

162) ‘더 아르거스’, 20.
163) ‘더 크로니클’, 1939년 6월 1일, 3.

　한편, 이영복은 1948년 간호사 교장제가 실시됨에 따라 세브란스병원은 그녀를 간호사 교장으로 임명하였다. 그리고 한국 전쟁 후에 그녀는 이화여자대학교 의과대학 간호학과 초대학장을 지내기도 하였다. 그뿐만 아니라 그녀도 대한간호협회 8~9대 회장으로 1962년부터 1964년까지 봉사하였다.

　빅토리아여선교연합회는 계속하여 이들의 한국 활동 내용을 회원들에게 알렸고 그들의 희망대로 홍옥순과 이영복은 한국의 간호사업을 전문직으로 발전시키는 데 큰 공헌을 하였다.

<참고도서>

「조선일보」, 서울, 1937년 5월 13일.

<영문자료>

「더 아르거스」, 멜본, 1937년 9월 1일.
빅토리아여선교연합회, 「더 크로니클」, 멜본, 1939년 6월 1일 & 1937년 7월 1일.

16. 카우라수용소의 한국인 포로들

한국인이 집단으로 호주 땅을 밟은 기록은 1940년대 초이다. 한국인 162명이 호주에 입국한 것이다. 그러나 이들은 자발적인 방문자나 이민자가 아니었고 불행히도 전쟁 포로 신분이었다.

"이들은 일본 정부에 의해 강제로 징집된 한국인들로 2차 세계대전 당시 일본 군인들과 함께 아시아 각처에서 호주군을 포함한 연합군과 싸우다가 포로가 된 사람들이다. 이들은 전쟁 포로로 캔버라전쟁기념관 자료실에 기록되어 있다."[164]

한국인 포로가 강제 수용된 곳은 시드니 서북부에 위치한 카우라수용소였다. 이곳에서 이들은 일본군과 다른 아시아인 포로 2천여 명과 수용 생활을 하였다. 이곳 수용소에서도 한국인들은 일본 포로들에게 차별을 받으며 긴장 속에 생활하였다.

"강제로 징병 된 한국인들은 일본 제국주의 군대에 복무 중에 주로 취사와 노역에 종사했지만, 아무도 감사하게 생각하지 않았으며 한국인들은 일본군 안에서 열등한 존재로 취급받았다."[165]

당시 수용소에 억류되어 있던 한 한국인 이름이 박귀남(타카오 마츠모토)이었다. 1918년생인 그는 경남 하동 출신으로 1940년대 초반에 일본 순사에 의하여 강제로 징집되었다. 그는 네덜란드령 뉴기니까지 끌려왔고 그곳에서 요리하고 땅을 파고 때로는 싸우도록 명령을 받았다. 그러나 일본 제국에 충성할 생각은 없었다고 하였다. 그는 1944년 3월 호주 군인들에게 포로로 잡혀 호주 카우라로 이송된 경우이다.[166]

1944년 1월, 카우라의 한국인들은 놀랍게도 한 호주인의 방문을 받았다. 프랭크 커닝햄(권임함)이었다. 그는 한국에서 선교사로 활동했던 목사이다. 그는 한국인 전쟁포로가 NSW주에 있다는 소식을 듣고 멜본에서 일부러 방문한 것이다. 그는 한국인 포로들을 만나 위로하고 선물도 주며 '우리나라에서 뜻밖의 한국인들을 만났다'고 하였다. 그 후 그는 몇 차례 카우

---

164) 양명득, 23.
165) Gordon, 82.
166) 앞의 글, 82.

라를 방문하여 한국어로 위로하며 예배를 인도하였다.[167]

그러던 중 카우라에 수용된 전쟁 포로들이 탈출하는 사건이 생기게 되었다. 1944년 8월 5일, 천여 명의 일본군 포로들이 식칼과 방망이를 이용한 흉기로 간수들을 위협하며 4명을 살해 후 철조망을 넘어 탈출한 것이다. 이 과정에서 많은 포로가 죽임을 당하거나 자살하였는데 한국인이 포함되었다는 기록은 없다.

1945년 일본이 패망하자 한국인 포로들은 포로의 신분에서 벗어나 한국으로 귀향하였다. 1946년 3월 6일 구 일본해군 '요이쯔기' 구축함 편으로 시드니에서 파푸아뉴기니를 거쳐 한국으로 송환되었는바 당시 돌아온 한국인 포로는 156명이었다. 호주 정부가 반강제로 출국시킨 포로는 한국인뿐만 아니라 일본인을 포함한 많은 아시아인이었다. 이들을 태운 요이쯔기호는 호주 신문에 의하여 '지옥의 배'으로 보도되었고, 함께 타고 있던 어린이들과 여성들의 안전문제도 제기되었다. 한 대만인은 '항해 도중 일본인이 우리를 죽일 것'이라며 배에서 뛰어 내리는 등 그 당시 험악한 상황이 그대로 기사에 남아있다.[168]

현재 카우라에는 이인대라는 한국인 무덤이 남아있다. 호주국방부의 기록에 의하면 그는 1878년 11월 22일 부산 출생으로 1942년 1월 27일 인도네시아에서 체포된 것으로 쓰였고 가족 사항은 기록되지 않았다.

이로부터 수년 후인 1950년, 이번에는 호주인이 집단으로 한국을 방문하였다. 한국 전쟁에 무려 17,000명이 파병된 것이다. 이들은 가평 전투 등 주요 전투에서 활약하며 대한민국 평화 수호에 이바지했으며, 340명이 전사하고 1,216명이 부상을 입었다. 호주군은 UN군의 일원으로 22개 참전국 중 5번째로 도착하여 싸웠으며, 전사자는 부산에 있는 재한유엔기념공원 내에 안장되어 있다. 한 가지 흥미로운 사실은 1891년부터 1935년까지 한국에서 활동한 이사벨라 멘지스가 당시 파병을 결정한 호주 수상 로버트 멘지스의 고모였다.

---

167) '더 크로니클', 7.
168) 'Sydney Daily Mirror', March 6, 1946.

<참고도서>

양명득, '한호간 초기 인적교류와 한인사회 형성', 『호주한인50년사』, 2008.

<영문자료>

빅토리아여선교연합회, 「더 크로니클」, 1944년 2월 1일.
고든 해리, 『Die Like the Carp』, NSW, 1978년.
「시드니데일리미러」, 1946년 3월 6일.

17. 국회의장 신익희의 방문

(신익희, 1894-1956)

　　1953년 당시 대한민국 국회의장이었던 해공 신익희가 호주를 방문하
였다. 영국 엘리자베스 여왕 2세 대관식 참석차 영국을 방문하고, 한국 전
쟁 참전국들에 감사하며 세계 여러 나라를 친선 방문 중 호주에 입국하게
된 것이다. 시드니와 캔버라를 방문하여 호주 정치인들을 만나며 한국 전
쟁 시 호주군의 참전에 감사를 표하였다.

　　호주방문 다음 해인 1954년에 신익희는 자신의 모교 와세다대학 동창
회 발행으로 신익희는 '여행기'란 제목의 책을 발행하였다. 그리고 부제목
으로는 '영여황제관식참관 및 민주우방 친선방문실기'라고 달았다. 이 소
책자에 호주방문에 관한 글과 사진이 다섯 페이지에 거쳐 기록되었다.

　　'시드니와 캔버라 방문기'는 시드니공항에 내리면서 시작되고 있다. 신
익희의 일행은 시드니에서 하루를 묵고 캔버라로 이동하였고, 자신의 글에
호주의 수도로 캔버라가 된 배경을 설명하였다.

　　"8월 4일에 수도 '캔버라'로 가서 외무대신 '캐시' 씨와 차관 '푸림솔' 씨
를 만나서 한국 국민의 감사한 뜻을 표하였다. 특히 '푸림솔' 씨는 UN의 주
한 호주대표로서 한국 문제에 대하여 많은 공적을 한 분이다. 매우 친절하
게 대접하였다. 나는 한국 전선에 와서 희생한 모든 무명전사의 묘지를 찾
아 경의를 표하였다."[169]

　　신익희는 호주의 정치구조와 경제산업 그리고 백인들에게 산간벽지로
밀려난 원주민의 처지에 관한 설명도 하였다. 특히 호주의 백호주의에 관
하여 언급하고 있는바 이것에 관한 일본의 태도를 강력하게 비평하였다.

　　"제1차 대전 후 파리 담화회의 당시에 일본 대표가 유색인종의 차별철
폐를 제출하였을 때에 가장 강렬히 반대하였던 것이 당시 호주 수상이었
다. 일본은 이웃인 우리나라를 병탄하여 같은 유색인종인 우리 국민을 노
예화하고서 이러한 주장을 하는 그 자체가 이미 부정하니 어찌 남의 차별
을 운운할 수 있었으랴?"[170]

　　독립운동가인 신익희는 일본의 이중적 태도에 통탄하면서 자신의 '여
행기'에 그 감정을 숨기지 않았다. 그는 호주방문을 무사히 마치고 뉴질랜
드의 수도 웰링턴으로 떠났다.

---

169)　신익희, 142.
170)　앞의 책, 143.

그로부터 6년 후인 1959년, 외무대신 리차드 캐시가 한국을 방문하여 이승만 대통령을 만났다. 한국과 호주 간의 공식 외교 관계가 점차 구체적으로 진행되고 있었고 그의 보고서에는 다음과 같은 내용을 담고 있었다.

"먼저 그는 이번 방문에서 이승만 대통령을 만난 사실을 밝히며 호주 정부가 1947년부터 외교관 대표를 한국의 유엔 사무실에 파송하였고, 한국전쟁이 발발하자 미국 다음으로 즉각 군대를 파병하였으며, 한국에 대한 경제 지원은 천이백만 달러에 달해 경제 지원 국가 중 네 번째로 많은 원조라고 밝히었다."[171]

1961년 한국과 호주 정부는 양국 간의 대사관 설치를 위한 공동성명을 발표하였다. 그리고 마침내 1962년 1월 23일 한국 정부의 영사관이 승격되어 대사관이 시드니에 개설되었고, 6월 5일에는 호주대사관이 서울에 개설되었다.

<참고도서>

신익희, 「여행기」, 조대동창회, 1954.
양명득, '한호간 초기 인적교류와 한인사회 형성', 『호주한인50년사』, 2008.

---

171) 양명득, 29.

18. 첫 결혼이민자 곽묘임

(곽묘임, 1933-)

　　호주의 한인 이민사는 '호주 한인 50년사'라는 제목으로 2008년 출간 되었다. 한국인의 호주 이민이 정확하게 언제부터 시작되었느냐는 논쟁이 당시 동포사회에서 있었지만, 호주한인50년사 편찬위원회는 1957년 호주 시민권을 받은 곽묘임을 기준으로 '50년사'라고 제목을 붙였다.[172]

　　당시 편찬위원회 위원이었던 필자는 캔버라와 멜버른의 고문서관에서 호주 정부의 '연감'과 '가제트'를 펼쳐보았다. 호주 정부가 매년 발행하는 연감에는 그해 시민권을 받은 사람들을 국적별로 숫자만 밝히고 있다. 먼 저 본 연감에 코리언이 처음 등장하는 해가 1958년으로 그 전해인 1957년 한 명이 시민권을 받았다는 기록[173]이다. 1900년대 초 백호주의가 시퍼렇 게 작동하고 있을 때부터 한국인들의 호주방문이 있었지만, 1957년에 가 서야 첫 시민권자가 나왔다는 다소 놀라운 발견이었다. 그의 이름 또한 무 엇인지 혹은 어떤 경로로 호주까지 왔는지에 대한 설명도 없었다.

　　그 후에 본 '가제트'에는 시민권 받은 사람들의 명단이 기록되어 있는데 그곳에서 찾은 그 한국인이 바로 '묘임 가렛'이었다. 성으로만 보면 한국인 이 아니지만, 이름으로 확인하니 코리언이었다. 그렇게 가렛이란 성을 가 진 호주인과 결혼하여 호주에 온 곽묘임을 최종적으로 확인하였다.

　　"묘임 가렛. 1933년 2월 7일 한국 경상북도 태생. 검은 머리와 갈 색 눈동자. 1956년 11월 4일 일본에서 호주 도착. 1957년 11월 21일 시민권 받음. 주소: 39 Malaya Road, Puckapunyal, Victoria. 시민권 번호: EF10024248."[174]

　　곽묘임은 호주에 입국할 당시 23살이었고 일 년 후에 시민권을 받았다. 그녀는 호주인 성을 가지고 빅토리아주에서 살았다. 호주인과 결혼하여 입 국하였는데 그는 리처드 가렛이란 이름의 호주군인이었다.

　　그 후 필자는 곽묘임이라는 여성의 이민 이야기를 추적하였다. 아직 생 존해 있을 수 있다는 생각에 심지어 시민권 증서에 쓰여있는 위의 주소로 편지를 보내기도 하였다! 그녀를 찾을 방법을 다각도로 찾던 중 그녀의 호 주군인 남편을 생각하며 호주재향군인회에 연락을 취하였다. 그리고 재향

---

172)　양명득, 19.
173)　호주통계자료처,, 607.
174)　호주시민권증서, 1957.

군인회 소식지에 "리차드 혹은 묘임 가렛을 찾습니다"라는 제목의 광고가
올라왔다.

"호주 시민권을 취득한 최초의 한국인으로 알려진 리처드 가렛과 결혼
한 묘임 가렛을 찾습니다. 리처드는 1952년 7월 24일부터 1953년 8월 20
일까지 한국에서 복무했습니다. 가렛 상병은 1954년에 호주로 귀국하여
푼카푸냐에서 군 복무를 계속했습니다."[175]

얼마 후 필자에게 한 개의 전화번호가 주어졌다. 그리고 곧 곽묘임 할머
니와의 첫 통화가 이루어졌다. "혹시 당신의 이름이 곽묘임인가요?" 전화
를 통하여 전달되는 필자의 목소리가 떨렸다. 마침내 4년여 동안 연구해 왔
던 곽묘임을 찾은 것이다. 등잔 밑이 어둡다고 그녀는 시드니에 30여 년 동
안 살고 계셨다.

곽 여사 댁을 찾았을 때 초로의 할머니와 할아버지가 그곳에 서 있었다.
세월의 흔적이 곽 여사의 얼굴에 앉아 있었지만, 사진으로 보았던 20대 초
반의 고운 분위기가 그대로 느껴졌다. 호주인 남편 가렛 씨는 "당시 아내는
굉장히 매력적이고 사랑스러운 여성이었다. 용기를 내어 청혼을 하였다"고
말하였고, 곽 여사는 "가렛이 서양인이었지만 자상하고 믿음직스러웠다"
고 회고하였다.

당시 곽 씨는 꿈 많은 20대 초반의 여성으로 패션 디자이너를 희망하였
지만, 한국 참전 군인인 가렛 씨를 만나면서 인생이 바뀌었다. 곽 씨의 부모
는 딸을 이역만리의 백호주의 나라인 호주로 보내는 것을 기뻐하지 않았
다. 동시에 신랑의 부모도 아시아 여성을 며느리로 들여온다는 것을 탐탁
하게 여기지 않았다. 당시 백호주의 시대가 그러했다. 호주 정부도 가렛 씨
가 먼저 귀국한 후 2년 동안의 '냉각기간'을 갖도록 하였지만, 서로에 대한
애정은 계속되어 곽 씨는 마침내 1956년 호주에 입국하였다. 결혼식은 시
드니에서 양가 부모의 참석 없이 조촐하게 치렀다.

그 후 곽 씨는 직업군인 남편을 따라 호주에서의 이민 생활을 시작하고
박봉인 남편을 도와 온갖 일을 하며 가정을 세우는데, 가장 어려운 것 중의
하나가 음식과 외로움이었다고 토로했다. 호주식대로 아침에 '시리얼'을

---

175) RSL 오스트레일리아, 2009.

먹는데 이곳 사람들은 아침부터 '과자'를 먹는 것을 이해하지 못했으며, 고독한 마음을 나눌 친구가 없었다는 것이 특히 힘들었다. "그곳 생활이 힘들면 언제라도 돌아오라"라는 부친의 당부가 종종 생각났지만 곽 씨는 호주에서 죽겠다는 각오로 새 땅에 정착하였다.

본인을 기준으로 '호주한인50년사'가 2008년에 시드니 동포사회에서 출간되었다고 하자 놀라며, 본인이 첫 시민권자인 것을 모르고 있었다고 말했다. 또한, 캔버라와 멜버른 고문서 자료관에 보관되어 있던 본인에 관한 자료가 세상에 공개되었다고 하니 그것이 알려질 만한 가치가 있는가 하며 부끄러워하였다. 곽 씨에게 자신을 한국인으로 생각하는지 일본인으로 생각하는지 물어보니, 한참 고민 후에 본인은 호주인이라 대답을 한다. 호주에 살면서 한국말을 잊어버려 한인사회에도 가지 못하고, 또 출생이 한국이니 일본 사회에도 끼지 못하고 있다는 설명이었다.

그러나 곽 씨는 지금까지 보관해 온 대구에서의 출생증명서를 필자에게 보여주며, 언제 기회가 되면 시집온 후 수십 년간 못 간 고향을 꼭 다시 한번 찾아가고 싶다고 말했다.

<참고도서>

양명득, '한호간 초기 인적교류와 한인사회 형성', 『호주한인50년사』, 2008.
연합뉴스, '호주 시민권 1호 한인여성은 곽묘임 씨', 2010년 3월 28일.

<영문자료>

RSL 오스트레일리아, '더 보이스', 2009년 8월.
호주통계자료처, 『The Australian Year Book』, 1958년.

Korea & Australia:
The Early Pioneers

I.

From Australia to Korea

II.
From Korea to Australia

Jeff Robinson
(Australian Ambassador to the Republic of Korea)

I am very pleased to celebrate the publication of *Korea & Australia: The Early Pioneers* for Korean and Australian readers.

This remarkable book shines a light on 18 extraordinary individuals—Australians who dedicated themselves to Korea, and Koreans who forged new paths in Australia—whose courage, empathy, and vision helped lay the earliest foundations of our bilateral relationship.

Their stories remind us that the Australia-Korea partnership has been built not only through diplomacy, but through people. They highlight the human connections, shared values, and mutual respect that continue to strengthen our ties today.

I hope this book will deepen readers' understanding of the 130 years of close people-to-people links between Australia and Korea and inspire future generations to continue building the friendship between our two countries.

I would like to extend my warmest congratulations to Dr. Myong Duk Yang on this meaningful achievement.

Yeo In-sok

(Professor, Department of Medicine, Yonsei University College of Medicine)

First and foremost, I would like to congratulate on the publication of *Korea & Australia: The Early Pioneers*. The author, Dr. Myong Duk Yang, has conducted more extensive research on Australian missionaries in Korea than anyone else. Thanks to his research, we have gained a detailed understanding of the hard work and contributions of those, who toiled in this land, spreading the gospel, establishing hospitals, and caring for the sick.

Furthermore, this book expands beyond its scope, highlighting a diverse range of individuals who served as bridges between Korea and Australia. The stories of individuals previously unknown to the world, brought to light by Dr. Yang's relentless pursuit, are included in this book. Furthermore, what makes this book truly significant is that it is not a one-way journey from Australia to Korea; it also includes the stories of Koreans who traveled from Korea to Australia, creating a true history of Korea-Australia exchange. Perhaps it's my limited knowledge, but I believe this is the first book of its kind.

While recent exchanges with Australia have been relatively active, the common perception is that a century ago, Australia was merely a distant southern hemisphere nation with little connection to Korea. However, Dr. Yang's new book empirically demonstrates the fallacy of this common belief. We live in a harsh international order where relationships between nations are shaped by national interests. This international order may seem inevitable and natural. However, it clearly demonstrates that the pure dedication and goodwill of individual Australian missionaries can serve as a catalyst for amicable relations between nations. I am confident that Dr. Yang's book will contribute significantly to further enriching and enriching the already beautiful relationship between Korea and Australia.

Myung Ha Hwang

(Ambassador for Overseas Public Relations of Heritage of Korean
Independence, Former President of HKI in Australia Inc.)

Heritage of Korean Independence(HKI), a public corporation under the Ministry of Patriots and Veterans Affairs of the Republic of Korea, annually identifies domestic and international independence activists and continues to develop and restore historical sites related to the independence movement. In 2022, the government upon the recommendation of HKI in Australian, honored three individuals, including Margaret Davis, who is featured in this book, as independence activists. This marks the first Australians from Oceania to receive the honor.

Early in the history of Korea and Australia, Australians who came to Korea were active in various fields, including education, medicine, religion, social welfare. Koreans who went to Australia also fostered exchanges in various fields. It was a difficult time, with Korea under Japanese colonial rule and Australia firmly closed to the outside world under the White Australia Policy. Nevertheless, these courageous pioneers reciprocally visited each other, fostering personal exchanges and friendships.

The author of this book, Dr. Myong Duk Yang, has published several books based on extensive research on early Korean and Australian history. This book features a special selection of 18 early pioneers from both countries, written also in English for the benefit of Australians and next generations. We are grateful for Dr. Yang's hard work and contributions.

HKI in Australian Inc. has long promoted next generation education and scholarship programs to foster unity and the spirit of independence within the Korean community in Australia. We are delighted to publish this book and I extend my gratitude to the President Hyoung Kim in Australia.

This book is written for general readers interested in the early history of human exchange between Australia and Korea. Most of my books have been displayed in the religious section of bookstores, often overlooked by non-Christians. Furthermore, I wanted to share the stories of these early pioneers with Koreans who are traveling to Australia for various reasons, as well as Australians who are visiting Korea out of liking for the country, to add to their imaginations on their journey. At the same time this book aims to provide a reference resource for researchers from both countries interested in the shared history of Australia and Korea.

I extend my deepest gratitude to Australian Ambassador to Korea Jeff Robinson and Professor Yeo In-sok of Yonsei University College of Medicine, who wrote congratulatory messages for this book. I also extend my gratitude to Hwang Myung-ha, Overseas Public Relations Ambassador for Heritage of Korean Independence, who recognized the value of this book and readily proposed its publication. I am also pleased that Heritage of Korean Independence in Australia has participated in this project.

Finally, I would like to express my sincere gratitude to the Archives of the Presbyterian Church of Victoria and of the Uniting Church in Australia for providing me with valuable resources for the research and publications.

Myong Duk Yang
(Director, Center for Australia & Korea Culture)

I.

From Australia to Korea

1. Joseph Henry Davies, the First Pioneer

(Joseph Henry Davies, 1856-1891 & Mary Davies)

The death of Joseph Henry Davies, who had left for Korea in 1889, was announced in Victoria, Australia.

"Obituary: Davies – Seoul, Korea, Rev. Henry Davies, M.A., formerly Headmaster of Caufield Grammar School, of smallpox, aged 33."[1]

Davies's family and friends were deeply shocked and heartbroken by the news of his death. It had been less than six months since he had departed to Korea, to much anticipation and farewell from many Australians. However, Davies's death marked the beginning of a relationship between Korea and Australia. Following in his pioneering footsteps, many Australians subsequently traveled to Korea, thus began the human exchange and friendship between the two counties.

Davies Family

Henry(Harry) Davies was born in New Zealand in 1856. His family had emigrated from Scotland to New Zealand, and Henry was born there in the North Island. Henry already had one older brother and three older sisters. The Davies family relocated to Melbourne, Australia, in 1860 due to war in the Island.

Life for the Davies family was not easy there either. Davies's father, a lawyer, died when he was twelve, and his older brother and sisters also left to pursue their own careers, leaving Henry responsible for raising his seven younger brothers. Like most immigrants, the Davies family moved around several times, eventually settling in a house in St. Kilda known as 'Marina Villa'.

Fortunately for Davies, he worked for a decent salary at his father's law firm, Jennings & Coot. His salary supported the family, and his older sister Mary cared for their ailing mother and children.

Influenced by his father, Henry embraced the Christian faith of the Plymouth Brethren, a fundamentalist evangelical denomination that practiced piety and abstinence from worldly pursuits, a Puritanical faith. He also attended the Gallic-speaking St. Andrew's Presbyterian Church in Carlton.

Davies also related with St. Mary's Church, an Anglican church in Glen Eyra Street, Caurfield. It was here that Father Hussey Macartney was present, and Henry was influenced by him. While studying at the University of Melbourne, He

---

1) 'The Argus', April 11, 1890, p. 1.

passed his first-year examinations but considered abandoning his law degree. He considered the legal profession too secular for him.

In accordance with his faith, Davies at last was sent to India by St. Mary's Church on August 27, 1876. His second sister, Sarah, was a missionary there. However, his missionary work in India was unsuccessful. He was ignorant of Indian culture, and his Brethren faith was at odds with the local Anglican administration and missions. Furthermore, he lacked financial support. Furthermore, he suffered from health problems, suffering severe stomach aches from food and contracting malaria.

Finally, Davies returned to Australia in 1878. However, he hoped to return to India with the qualifications he needed, a conviction he maintained ever since. However, his personality changed significantly.

Horace Webber, who later wrote a history of Caufield Grammar College, analyzed Davies's personality as follows:

"As a result, Joseph Henry Davies became pathologically introverted, idealistic rather than practical, impulsive and stubborn, driven by the desire to be guided by a divine finger. He was gentle and kind, but also tactless and insensitive."[2]

Caulfield Grammar School

On April 16, 1881, another opportunity presented itself to Davies: he started a small private school. He took over the isolated 'Rollie Shop' on Glen Huntley Street, behind Elstonwick Railway Station. The lower floor behind the shop served as classrooms, and the upper floors as boarding houses. Nine students enrolled.

"Harry renamed the shop Caufield Grammar School, put up a sign for the world to see, and began to run the school."[3]

Davies started the school purely as a means of supporting his family. A classics major, he tutored one or two students, and as the school grew, he enrolled them in the school. As the student body grew, he faced a decision: either expand it to a larger institution or abandon it and head to India. He decided to expand the school and began investing heavily.

---

2)   Webber, p. 10.
3)   Thompson–Gray, pp. 139–140.

Davies developed the philosophy of "Wholistic education for life" at the school. Christian teachings and daily Bible study became hallmarks of the school. There was also a robust extracurricular program, and sports classes were held every Saturday, utilizing the large sports field. Cricket and tennis were played in the fall, football in the winter, and track and field in the spring.

"The primary goal of the school is to make (students) Christians. Academic training is a necessary part of holistic education, including sports."[4]

By 1883, enrollment had grown to 63 students, and by 1884, the school was beginning to attract public attention. Davies's school was distinguished from traditional public schools. It was a Christian school, but it was non-denominational, not affiliated with any denomination. It was also a private school, not a public one, and even had boarding facilities. This branding was an excellent choice at the time.

Moreover, the location of the school offered significant advantages. Caulfield Grammar was the first school established in Elstonwick. It had no competition, and even if other schools did open, it would have a significant advantage. Davies, who had no prior experience in school management, learned the ropes and developed the school rapidly.

At the same time, Davies had another hobby: walking & hiking mountains. He would leave Melbourne and hike for days on end on trails like the Warburton Pass in the Victorian Alps. For Sarah's mission in India, he traveled to Ballarat, handing out leaflets titled "Hope," raising funds and promoting his school. He preached in the area, sometimes by train, sometimes on foot, and reportedly reached 600 young people from the Victorian Church.

By 1886, the student population had grown to 100. With 30 boys in the boarding house, one housemaster, Mary, was inadequate and professional administration was needed. His younger brother, John, had become a pastor in the Presbyterian Church. Henry felt relieved of his family responsibilities and, if anyone bought the school, saw it as a sign from God to go to India.

In 1888, Davies sold the school for 10,000 pounds. With the money, he paid off all debts and cleared the mortgage. On August 22, Harry's 32nd birthday, the school bid farewell to Henry and Mary. The farewell party was filled with speeches, applause, and thanks and gifts were given to them.

---

4)   Ibid., p. 141.

Where to?

Davies could have returned to India immediately. This time, he had enough funding. But everyone was worried. It was his health. There was no definitive cure for chronic malaria, and he was returning to tropical India.

Davies told Father Macartney of his plan. At the time, the priest was preparing a small mission journal for publication and was preparing to include Bishop Wolfe's letter from October 1887 in the journal. Davies happened to come across the contents, titled 'An Important Letter from Bishop Wolfe,' and read it. The priest saw Davies's eyes widen as if God had answered his prayer.

"The climate is also mild there," the priest continued. "But in Seoul, the capital, there are only a few workers. Perhaps that's all you need, and you just need to learn the language. The Presbyterian Church in USA is leading the mission in Seoul. However, ordination in the Presbyterian Church, like in the Anglican Church, will take six months."[5]

Thus, Davies decided to go to Korea. However, he could not be sent by the Anglican Church. Korea was not a mission field for the Anglican Church at the time. With the help of Rev. John Ewing of Toorak Presbyterian Church and his brother Rev. John Davies, who had already part of Presbyterian Church, he was able to attract the attention from them. Through Ewing's arrangement, a petition was submitted with the signatures of 17 leading delegates, requesting approval for Davies to go as a missionary to Korea.

Davies returned from a short period of intensive study in Edinburgh, Scotland, to expedite his ordination. He finally passed the ordination examination administered by the Melbourne Presbytery with excellent grades and was ordained.

Finally, to Korea

The news of Davies's ordination and sending to Korea was announced in newspapers in Victoria.

"The ordination of Mr. Henry Davies will be held at the Scots Church on

---

5)   Ibid., p. 81.

August 5th, and he will depart for Korea as a missionary."[6]

The news attracted widespread attention. The preacher at the Commissioning Service noted Davies's high intellectual ability and conscious dedication, stating that his sincerity was entirely driven by his calling as a missionary. "Davies has given up his position as principal of Caufield Grammar School to devote himself to missionary work."[7]

A week later, a commotion erupted at the Melbourne Harbour Station. A large group of students from Caulfield Grammar School had unexpectedly come out to bid farewell to Henry and his sister, Mary, who were accompanying him on his journey to Korea.

From Seoul to Busan

After a 40-day voyage, the Davies siblings arrived in Busan on October 2, 1889. They then sailed again, disembarked at Jemulpo, and arrived in Seoul on October 5. This was five years after the first American missionary Horace Allan set foot on Korean soil. At the time, about 20 missionaries from the United States and Canada were living in Seoul, and the Davies siblings began associating with them. They also began learning Korean and visiting nearby villages.

Davies kept a diary and sent letters to Australia detailing his impressions of Korea. Excerpts from these letters were published in the newspapers of the day, 'The Daily Telegraph' and 'The Argus', and the unknown country of Chosen or Korea, began to be known to Australians.

Davies's diary entry for January 19th shows that he was already conducting a communion service for Koreans. "For the first time, I administered Holy Communion to Koreans. There were only three boys, one elderly man, one woman, and five foreigners besides us. Still, I am truly grateful."[8]

While Davies was in Seoul, the Missionary Council was established, with American missionary John Heron as president and Davies as secretary. After Henry's death, the American missionaries left the following comments, indicating that, despite his short time, he had left a lasting impression on them.

---

6) 'The Argus', July 11, 1889, p. 5.
7) Ibid., August 6, 1889, p. 6.
8) Davies, 1890.

Missionary Underwood described Davies as a passionate, outstanding, and devout man, and considered him one of the most valuable missionaries to Korea.

"Underwood, sensing a sense of camaraderie in him, especially with his fervent heart and keen intellect, repeatedly begged him to work with him in Seoul. Davies, possessing considerable proficiency in classical languages, urged him to devote himself to translating the Bible with Appenzeller and others. However, his immediate need to bear witness to Christ prevented him from possessing the patience to prepare for future missionary work."[9]

Missionary Samuel Moffett described Henry in a letter: "If it had not been for Rev. Davies of the Victoria Presbyterian Church, who had been a schoolmaster in Australia for many years and a missionary in India for eighteen months, we would have suffered greatly for lack of experienced ministers."[10]

His American and Canadian colleagues in Seoul insisted he was essential there, but the stubborn Henry said,"I am not so young as to think that only one person is essential." From the beginning, he had considered Busan as his mission field.

On March 14, 1890, Henry Davies set out for Busan with his Korean teacher and donkey coachman. This three-week journey is well documented in his diary, which has survived to this day. Leaving Seoul, he traveled a long 300 miles, passing through Gyeonggi Province, including Suwon, and Chungcheong Province, including Gongju, and finally reaching Gyeongsang Province.

During his journey, he enjoyed meeting Koreans and selling gospel tracts. He also had to avoid stones thrown at Westerners by children. He also endured persecution by local officials near Jinju. Despite the passing of winter, the weather remained cold, and his cold developed into pneumonia, which directly led to his death. He also contracted smallpox.

By the time he arrived in Busan, he had to be carried by others. He received treatment and care from a Canadian and a Japanese doctor, but he ultimately died on April 5, 183 days after his arrival in Korea. Upon hearing the news of his brother's death in Seoul, Mary returned to Australia in grief.

---

9)   Lee, 56.
10)   Moffett, 10.

"Not lost. but gone before"

On Friday, April 11, 1890, the family's obituary for Henry Davies appeared in The Argus, Melbourne's newspaper. Four days later, the church also announced the tragic news and held a memorial service. The Presbyterian Church of Australia recorded the following about Henry Davies: The Overseas Mission Board wishes to record its deepest feelings regarding the great loss. The church has confirmed the untimely death of our first missionary to Korea, Henry Davies. Davies's focused dedication to missions, his remarkable ability as a scholar, his consistent Christian life, and his ability to attract others, made him excellently suited to launch and carry out a new mission with the expectation of success.

This experience demonstrated the "open door" that Christ began His mission before His Church, and the impact of this mission has influenced and encouraged our young people in many ways.

While we deeply mourn our loss, we remember that Davies gained nothing but gain. Our Lord, as He did Stephen, has glorified him and given him early rest and reward. May our expression of hope bring comfort to the grieving family and inspire many others by the work of the Holy Spirit. May we, by practicing this same spirit, receive the same crown of glory bestowed upon our beloved brother who has departed.[11]

The president of the Youth Fellowship Union, who supported Davies, also stated that he could not give up on Korea, writing the following:

"The Death of Henry Davies.

We do not believe that missionary work in Korea will cease. However, our question is this:

"Who will leap into this opportunity?"

"Who will be baptized for the dead and continue his mission?"

May the Lord of the harvest send laborers into the orchard.

Robert Gillespie."[12]

Less than two years after Henry Davies's death, five courageous Australians followed in his footsteps and arrived in Busan, Korea. By the time all foreigners

---

11)　'Minutes of the Presbyterian Foreign Mission Committee',May 7, 1890.

12)　'The Presbyterian Monthly,', May 1, 1896.

were expelled by the Japanese in 1942, a total of 78 Australian missionaries, more women than men, were active in Busan, Gyeongnam Province, Seoul, and Pyongyang. This is how Australia, its country, culture, religion, and people, became known to Korea, and it also became the catalyst for Koreans with ties to Australia to begin entering the country.

<References>

Davies, H., *Henry Davies' Diary*, 1889-1890.

Presbyterian Church of Victoria(PCV), *The Presbyterian Monthly*, Melbourne, 1896.

PCV, 'Minutes of the Presbyterian Foreign Mission Committee,' Melbourne, May 7. 1890.

Presbyterian Women's Missionary Union(PWMU), *The Chronicle*, Melbourne, 1889-1891.

The Argus, Melbourne, 1896.

Weber, H, *Time Passes, Caulfield Grammar School* 1881-1981, Belcourt Books, 1981.

<Korean References>

Lee, SG, 'A Bold Dot Marked by Thirty-Three Years of Life', *Christian Review*, 2009.

Ok, SD, edited and translated, *Mapo Samyeol Data Collection 1*, Saemulgyeol Plus, 2017.

Thompson-Gray, J, "*Henry Davies and His Nephews, the First Missionary to Australia*" Seoul, 2020.

Yang, MD, *Joseph Henry Davies*, Seoul, 2024.

2. Isabella Menzies, Pioneer in Women's Education

(Isabella Menzies, 1856-1935)

Isabella Menzies was born in 1856 in Ballarat, Victoria, Australia. Her parents, Robert and Elizabeth, were pioneers of Ballarat, a gold-mining town, and they lived there their entire lives. Menzies was the eldest daughter and had nine siblings. Her mother was a woman who embraced not only her children but also many others and was a deeply religious person. Menzies grew up under her mother's influence, becoming an indispensable daughter, like her right hand.

Menzies began her religious life while attending St. Andrew's Church, where she was baptized. She later became a member of Ebenezer Church. She was respected and loved from an early age by those who knew her. Among Menzies' Sunday school students was Robert Watson, who later went to Korea as a missionary. Menzies served as the first secretary of the Ebenezer Women's Missionary Union branch, and while serving, she felt called to become an overseas missionary and applied to Korea. The Victorian Women's Missionary Union approved her, and she arrived in Korea two years after the death of the first Australian missionary, Henry Davies. Along with four other Australians, Mr and Mrs James Mackay, Mary Fawcett, and Jean Perry, she arrived in Busan on October 12, 1891.

The Trials of the First Winter

The first challenge for Menzies and the missionaries was to survive their first Korean winter. They attempted to rent a thatched-roof house to survive the coming winter, but this proved impossible. As a last resort, they settled for a mud-brick hut within the Japanese settlement. Spending their first winter in Korea in a shabby warehouse-like space was the reality for pioneers. Tragically, Mackay's wife, Sarah, died three months after their arrival, becoming the second casualty of the Korean winter, following Henry Davies.

Finally, Menzies and the other female missionaries purchased a house and land in Busanjin. With the help of a Korean language teacher, they purchased a thatched-roof house and began living with Koreans. The neighbors were initially suspicious of these foreign women and reportedly said, "Let's not let these Western women live among us." Despite the persuasion of the Korean language teacher and the previous owner, the people continued to threaten the missionaries, but they finally found a home.

In 1892, they built a Western-style house on the land they purchased, which became the Australian Mission's first mission house. Two years later, another mission house was built for the female missionaries, which later served various purposes, including as a missionary residence, an orphanage, and a school.

Just as the mission work in Busan was beginning, Mackay, his new wife, Fawcett, and Perry left or resigned one after another. Of the five missionaries who had been sent with them, only Menzies remained. Menzies, Elizabeth Moore, who arrived soon after, and Agnes Brown, who had succeeded Perry, lived and worked in Jwacheon-dong, Busanjin.

Orphanage and Education

Learning Korean was paramount for Menzies. She began learning Korean from a man in his early thirties named Sim Sanghyeon, an English-speaking man. Sim, a man deeply immersed in Confucianism, but later confessed his faith in Jesus while teaching Menzies the language and assisting her in her work. On April 22, 1894, he and two other women were the first Christians in the Busan area to be baptized."[13]

The Australian women studied Korean and built relationships with Koreans in their community, especially women and children. One day, they came across an abandoned child in front of their house. Recognizing the child was an orphan, they cared for her and began the orphanage project. While not initially planned, it was a natural outgrowth of local needs, leading to a welfare activity. It was 1893, and the orphanage would later be known "Myoora Orphanage." Myoora was the name of the residence of Mrs. Harper, president of the Victoria Women's Missionary Union, and in Aboriginal language, it meant "sanctuary."

Menzies took the lead in running the orphanage, and two years later, in 1895, the number of orphans increased to 13. As the population grew, the need for education, as well as better accommodation, became apparent. Later that year, a three-year elementary school program was launched. This was the beginning of Ilsin Girls' School. It was the first girls' school south of the Han River in Seoul, the first educational institution of the Australian Mission, and the first modern

---

13)   Kim, 101.

women's educational institution in the Busan and Gyeongnam region.

Menzies was the first principal of Ilsin Girls' School, which opened in October 1895, and Moore also assisted as a teacher. At the time, the school's curriculum included Korean, Chinese characters, arithmetic, gymnastics, and the Bible and Christian faith. At the time, Korean culture was resistant to the education of women, and parents were indifferent to the idea of Westerners teaching Western religions, creating many difficulties. Menzies led the school by visiting the homes of absent students, meeting with their parents, and providing counseling.

"Afterwards, the number of students steadily increased, and the church expanded. On April 15, 1909, a new, single-story Western-style schoolhouse was built at 768 Jwacheon-dong. This school took shape and began its full-fledged educational activities as the Busanjin Ilsin Girls' School."[14]

Busan and beyond

When Menzies and other females settled in Busanjin and established an orphanage and girls' school, Sunday services were held in their homes. From then on, Menzies also led the church's work, serving as its pastor. The magazine "Ilsin" described the situation at the time as follows:

"At that time, there were no male missionaries, so it was customary for Menzies to lead the Sunday morning service. Sometimes, she would have another teacher lead, but in those cases, she had to prepare everything herself, and often the next day, she would be bedridden with a headache."[15]

Later, Rev. Gelson Engel arrived and held a Sunday service on November 4, 1900. His diary records that 63 people attended the morning service: 15 men and 48 women. With Engel's appointment to Busanjin Church, which had previously lacked a pastor, Menzies was able to naturally focus on education and welfare work, but she continued to assist in church work as Engel's interpreter.

Menzies also contributed to the establishment of a church in the Ulsan area. While Menzies and Moore were touring the Ulsan region, Lee Heedae, who became a believer, attended services in Ulsan with his family and neighbors at

---

14)   Ibid., 108.
15)   'Ilsin', 1936, 3.

Byungyung Church, the first church in the area.

Furthermore, Dongrae-eup Church(now Suan Church), also had Engel as its founding pastor, but the following record about Menzies is included: "The missionary work in the Dongrae area was carried out by the Australian female missionary, Menzies. She traveled extensively, gained several female believers, and established a place of worship in the area. Therefore, Suan Church can be said to have been started by these women."[16]

Another notable development during this period was the Korean Christian women who assisted and accompanied Menzies and other female missionaries. Kim Yusil, first appointed by the Victorian Women's Missionary Union in 1902, was followed the following year by Jeong Baekmyeong, Kim Dancheong, and Lee Sueun in 1903. Their assistance was a great help to Australian female workers who were unfamiliar with Korean geography and customs, and thus began a friendship between Australian and Korean women.[17]

Expansion of Girls' Schools

One of the early projects of Australian Mission was to operate an orphanage and girls' school in Busan. At the time, due to prejudice among Koreans, few girls were enrolled. However, by early 1907, 75 girls were studying in the daytime classes at the school. Anticipating further growth, it was decided to build a school with a capacity for 100 students. Fundraising began in Australia, and by February 1907, a total of 151 pounds, 6 shillings, and 8 pence had been raised.

The 1906 annual report, however, gives slightly different figures. Five years earlier, the girls' school had begun with five girls and nine orphans, but now had 85 students. Menzies writes that a larger space was required to accommodate all the girls. The Australian missionaries in Busan at the time were very interested in the girls' school and were actively cooperating with it.

Menzies also connected each orphan at the Myoora Orphanage with individual or church group sponsors in Australia, providing financial support and attention, and reported on their progress. She sometimes chartered a boat and accompanied

---

16)   '100 Years of Suan Church History', 2005, 78.

17)   PWMU, December 1, 1908, p. 12.

them on excursions to other ports in Busan. She also ran a night school for girls, with about 60 students attending. However, these girls were unable to attend regularly, as their parents refused permission for various reasons or were concerned that their indoctrination with Western theories would hinder their marriages. Teaching night school was one of Menzies' many tasks.

At the time, the Girls' School students received financial support from the Australian Church. The following is a list of their supporters and their Melbourne sponsors.: Jang Geumi (Ryrie Street Church Bible Study Group), Hong Gi (Toorak Friends), Jong Gi (Malvern Sunday School), Seo Maemul (Essendon Sunday School), Bok Soon (Dorcas Street Church), Bong Geum (Hawthorne Band Miss and Box Hill Sunday School), Sun Nam (Hope Miss, Darriwell), Jeong Soongae (Flemington Band Miss and Pecola), Deok Soon (Unassigned), Dal Soon (Friends in the Field), Deok Bogi (Friends in the Field).[18]

Menzies' health was deteriorating. The Victoria Women's Missionary Union and the Overseas Mission Board were concerned about her condition and unanimously decided to offer their prayers and sincere sympathy. However, Menzies was eventually forced to return to Australia. The Chronicle missionary reported that her health had deteriorated due to the stress and overwork of nearly 17 years of work, and that she left Korea in January 1908 and returned to Australia, where she spent about a year receiving medical treatment and resting.

Resignation

News of Menzies' resignation from her missionary duties arrived in early 1909.

"We deeply regret the resignation of Ms. Menzies, who served as a missionary for the Victorian Presbyterian Women's Missionary Union in Pusan for seventeen years. She returned to Australia in February last in failing health and has been under the care of doctors ever since. Fortunately, her health has recovered, and her strength is returning. However, she wishes to remain in Australia if it be God's will."[19]

---

18)   Ibid., May 1, 1907, p. 7.
19)   Ibid., January 1, 1909, p. 1.

The regular committee of the Union accepted Menzies' resignation and recorded the following words of gratitude: "We accept Menzies' resignation and wish to leave a record of our gratitude. We express our deepest gratitude for the dedication and capable service she has shown since her appointment to Busan in 1891 as a young missionary of the Women's Missionary Union. Now, as she departs for the important task of caring for her mother, she will continue her missionary work here, which will further advance our work."[20]

The Union also expressed sympathy for the women under Menzies' care in Busan and for the colleagues who relied on her. The resignation of Menzies, a veteran missionary in Korea, was the most heartbreaking change for the Union that year. The Union and Menzies hoped to maintain their relationship in some way.

Meanwhile, the Women's Missionary Union in Melbourne was regularly raising funds for the Busan orphanage and school. In mid-1909, a preparatory meeting for a bazaar was held in the garden of Mrs. Harper's house in Toorak, with representatives from thirteen branches attending. Each branch was assigned to operate a stall selling one or two items: food, cakes, flowers, produce, children's games, cards, fruit, Christmas trees, and animal exhibits. The girls at Myoora Home also sent Korean brass ware to Melbourne to be exhibited at a bazaar. This bazaar was held in November of that year with great success, raising over £1,100.

Back to Korea

Recovering, Menzies returned to Busan, Korea, on April 17, 1912, four years after her departure. The Busanjin congregation was tearfully rejoicing, declaring that no one could replace "Mrs. Min."(Menzies' Korean title and surname) Menzies was writing a letter from Busanjin on July 8. She was already back in charge of the Myoora Home, where she had been the first principal, and once again a mother to the students there.

At the end of 1912, Menzies sent a report on Myoora Home. At the time, 18 orphans were living in the orphanage, and nine of them, including Jang Geumi and Seo Maemul, were sponsored by the Victoria Church. The remaining six were students from a girls' school, living there like a dormitory. Two Korean teachers

---

20)　Ibid., p. 8.

and one housemaster were assigned to the students.

Menzies assigned each student a task to keep the house clean, and a points system was used to award them at the end of the year. The students attended classes during the day and learned household chores like cooking and washing dishes in the evening. After class on Friday afternoons, they would take their old laundry down to the river to wash it. They would boil it at home, hang it out to dry, and iron it on Saturday mornings. Pastor Sim's daughter, Sooni, also lived in the house and was a good friend of Bokyeong.

The following year, in early 1913, the first graduating class of BusanjinIlsin Girls' School began. They sent a photo to the Women's Missionary Union in Victoria along with a letter of thanks. They apologized for the poor quality of the photo and asked for their names to be included. They are Moon Soongeom, Yang Gwichu (Yang Hanna), Bang Sundal, and Park Deoksul. They express gratitude to God and the Union and ask for continued prayers.[21]

Highest Senior

In early 1914, a small commotion broke out at the orphanage. Mr. Noble Mackenzie and his wife, who were sleeping in the missionary house, were startled awake by the sudden sound of a baby crying. Someone had left the baby, less than five months old, in front of the missionary house and run away. Mrs. Mackenzie called Menzies, who immediately rushed over. The baby had several wounds, but it appeared to have been well-fed. Menzies and the teachers immediately washed the baby and gave it milk. Menzies then called the police.

The Japanese police arrived at the school, led by a local Korean police officer. After recording the entire story, the police asked what to do with the baby if the parents couldn't be found. Menzies immediately replied, "We have to take care of it. We can't just send it back to the streets, can we?" After the police left, a local student asked Menzies why they had called the police. Menzies explained that if the police didn't come, rumors would spread through the neighborhood and other children would abandon their babies there as well. Ultimately, the baby, unable to find its parents, ended up at Myoora. They named the baby Shinbok, meaning "New

---

21)   Ibid., July 1, 1913, 12.

Year's Fortune." Menzies adopted the baby and cared for her until she grew up and married.

Busanjin was the first place where female missionaries settled, and whenever new missionaries arrived at Busan Port, they would visit here first. The new female missionaries toured Myoora and Ilsin Girls' School, which they had only heard about, and were welcomed by Menzies and the other workers. Menzies, as the most senior of the male and female missionaries, welcomed them warmly and shared useful information with them.

The 25th Anniversary in Korea

1916 was a significant year for Menzies. Her "Celebration Service to Commemorate the 25th Anniversary of the Mission in Korea" took place on October 25th. While Menzies' report makes no mention of it, Hocking's letter captures the scene. Busanjin Church appears to have meticulously prepared for the event. They prayed for good weather on the day, and the church hall was decorated with flowers, potted plants, flags, and special chairs—all prepared by the Korean people.

During the celebration service, Pastor Sim Chumyeong explained the significance of the service, and the service began with hymns and prayer. Pastor Jeong Deoksaeng then described Menzies's arrival in Korea and his early ministry. This was written by Pastor Kim, Menzies' Korean teacher. The introduction was reported in detail by the Christian newspaper of the time, the Christian News. The following is an excerpt:

"The audience applauded the reading of Menzies's perseverance despite numerous hardships and trials experienced during his zealous evangelistic work; his recognition of the urgent need for Korean women's education, his establishment of a girls' school, and his sincere dedication to the upbringing of innocent children, which he nurtured with all his heart. His dedication to the Busanjin Church, which he founded, even to the point of his hair turning white, was a testament to his dedication and leadership..."[22]

The church also presented Menzies with a silver medal, a gold and silver

---

22) 'Kidok News', November 8, 1916.

pin, and a silver commemorative plaque worn by Korean women. One side of the commemorative medal was engraved in Korean, while the other bore a cross. Along both sides were 25 stars, a design symbolizing Menzies' 25 years of service. The Women's Missionary Union of Victoria also sent a commemorative wristwatch to Busan, which Mackenzie presented to Menzies on their behalf.

Interrogated for the Manse Movement

The 1918 Myoora orphanage reports Menzies' arrival in Korea after a vacation. A few weeks earlier, "Mother" Menzies had returned to Busan, and the family was overjoyed and welcomed her. Everyone, from the dormitory headmaster to little Shinbok, had eagerly anticipated Menzies' return.

Then, in March 1919, the March 1st Movement broke out in Seoul against Japanese oppression. Busan was also embroiled in the independence movement, and Ilsin Girls' School was no exception. Menzies urged the students to be cautious to avoid arousing suspicion from the Japanese police. Then, around 8:30 p.m. on March 11, some female students of the school were discovered missing. With no one knowing where they had gone, the Australian teachers set out to search for them.

"We suddenly heard shouts of 'Manse!' We searched for students in a small alley and ran out onto the main street. There, people were marching and cheering. We first saw the male students, and soon we discovered our female students joining the procession. It wasn't a large crowd, but people were standing in every alley, watching, and we were afraid to join them. We tried to bring our students home, but they ran further away from us. We sent Pastor Sim's child home, but the other students were adamant. With nothing left to do, we returned home quietly."[23]

However, Daisy Hocking and Margaret Davies, teachers at Ilsin Girls' School, were soon taken to the police station. Japanese police officers had seen them on the main street and chased them. Initially, they expected only a few questions, but they were eventually driven to the police station, where they were held for two hours before finally being taken to a detention center. Japanese detectives patrolled the area all night, keeping watch. Upon hearing the news, Menzies had the school

---

23)　PWMU, June 2, 1919, 3.

superintendent and cook deliver blankets and rugs to the detention center at 3 a.m.

The next morning, black-uniformed police began questioning Ilsin Girls' School and the dormitory, asking if there were any Korea national flags. The missionaries denied any knowledge. They remained in the detention center all day, and eventually wrote down a list of toiletries and food they needed and sent it to Menzies. Mr. Albert Wright brought baskets containing food and other items, and only then were the missionaries able to eat properly. Wright immediately reported their detention to the British Embassy and began a campaign to free them.

The next day, they confronted the same police officer. He told them that there were Taegeukgi(Korean flag) at Ilsin Girls' School and that Menzies had burned them. It turned out that the students had been hiding the flags at school. After Hocking and Davies were arrested, other teachers searched the bookshelves and discovered the flags, and Menzies warned the school that trouble was brewing.

From this point on, Ilsin Girls' School was virtually occupied by Japanese police, and the sight of Menzies being interrogated was particularly distressing to the female missionaries and students. The police said they let her go because of her long history of volunteering with students and her graying hair.

"Our Mother" Departs

Menzies' health deteriorated due to the interrogation and trial by the Japanese police. There were reports that she might suffer a nervous breakdown, and colleagues even suggested that she might not be able to continue working in Korea. Menzies was initially taken to Paton Memorial Hospital in Jinju and received treatment from McLaren. Fortunately, her condition improved. However, the Women's Missionary Union decided that Menzies would take a medical leave to Australia the following year, and subsequently recommended her retirement.

In July 1923, although Menzies was leaving for Australia on medical leave, the congregation knew that this would likely be her last. A farewell service was held at the Busanjin Church.

"Last Wednesday, a very moving and wonderful farewell service was held at the church. Menzies prayed for us as 'our mother, or the mother of our church.' There was also a beautiful farewell speeches, recounting her achievements since her first visit to Korea 33 years ago. This is similar to the time our Lord lived on this earth for our salvation, and it is also similar to the life of our Lord, who revealed God's love."[24]

A large crowd gathered at Busan Port to bid farewell to Menzies. Tears welled up in the eyes of female students and women.

Afterwards, Menzies continued to support the Korean mission, taking on various duties for the Victorian Women's Missionary Union. In November 1930, Menzies visited Korea again. She was 75 years old. About two months later, a service commemorating the 40th anniversary of the founding of Busanjin Church was held, and a monument to Menzies and Moore was unveiled. Above all, Menzies experienced the joy of attending the wedding of her adopted daughter, Min Shinbok, as a mother, and was even able to buy her a hanok (traditional Korean house) as a gift.

Five years later, on September 10, 1935, Menzies passed away in Ballarat at the age of 80. She was buried in the old cemetery there. The Age newspaper at the time reported Menzies' funeral in its local news, introducing her as the first female missionary to Korea.[25]

Upon hearing the news of Menzies' death in Australia, Busan Jin Ilsin Girls' School published an article in 1936 titled "Reminiscences of the Late Mrs. Menzies." The following is an excerpt from the article: "As the mother who gave birth to and paved the way for our Ilsin School, which today embraces the world like a hen brooding her chicks, Ilsin's mother, Mrs. Menzies, has already passed away. On September 10, 1935, the day Ilsin celebrated his 40th anniversary, we received the news of Mrs. Menzies's peaceful passing away in her hometown of Ballarat, Australia. This news makes us once again reflect on and express our gratitude for her remarkable achievements."[26]

In 2022, the Ministry of Patriots and Veterans Affairs of the Republic of Korea recognized Menzies, Davies, and Hocking as persons of national merit for their contributions to the independence movement. Menzies was awarded the National Foundation Medal.

---

24)　Ibid., October 1, 1923, 4.
25)　'The Age', September 12, 1935, 14.
26)　'Ilsin', 1936.

<References>

Australian Presbyterian Mission Board, *The Record*, V 1-10,

PWMU, *The Chronicle*, Melbourne, 1906-1935.

Telsma, A, *There Were Many Women, Victorian Women's Missionary Union*, Melbourne, 1991.

The Age, Melbourne, 1935.

<Korean References>

Dongrae Ilsin Girls' School, *Ilsin - Ms. Menzies Memorial Issue*, Busan, 1936.

Kerr and Anderson, translated by Yang, MD., *Australian Presbyterian Missionary History in Korea 1889-1941*, Seoul, 2017.

Kim, GS, *Early Christian Missionaries in Busan*, Hansae Printing, 2013.

Lee, SG, *Early Christianity in the Busan Area*, Korean Church and History Research Institute, 2019.

Yang, MD, *The Australian Missionary Belle Menzies*, Seoul, 2022.

3. Elizabeth Moore, Folklore of Island Villages

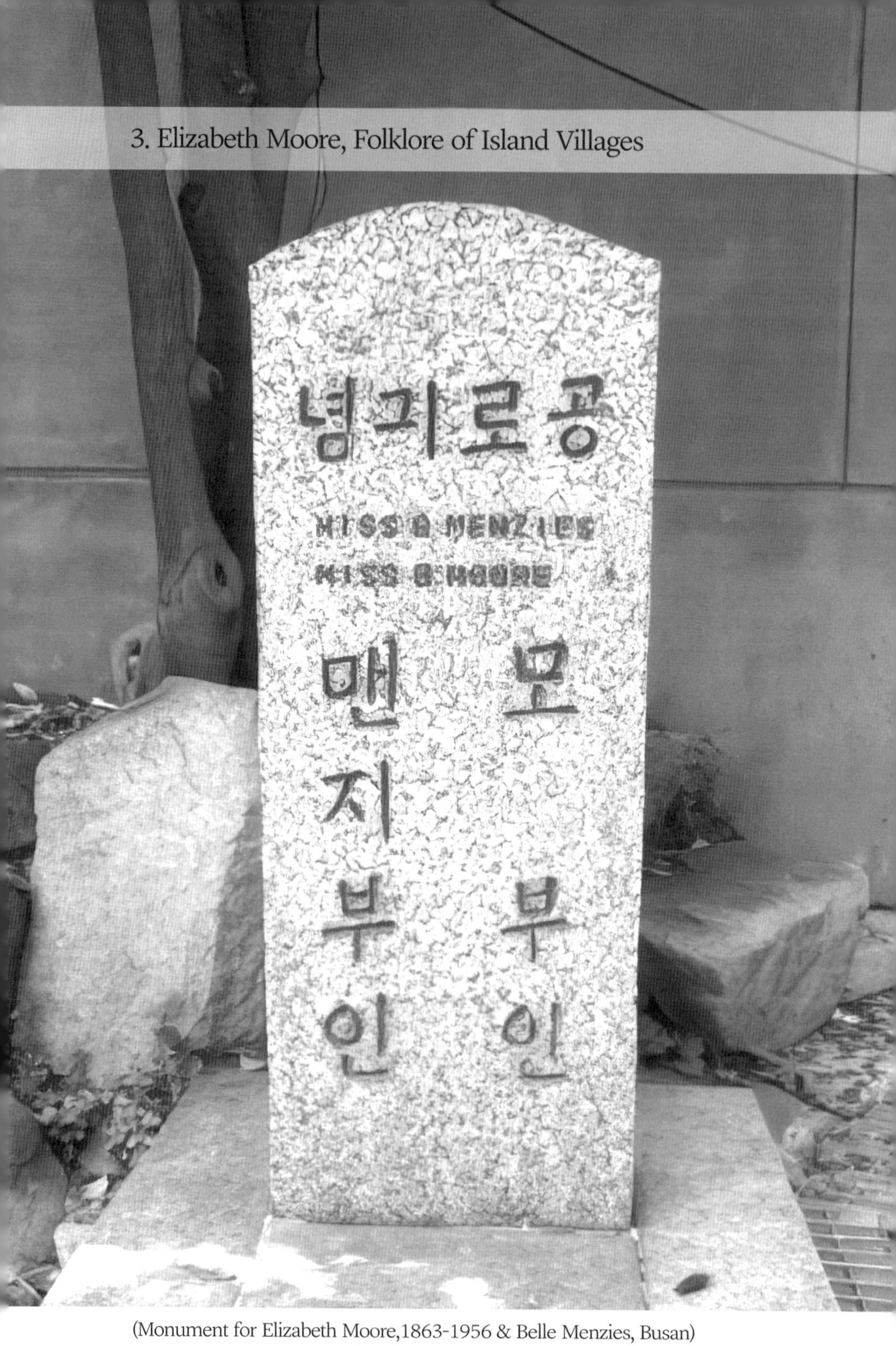

(Monument for Elizabeth Moore,1863-1956 & Belle Menzies, Busan)

Ms. Elizabeth Moore was born in Daylesford, near Melbourne, Australia, in 1863. She was better known to her colleagues as Bessie Moore, and later in Korea, she was known as Mrs. Mo or Mrs. Moore. Although the women missionaries were single, Koreans called them Mrs. to honor them.

Not much is known about Moore's early life and educational background. However, after graduating from school, she gained recognition for her abilities and kind demeanor while working for a couple of companies. She then began teaching Sunday school, a position she held due to her faith, which ultimately led her to Korea.

Moore also held the title of Deaconess, indicating that she had received deaconess training from her church. Furthermore, she received nursing training at Melbourne Hospital, and the fact that the Victorian Women's Missionary Union accepted her application on the condition that she completed that training suggests she may have also held a nursing license.

On June 5, 1892, Moore's commissioning service was held at the General Assembly Hall in downtown Melbourne. She departed from Melbourne and traveled through Sydney, Darwin, Hong Kong, and Nagasaki, arriving in Busan on August 3rd of that year. She was 29 years old.

The "Big Mother"

Upon arriving in Busan, Moore began living with Belle Menzies and others in a thatched house they had found about ten months earlier. She worked and lived with Menzies. Orphans also lived in their home at the time. This welfare institution, known as the Myoora Orphanage, began in the home of a female missionary there. Two years later, in 1894, they moved into a new house constructed of brick and tile, providing the female missionaries and orphans with a better living environment.

Moore and Menzies took turns leading the orphanage, and in 1895, the Busanjin Ilsin Girls' School, a three-year elementary school, was established here. It was the first educational institution of the Australian Presbyterian Mission and the first modern women's institution in the Gyeongnam region. Moore initially led the school alongside Menzies.

In 1896, Moore provided a detailed account of each child in the orphanage to the Victoria Church.

"In the evening, our members gather in our house (near their own), sing hymns together, worship together, and commend them to the Good Shepherd. After saying 'good night,' their voices are no longer heard until the next morning. In the morning, each person returns to his or her assigned task, even the youngest participating. After our Korean service, attended by neighbors and outsiders, study begins. It seems amusing to these children that while England is at night, Korea is busy during the day. And they are also struck by the fact that Korea is a small country on the world map." [27]

It's interesting to note at the end of this article that the orphanage children refer to Menzies as "Little Mother," Brown as "Middle Mother," and Moore as "Big Mother." Although Gelson Engel arrived at the Busanjin in 1900 and supervised the work of the female missionaries, in reality, Menzies shared responsibility for the school and Moore for the orphanage.

Moore taught women and girls not only in Busanjin but also in Dongnae. While student numbers fluctuated, the average attendance was around 60. Most of the students were children of non-Christian parents and maids from noble families. This group, seemingly untidy and disheveled, possessed a desire to learn. Moore found great joy in their participation in Korean language, arithmetic, and Bible studies.

Wide Area of Activity

Moore traveled throughout Gyeongnam, meeting women. She traveled through the eastern and inland regions, and later the southern and island regions. It was there that the first encounters between Australians and Koreans took place, and Christianity gradually became known.

"Moore's primary task was evangelism and the education of new believers in the faith. Although physically strong, Moore pushed herself to the limit, suffering from several illnesses, including a bout of typhoid. She traveled hundreds of kilometers on donkey or on foot with her assistants to visit small groups of new believers and those seeking faith, teaching them about Jesus and the Christian way

---

27)   'The Record,' September 1896, pp. 14–15.

and preparing them for baptism."[28]

Moore traveled primarily with Kim Yusil, a Korean worker, and occasionally with others. These individuals worked on a stipend provided by the Victorian Women's Missionary Union.

In 1907, Moore visited Ulsan and announced that a new church was under construction there. At the same time, she writes that the church members there are like sheep without a shepherd.

"They are like sheep without a shepherd, and they truly want a shepherd. God is working on our behalf. We must not hinder His work or disappoint His flock!

The Korean church members are holding a special fundraising event and building a section of a new church building. One woman sold her hair and donated the money. Moore's evangelist, Yusil, sold her silver ring. Others are denying themselves and giving. One man, though not a believer, gave 10 Korean won. God is being glorified."[29]

Difficulties in Accommodation

There are several things that Western missionaries find most difficult in Korea: the hot ondol floor, sleeping quarters, food, crowds of men, pests, disease, and death. Moore was no exception. Moore traveled to Dongrae, Guseo, Dugudong, and Gijang, and was welcomed by the women she had already evangelized to wherever she went. However, accommodations were always a challenge for her. She often had to sleep with the women accompanying her in a room provided by a church member. She preferred rooms with windows, as they provided fresh air.

Another challenge related to accommodations for Moore was the constant presence of visiting villagers, who would swarm her and observe her every move. This was true even when she was sleeping at night.

"During the three days we stayed here, people from neighboring villages would come to see me from morning till night. I never had a moment to myself.

Even when I was trying to sleep at night, I could hear a rustling sound, like a mouse, coming from the window paper outside the door. I soon realized that the

---

28) Brown, 59.
29) PWMU, February 1, 1907, 2.

paper was being torn. I covered the door with my clothes and even had to shoo the people outside away."[30)]

Moreover, insects like lice and fleas were always present in the country rooms. Moore often spent sleepless nights due to the insect attacks.

"We visited a village high in the mountains about twenty miles from here. But no one welcomed us. We were advised to continue on our journey. Ten miles further, we were told, would be a comfortable inn. We had no choice but to continue on, to our sorrow and disappointment. But that inn, too, was a complete failure. We were tormented by insects all night."[31)]

The Joy of Itinering

Despite the difficulties of the early circuit, Moore presented a model for later itinerant missionaries: "This is what itinerant evangelism is all about." At least the Victorian Women's Missionary Union has evaluated Moore's itinerant work as a standard and introduced it to the Australian church.

"It rained heavily, and the rivers overflowed. Often we had to wade through streams that reached our knees, and sometimes they were so deep that we had to turn back. But we couldn't give up and kept moving forward because the villages across the way had already heard of our arrival and were waiting.... It was a good thing we had waded through the overflowing streams and the pebbles on the riverbed."[32)]

Moore was especially beloved by the women of the area she visited. Wherever she went, she was welcomed and received with great attention. Women and children came out to greet her from outside the village, and when she left, they escorted her from afar. The women were grateful for Moore's teaching of Christian truth and, especially, for her attention and love for women in Korean society at the time.

At the time, there were partitions in the chapel to separate men and women. The women learned hongs from Moore before the men, and for the first time in their lives, they were able to learn things even men didn't know. Men were even

---

30)   Ibid., January 1, 1908, 3.
31)   Ibid., May 1, 1908, 9.
32)   Ibid., August 1, 1908, 4.

jealous of the women who learned Bible stories that even the wealthy in the church didn't know!

In Tongyung

At its Busanjin meeting in January 1912, the Australian Missionary Council decided to establish the Namhae Mission in Namhae and the Chilam Mission in Chilam. The Namhae Mission would cover Namhae, Hadong, and Gonyang, while the Chilam Mission would cover Chilam, Geoje, Goseong, and Jinhae.

However, the following year, the Chilam Mission was renamed the Tongyung Mission, and the establishment of the Namhae Mission was canceled. At this time, two pioneers were sent to Tongyung: Moore and Watson. Watson was assigned to the Tongyung, Goseong, and Geoje regions by the Gyeongsang Presbytery. Moore, though affiliated with the Busan Mission, had also toured the western regions, including Tongyung, making them ideal candidates.

"The Tongyung Mission Board's request for Moore's relocation is approved. The Victoria Women's Missionary Union has expressed a need for a female educational missionary there and has also raised the need for a parsonage for women in the near future."[33]

Moore's relocation to Tongyung brought about a significant change in the local church landscape, extending from there to Namhae.

"The traveling missionary journey, sometimes accompanied by Reverend Watson, took three directions: a tour of the Tongyung area; a tour to the Goseong area, a tour of the Samcheonpo area and its surroundings; or a tour to Geoje Island, visiting Jisepo, Jangseungpo, and Gohyeon. As a result of these tours, churches were established in the Namhae area, following the Yokji Church (1902) and Chungmu Church (1905), and the gospel spread."[34]

Moore describes Tongyung as a wicked place. Numerous ships came and went, and sailors from various countries, including Japanese, passed through, creating bars and entertainment districts catering to them. She said that if one wanted to go to that evil place, one could not simply pass by Tongyung. She

---

33)   'The Record', Busanjin, September 1913, 55.
34)   Lee, 189.

explained that the many souls steeped in sin needed the cleansing power of the Lord's love and blood. To travelers, the dot-like islands offered beautiful scenery and pleasant weather, offering a sense of hope, but Moore saw a deep, dark shadow hanging over them.

At the time, the Tongyung Mission had a Korean woman evangelist named Yu Suni. Wherever Moore traveled, she would gather women for Bible study sessions or Bible classes. The women who befriended Moore faithfully followed her and welcomed her. There was even a "Moore's Flag," and people around the countryside would wait for it to be raised. It was said that the flag read, "Mrs. Moore is here."

Moore particularly fought against superstitions and gender discrimination in Tongyung and the island region. "We shared precious times sowing seeds on the roadside and in the villages. Many, burdened and struggling, turned their faces to heaven. We challenged those struggling for their physical survival spiritually. And we rejoiced as we saw souls overcome the temptations of sin.

A poor woman heard about God, but she lacked the courage to give up her demonic worship. Then, after learning a Bible story, she said, 'Come and teach my husband. He's a stubborn, wicked man. He wants to hear this wonderful story, too.'"[35]

The house on the Hill

In late 1914, the Victoria Women's Union approved the initial budget for the Moore House in Tongyung, a building for the Australian women's house and a girls' school. They authorized 450 pounds for the construction of the women's house and 160 pounds for a girls' school, all of which were to be spent from the building fund.

The following year, a magnificent two-story house was built for Moore on the grounds of the Australian Mission in Tongyung. It was the second building built after the Watsons' house. Moore personally supervised its construction and meticulously cared for its interior decoration and furniture.

"Everything was excellent, and we called it 'the long-necked house.' (Omitted)

---

35) PWMU, August 1, 1916, 4.

196

The dining room is tiled in crimson, and the study is tiled in two shades of green on a white background. Overall, it was a truly beautiful house. Each bedroom on the upper floor had its own glass-paned balustrade, which was comfortable and useful. The most beautiful thing about it was the view from those windows."[36]

This house was important to Moore because it was a place where she could rest and recharge after the rigors of her traveling work. No matter where she visited, whether in the region or on the island, she would often arrive home exhausted in the middle of the night. While others were in sleep, she slipped in through the back door and crawled upstairs to find her bed.

Moore believed the house was the property of the Victoria Women's Missionary Union and hoped another female missionary would soon be sent to the house.

25th Anniversary in Korea

The year of 1917 marked the 25th anniversary of Moore's work in Korea. A thanksgiving service commemorating her work was held at Tongyung Church in Tongyung. Congratulatory letters and telegrams arrived from around the world, and many believers from the Busan and Tongyung areas attended the service.

Early on the day before the service, believers began arriving from Yokji, Goseong, Baedun, and other areas. They came by sailboat from the islands, and on foot from the mainland, trekking long distances at night to escape the daytime heat. Even larger numbers gathered from churches near Tongyung and Geoje. Some arrived that evening from Busanjin, and Pastor Sim, a longtime collaborator with Moore, arrived early to participate in the next day's event.

The church was already crowded from early in the morning. At the memorial service, Pastor Sim introduced Moore's accomplishments, beginning with her coming to Korea long ago as one of the first female missionaries to Australia, leaving behind her hometown, beloved family, relatives, and friends.

He recounted that the Australian women initially told Moore, "Don't go to Korea. There is much work to be done for God here. If you go there, the people there will hunt you and kill you."

---

36)   Ibid., January 1, 1916, 3.

The people looked up in surprise at this, expecting laughter to erupt from the audience. But the atmosphere of the service was too serious for that. The congregation's faces were silent and grave. Moore's response to this was reportedly: "I have already given myself for Korea. I believe in God, so I have no fear."

At this point, sobs were heard from the congregation. A beautiful, strong woman, a soldier of Christ, was also moved, and tears welled up in her shining eyes. But her mouth remained tightly shut, her gaze fixed straight ahead.

Pastor Sim testified to how passionately Moore and Menzies preached Christ, how they showed compassionate love, and how ultimately, the Korean language teacher and their neighbors confessed Christ. All this was accomplished while living in a small, dark room, often sick and tired, away from the large, spacious, and comfortable homes of their hometowns.

Moore worked not only in Busanjin, but also traveled far into the countryside, evangelizing whenever the opportunity presented itself. When Moore appeared in the market, people shouted:

"There's Mrs. Mo over there!" Moore's appearance, evident everywhere, was a subject of interest, and his fluent Korean skills always drew crowds. Not only was he tall, but his hair was also thick, making him appear much larger than he actually was. At the time, the preferred attire for Australian women was a dress that reached all the way to the toes. It was said that when he walked down the street in a pleated white dress, he looked like an angel."[37]

Meanwhile, danger and hardship were always lurking on the road, and falling from a horse was inevitable. While living in Busanjin, Moore also traveled to Masan and Tongyung, experiencing numerous hardships along the way. Finally, in the fall of 1913, she moved to Tongyung.

The congregation attending the memorial service reflected on Moore's work, which resulted in the creation of a faithful group of women, two Korean pastors, an elder, and numerous workers among both men and women.

The following speaker brought the audience back to the present. An Korean elder spoke of Moore's work in the Tongyung area. Moore primarily walked the rocky and dirt roads of the most difficult islands and inland areas. Climbing high

---

37)   Lee, 188.

mountains was also common. She traveled the seas on slow and uncomfortable Korean fishing boats, offering her labor freely among the women and girls.

He also spoke of Moore's courage in speaking out against the injustice. Moore often said, "Sister, you shouldn't do that." Moore refused to tolerate any behavior that should not be tolerated by Christians, and in the end, she expressed gratitude and love for the change.

A hymn of thanks followed, and the girls, second-generation Christians, sang a special hong. Then came the gift-giving ceremony. The Busanjin and Tongyung churches each presented commemorative medals. Hanse, a longtime friend from Tongyung, presented a beautifully embroidered piece and a small Korean-style display case. From Goseong, hanbok (traditional Korean clothing) embroidered with pearls from each church's name were presented, along with other gifts. The Victorian Women's Missionary Union presented a wristwatch.

Robert Watson expressed his gratitude to the attendees on Moore's behalf, and also shared the love and gratitude of the Australian Presbyterian Mission. After the service, the congregation quietly dispersed and gathered at Jinmyung School, where they spent the afternoon together.

Moore's Departure

Moore left for Australia on vacation in mid-1918, about a year after the 25th anniversary service. However, this was, in fact, her last. Although she was 55 years old, she was exhausted. At the same time, young female missionaries from Australia had arrived in the country and were following in her footsteps, visiting and working on Moore's Island.

On the afternoon of June 21, a farewell ceremony was held for Moore. The Koreans at Jinmyung School decorated the school with red and blue ribbons and prepared flowers. The women were mournful, and their hongs seemed to echo the swaying of the fishing boat Moore had sailed on. The gift they had prepared was a beautiful pearl-inlaid cabinet with Moore's name engraved on it.

Moore expressed her gratitude, tears and laughter not far apart. She spent her final moments with the women over refreshments. However, June was a busy month in the countryside. Moore and the women from far away said a difficult farewell and parted ways.

A meeting to welcome Moore back to Australia was held in Melbourne on August 16 of that year. The Victorian Women's Missionary Union and the General Assembly's Overseas Mission Committee glorified God for Moore's dedication on behalf of the church. She returned home safely and gave thanks to God.

Soon afterward, news of Moore's retirement was announced. Mrs. Rolland of the Union praised Moore for her arduous work in establishing a women's ministry in the Tongyung area over the past twenty five years. She also said that she had dedicated her most brilliant years to Korea and that she was the longest-serving female missionary to date.[38]

'The Long Day closed.'

After returning to Australia, Moore continued to care for marginalized women and the sick. In 1953, her active life finally came to an end due to declining health. She became a patient at Lancewood Private Hospital.

"Even from her bedside, she offered encouragement and courage to many patients, and every evening she prayed for her friends. When the call finally came, her prayers for use were abundantly answered. 'In triumph, the long day closed.'"[39]

She passed away on January 8, 1956, at the age of 93. In February of that year, The Chronicle newsletter reported that she had been "called home."

After her retirement, Moore never returned to Korea, not even when the Busanjin Church erected a memorial monument in her honor in 1931. Moreover, her name was still remembered on many islands in the Tongyung area.

"Moore was the first Western woman to visit many villages, and sixty years later, she became part of the folklore of these churches."[40]

Moore, who dedicated her most brilliant years to serving the Korean people, died unaware that she was becoming "part of the folklore" of the Tongyung region.

---

38) Ibid., October 1, 1918, 2.
39) Ibid., March 1956, pp. 2–3.
40) Brown, 59.

<References>

Australian Missionary Council, *The Record*, Busanjin, September 1913.

Brown, J., *Witnesses of Grace*, Seoul, 2009.

Kerr & Anderson, trans. Yang MD, *Australian Presbyterian Missionary History in Korea 1889-1941*, Seoul, 2017.

Presbyterian Church of Australia, *Our Missionaries at Work*, Melbourne, 1911-1917.

PCV, *The Record*, Melbourne, September 1896.

PWMU, *The Chronicle*, Melbourne, 1911-1956.

<Korean References>

Lee, SG & Yang, MD, *Australian Missionaries in Korea – Jinju and Tongyung*, Seoul, 2019.

4. Gelson Engel, Who Loved Hangul

(Gelson Engel, 1868-1939)

Gelson Engel arrived in Korea with his family on October 29, 1900. Although a male pastor, Engel came to Korea under the auspices of the Victoria Women's Missionary Union, which dispatched unmarried lay women missionaries. The Presbyterian Church of Victoria General Assembly also approved his arrival. For the next 38 years, Engel served in Busan and Pyongyang, exerting significant leadership in the Korean church.

Born in 1868 in Württemberg, Germany, the eldest of four children, Engel followed his father's example, an educator, to study at a teacher's college and began teaching after graduation. He was also influenced by Pietism at home and during his upbringing, and Puritan and Pietist tendencies were prominent throughout his life. At the same time, he developed a keen interest in the missionary movement, which was emphasized in such a religious environment. Attending missionary conferences held annually in his hometown, he realized the missionary task and its significance, and explored the path of a missionary.

Finally, Engel applied to the Basel Mission in August 1889. He soon received missionary education and training, and three years later, in late 1892, he was dispatched to Pune, India. He was 24 years old and single. His six years in India were not easy, but there he met Clara, married her, and had two sons. Failing health forced the Engels to emigrate to Australia in late 1898.

From Germany to India, and then to Australia

Arriving in Victoria, Australia, the Engels settled in Stawell, a town near Ballarat. He had been invited to become the principal of Harvard College, a primary and secondary school. At the time, Ballarat and its surrounding areas were experiencing a surge in population due to the discovery of gold. Among them were German immigrants, and Engel served their church. Engel soon transferred his denomination to the Presbyterian Church of Victoria and became a full member. A new challenge awaited him there: the Victoria Women's Missionary Union was seeking a male missionary to Korea. Engel was well-prepared for this special role. At the time, the Union had already three female missionaries in Korea.

Finally, on September 17, 1900, a farewell party was held at the Assembly Hall, attended by the Assembly President, to send Engel to Korea. The Union sent letters to the female missionaries in Korea and to Engel, providing guidance on overall missionary work. This document consists of seven articles, and even a glance at the first article alone reveals the church's expectations for Engel.

"Rev. Gelson Engel has been appointed as superintendent to oversee and lead the work in Korea... Mr. Engel will be responsible for the overall supervision of all aspects of mission work, including village ministry, circuit evangelism, and school education... No work should proceed without first consulting with and receiving final approval from the superintendent."[41]

The Family Arrives in Korea

The Engel family departed from Melbourne on September 19, 1900, and arrived in Busan 40 days later, on October 29. He immediately began studying Korean. Having a talent for languages like German and English, Engel excelled at learning Korean. Engel began keeping a diary upon leaving Melbourne. Less than a month after arriving in Korea, he recorded that he gave a benediction in Korean during an evening service at Busanjin Church.

"At the end of the service, I gave a benediction in Korean, my first public benediction. The people were delighted and surprised. My Korean teacher, Mr. Kim, was particularly pleased."[42]

The most important ministry for Engel was, of course, his responsibility to lead the worship community started by the female missionaries in Busan. Before Engel arrived, the missionaries, including Menzies, had been leading services without a pastor. Engel recorded the first Sunday service he attended after arriving in Busan, the first Sunday in November.

"The first Sunday service in Korea. Sixty-three people (15 men, 48 women) gathered for the morning service, and several came from Choeup to meet the new 'pastor' (missionary). My impression of the congregation was that they were quiet, attentive, and good at singing hymns. However, our dining room was too small to be used as a church. Harvey called the room 'church and dining room,' and it was impossible to call it anything else."[43]

With the arrival of the missionary pastor, the congregation was finally able to

---

41)　PWMU, 'Instructions for Women Missionaries', 1900, p. 1.
42)　Engel, November 25, 1900.
43)　Ibid., November 4, 1900.

study, receive catechism, be baptized, and regularly participate in the Eucharist. The first baptism took place on February 3, 1901. 68 people, 41 adults and 27 children, were baptized that day, some of whom came from Choeup. Janggeum, Seo Maemul, and Bobae from the orphanage were also baptized at this time. Another of Engel's responsibilities was the division of missionary territory with the American Northern Presbyterian Church, which was already working in Busan and Gyeongnam. This region was a joint mission area for the American and Australian churches, and preventing unnecessary friction and waste of human and material resources, as well as ensuring effective missionary work, were mutually important issues. Finally, in 1903, the two denominations reached a fundamental agreement, and Engel personally drew a map of the mission territory at that time.

"That is, the southeastern part of Gyeongnam, namely Ulsan, Gijang, Eonyang, Yangsan, Geoje, Jinhae, and Goseong, was to be assigned to the Australian Presbyterian Church, while the eastern part of Gyeongnam, namely Gimhae Ungcheon, Changwon, Miryang, Yeongsan, Changnyeong, and Chilwon, was to be assigned to the Northern Presbyterian Mission. Busan and Masan were to be joint territories." [44)]

On May 27, 1904, the first session of the Busan Church was convened. The minutes of the first session record how Engel initiated the meeting.

"The Presbyterian Council and the Gyeongsang Province pastors approved of Sim Chwimyung's selection as an elder of the Busan Church. The Gyeongsang Province committee members, after finding Sim's knowledge of church law and the Bible catechism sufficient, permitted him to be appointed as an elder. Pastor Wang Gil, the leader of the Busan Church, appointed Sim Chwi-myeong as an elder in accordance with church law on May 27, 1904.

Finally, a pastor, an elder, and an elder doctor(Currell) gathered in Pastor Wang Gil's study room, and the pastor prayed and established a true and complete church council in accordance with church law."[45)]

Engel served as Elders' council president until 1913, when another Australian missionary or Korean pastor assumed the role. He continued to serve as a significant spiritual pillar of Busanjin Church, serving as a co-pastor, a elders'

---

44)   Lee, 81.
45)   'Busanjin Church Elders Council Minutes', 1.

council member, or even an interim church council chairperson, until his departure for Pyongyang in 1919.

Australian Who Loved Korean language

The following sentence remains in the minutes of the first church meeting of the Busanjin Church, founded by Engel: "It was decided to keep the minutes in the Korean dialect."[46]

Engel, gifted and sensitive to language, had the minutes recorded in the Korean dialect, or Hangul. This was a significant innovation, considering that the intellectual class of the time primarily wrote official documents in Chinese characters and was reluctant to use Hangul, which they considered "the language of the inferiors."

From the beginning, Engel seemed to have recognized Hangul's superiority. As mentioned earlier, he proudly recorded in his diary that he had given a benediction in Korean within a month of learning it. Not only did he master Hangul rapidly, but he also later prohibited missionaries from advancing to a higher level if they failed the Hangul test administered by the Language Examination Committee. He also spearheaded the Australian Missionary Council's "Korean Name Spelling Committee," laying the foundation for translating Korean names into English. Moreover, Engel often gave Korean New Testaments to students whose parents insisted on using only Chinese characters, encouraging them to read in Korean.

Engel emphasized the value of Hangul: "It will take some time before we can reject our preferred foreign scripts and embrace and use our own truly complete language system."[47]

Engel later served on the Bible Revision Committee, revising the Old Testament book of Amos into Korean and translating the hymn "A Mighty Fortress, My God" into Korean. He lectured in Korean for many years at Pyongyang Theological Seminary and wrote dozens of papers in Korean.

---

46)   Ibid., 1.
47)   'The Messenger', May 23, 1902, p. 310.

Why Didn't You Come Sooner?

Engel visited Australia for vacation in late 1906. Six years after beginning his work in Korea, he had already grieved the loss of his wife, Clara, earlier that year. At a welcoming reception held at the Victoria General Assembly Hall in December of that year, he was comforted and praised and encouraged for his work. At the reception, Engel said: "What brings me to work in Korea? Through the council, I pastor the churches. I can sense the dense concentration of pagans and the deep darkness there. Six years ago, I thought I understood the needs of Korea. But only now do I understand the urgent needs of the pagans.

There are 750,000 pagans living in the area allotted to us alone. Some of them are realizing their need for salvation. It will take time, but their cries are heard: 'Why didn't you come sooner?'"[48]

Engel reported to the Australian Church the number of members of the Busanjin Church at the time: 75 communicants, 50 catechists, and 30 members, for a total of 155.

During his vacation in Australia in 1907, Engel tirelessly gave reports and lectures to various churches and organizations in Victoria, eloquently speaking of the urgency of the Korean mission and the need for more workers. At the time, Engel's annual salary was 223 pounds, plus travel expenses.

Meanwhile, earlier the year, a short letter from Mr. Sim of the Busanjin Church was published in 'The Chronicle' newsletter.

"Brothers, thank you for your kindness. We were very pleased with the gift you sent us last Christmas through Moore. It was very good and beautiful. We do not know how to thank you. You were very kind and showed love to us, who were unknown to us. (Omitted) On behalf of the brothers in Busan. Sim."[49]

On August 2, 1907, Engel and his new wife attended the farewell service held at the Scott Church in Melbourne. He had remarried to Agnes Brown a month earlier at Ebenezer Church in Ballarat. The beautifully decorated church was filled with a large congregation, including the Moderator of the Church and the officers of the Women's Missionary Union. The Moderator delivered a sermon, and the

---

48) Ibid., January 1907, 2.
49) Ibid., April 1907, 3.

President of the Union gave words of encouragement. Mrs. Rolland presented Engel with 27 gold and silver coins on behalf of the members.

Engel gave a speech. He spoke of his love and work for Korea, as well as the Korean people's decisive and admirable character. He concluded by emphasizing the need for more workers. Following this, intercessory prayers were offered for them, and the farewell service concluded with a benediction.

Mr & Mrs Engel returned to Busan in late 1907 resumed his tour of the Gyeongnam region. Ten years after the Australian Mission in Busan began, there were about 20 Australian missionaries and Korean helpers working there. Engel, as pastor, assumed significant responsibility for the mission, devoting significant time and effort to baptismal catechism instruction and church ministry.

Relationship with PWMU

In late 1910, a delegation from the Australian church, including Frank Paton, visited Korea. They arrived in Busan and attended their first service at the Busanjin Church. They wrote that they were deeply moved by the service led by Engel. The delegation also toured the Busan area under Engel's guidance.

"As the organ music faded, Pastor Wang Gil led a prayer. Everyone bowed their heads in reverence, their faces almost touching the floor... Many were in tears before Pastor Wang Gil led the final hymn..."[50]

Following their two-week visit to Korea, the Australian delegation held a retreat and meeting with the Australian Missionary Council in Busanjin from January 4 to 7, 1911. At the time, Engel was the general secretary of the Council. They spent a deep time of Bible study, prayer, and self-reflection, discussing world missions, the lay mission movement, the student movement, and the challenges of Korean missions. After the retreat, the Australian Missionary Council meeting was convened.

"The main agenda was to establish a clear and complete mission policy. The time had come for us to fairly allocate personnel to the areas we were responsible for and to secure the funds to support them.... Gradually, the mission policy was revealed. This policy was later submitted to the General Assembly (in Australia)

---

50)   Paton and Campbell, 39. (Wang Gil or Wang Gilji are Korean names for Gelson Engel.)

and, with some modifications, was passed."[51]

This policy, well known as the "Forward Policy," enabled Korean missions to proceed more systematically and vigorously, and Engel's role in this is evident.

Presbyterian Council

In the late 1800s, a council of foreign missionaries existed in Korea. Following the "United Council" (1889) and the "Missionary Council" (1893), the "Presbyterian Council" was established in 1901. Engel, along with Adamson, joined the Presbyterian Council at that time.

From this time on, Engel contributed to the organization and establishment of regulations for the Korean Presbyterian Church. Beginning in 1901, the Presbyterian Council attempted to organize the Presbyterian Church in Korea as an independent organization. At the Presbyterian Council, which convened in September 1902, Engel served on the Theological Education Committee, the Church Politics Committee, the Law Committee, the Doctrinal Standards Committee, and the Hymns Committee.

In 1904, Engel was elected president of the Presbyterian Council. In addition to this role, he also served as representative of the Gyeongsang Committee, which oversaw churches scattered across Gyeongsang province. In 1906, the Presbyterian General Assembly resolved to establish Korea's first nationwide Presbytery, and in 1907, the "Doknohoe" (Independent Presbytery) was established in Pyongyang. Following the organization of the Doknohoe, seven Korean seminary graduates were ordained as pastors in the "Doknohoe of the Presbyterian Church of Korea in Korea." Engel actively participated in the Doknohoe, serving as a member of the Ordinance Committee, the Regulation Committee, and the Seminarian Student Adjunct Committee.

Become the Moderator

On January 6, 1912, the Gyeongsang Delegation was convened at Busanjin Church in accordance with the resolution of the newly organized General

---

51) Ibid., p. 96.

Assembly. Fifteen missionaries, two Korean pastors, and nine elders attended as delegates. This meeting was reorganized into the Gyeongsang Presbytery, and Engel was elected as its first moderator. The Presbytery designated the missionaries' respective mission areas in Gyeongsang Province and granted them the authority to appoint Korean leaders to train members. Engel played a key leadership role in the Gyeongsang Presbytery until it split into the Gyeongnam Presbytery.

In September 1913, at the General Assembly of the Presbyterian Church of Korea held at the Seungdong Church in Seoul, Engel was elected as the second Moderator.

"In selecting officers, Mr. Wang Gilji was elected as Moderator, and Mr. Han Seokjin as Vice Moderator…"[52]

A missionary sent by the Australian Presbyterian Church succeeded the first Moderator, Horace Underwood, from the United States, and served as the second Moderator. This led to the establishment of various regulations, rules, and administrative structures for the political system of the Presbyterian Church in Korea.

"At the time, there were only about 30 missionaries affiliated with the Australian Mission. However, his election as Moderator on behalf of the Australian church was not only due to his recognition as a leader of the Korean church, but also in recognition of his service in various governing bodies. Besides Wang Gilji, the only missionaries to have served as Moderators were Underwood (1st, 1912), Bae Yuji (3rd, 1914), and Mapo Samyeol (8th, 1919).[53]"

In 1916, Engel proposed a motion to divide the Gyeongsang Presbytery into North and South, which the General Assembly passed. He also served as Moderator of the Gyeongnam Presbytery three consecutive times, starting from its inception. Thus, Engel wielded significant influence in the politics and administration of the Korean church, serving in various governing bodies and supervising churches. He also toured the inland regions of Gyeongnam and Geoje Island, establishing or supporting the establishment of numerous churches.

---

52) 'Minutes of the Second General Assembly of the Presbyterian Church of Korea', 4.
53) Lee, 112.

Edith Kerr, author of *Australian Presbyterian Missions in Korea*, writes in her book:

"Dr. Engel began his association with this seminary (Pyongyang Theological Seminary) in 1902. He taught part-time for three months a year for several years, and in 1919, he accepted the position of chairman of the church history department, also teaching Hebrew and Greek. He also resided in Pyongyang."[54]

Engel was involved in seminary education from the beginning of his missionary work in Korea. Beginning in 1906, he resided in Pyongyang for three months each year, serving as a teaching assistant, teaching Hebrew, Greek, and church history. Engel's name is listed on the list of professors in the first diploma issued by Pyongyang Theological Seminary, and he contributed significantly to the training of pastors in the early Korean church. In 1915, Engel wrote and published two textbooks on church history: "An Apologetics of the Ancient Church," which explored the history of the ancient church, and "The Postscript to the History of the Reformation," which explored the later period of the Reformation. These books introduced Calvin and the Reformation to the Korean church in earnest.

In 1917, Engel was appointed professor and director of Pyongyang Theological Seminary. As the school's student population grew, more missionary professors were needed. The Australian Mission permitted him to move from Busan to Pyongyang and even provided financial support to the Australian Presbyterian Church's "Pyongyang branch" to further his mission activities. Thus, Engel began his full-time teaching career in Pyongyang in 1919. He remained in this position for 18 years, until his retirement in 1937.

Engel also became the first editor of the quarterly "Theological Guide," which was launched in 1918 and remained in charge until 1921. He published twelve volumes of "Theological Guide," offering guidance on the theology, church life, and life of the Presbyterian Church.

Furthermore, Engel was diligent in his writing and publishing. Through "Theological Guide," he wrote or translated numerous articles and essays on a wide range of topics. Just a few of these include "Saint Augustine," "The

---

54) Kerr and Anderson, 165.

Teachings of the Twelve Apostles," "The Organization of the Episcopal Church," "The God of God in the Christian Creed," "The Resisting Paraclete," and "The Transformation of the Roman Church."

Another area of Engel's work deserves mention: his work revising the Old Testament and compiling hymnals. He was invited to the Old Testament Revision Committee and participated in the revision from 1920, leading to the publication of the Revised Old Testament in 1936. Simultaneously, he served on the Hymnal Compilation Committee and contributed to the compilation of Korean hymnals. He served committee for 25 years until 1927, most notably translating Martin Luther's German hymn, "A Mighty Fortress Is Our God." He also served as a pianist in the Seminary chapel

The Victoria Dormitory

With the Engel family residing in Pyongyang, the Australian Mission also engaged in missionary work there. First, it provided financial support to Pyongyang Theological Seminary for its operation and established a dormitory on the school grounds. This dormitory was later called the "Victoria Hall" or "Victoria Memorial Dormitory."

One of the policies of Australian Mission was not to establish universities independently. However, it did support universities established by other overseas missions. Coincidentally, in early 1911, when a delegation of Australian churches visited Korea, they, along with the missionaries, reached the following resolution:

"The Australian Mission proposed that the Australian Mission establish and operate a dormitory for students adjacent to Pyongyang Theological Seminary. The motion was passed."[55]

In September of the same year, the plan to build a "Victoria Dormitory" within Pyongyang Theological Seminary was discussed again at the Australian Missionary Council held in Jinju. Engel was entrusted with this project and consulted with the Pyongyang Theological Seminary board of directors. Ultimately, they agreed to pay a total of 1,200 yen to the Southern Presbyterian Church in the United States, on the condition of a permanent, free lease of the

---

55)　'The Record,' Vol. 1, Busanjin, December 1913.

property and surrounding land within the school. Thus, the Victoria Dormitory was built.

Moreover, when Engel came to reside in Pyongyang, Soongsil University, an ecumenical school, also sought to establish a relationship with the Australian Mission. They requested financial support and a faculty member from the Mission. Ultimately, Engel became a professor in 1920 and joined the school's board of directors. The Australian Mission continued its 24-year relationship with Soongsil University, providing both personnel and financial support until 1937.

"I mourn this meeting."

Engel officially retired in Australia at the end of August 1938, at the age of 70. His retirement and farewell service at Pyongyang Theological Seminary had been held the previous year, in March 1937. The kind of love he received can be gleaned from an article titled "Sending Off Dr. Wang Gilji, Our Teacher," published in "Theological Guide." "As I write this farewell to Dr. Wang, the benefactor of our nation, our church, and our seminary, I feel a complex mixture of emotions.... Our great benefactor, who dedicated his valuable life to us, has returned to his homeland. Now, we will never again hear the voice of that honest and fatherly doctor.... The image of him finally appearing listlessly on the podium, a place of deep connection, and weeping, 'I mourn this meeting,' is still vivid in my mind..."[56]

Engel died in Melbourne on May 24, 1939, the year after his retirement. He was 71 years old. 'The Chronicle' announced his death along with his photograph, writing: His 38 years of dedicated service in Korea are a remarkable record. He was no novice, having left in 1900. He had already served as a missionary in the East (India) for six years.... Our church owes a debt of gratitude to this faithful couple.

Dr. Engel's contributions include: He gave freely of himself to evangelism and church operations. Most of his "itinerant preaching" was done during the pioneering period, when travel was most difficult and dangerous. He participated in Bible translation work. Providing the Word of God in the native tongue is the

---

56) Theological Guide, Vol. 19, No. 3, May 1937.

most valuable work in evangelism. From the beginning, he was interested in seminary education, and this work gradually expanded until the mission appointed him a full-time professor. This was the culmination of his many educational ministries in schools, Bible schools, and churches. We give thanks to God for his life of witness.[57]

His funeral, held at Camberwell Church in Melbourne, was attended by many, including the leaders of General Assembly and former Korean missionaries Noble Mackenzie and George Anderson. His body was buried in the Springvale Cemetery.

A Record of Gratitude

The Australian Missionary Council commemorates Engel's retirement with a record of gratitude to Engel and his wife, Agnes. The Council expresses its gratitude, saying that Engel, before going to India as a missionary, had prayed for 40 years of service, and that prayer was ultimately answered in a magnanimous manner. The following is an excerpt from that record: Dr. Engel was a 'good steward of God's abundant grace.' He possessed the gifts of racial thoroughness and mysticism, scholarship and music, languages and church administration, and persevering faith. He returned all these gifts to the great Master who gave them to him. And God used Engel's devotion for 37 years to benefit the Korean church and missions.

In the early days of Korea, disease was a constant threat. Lawless delinquents were also a danger. Engel was ill and beaten. He worked tirelessly. He worked alone as a traveling preacher, served as principal of our first school, and served on the translation committee of the British and Foreign Bible Society...

His 31 years of devotion culminated in his appointment as a full-time professor at the seminary. In 1920, in recognition of his ministry, he received the degree of Doctor of Divinity from the University of Wooster, Ohio.[58]

---

57) PWMU, July 1, 1939, 2.
58) 'The Record', Vol. 24, 1937, pp. 152–153.

<References>

Australian Missionary Council, *The Record*, Busanjin, 1913, 1937.

Engel, E, *Gelson Engel's Diary*, September 19, 1900–December 19, 1903.

PWMU, *The Chronicle*, Melbourne, 1906–1939.

<Korean References>

Busanjin Church, *Busanjin Church Elders Council Minutes*, Busan, 1904–1968.

Kerr and Anderson, trans. Yang MD, *Australian Presbyterian Missions in Korea 1889-1941*, Seoul, 2017.

Kim, GS, *Missionary Wang Gilji*, Busanjin Church, 2005.

Jeong BJ, *The Theological Thoughts of Australian Presbyterian Missionaries and Korean Missions 1889-1942*, Seoul, 2007.

Lee SG, *Wang Gilji's Korean Missions*, Soongsil University, 2017.

Paton, F., & Campbell, E., ed. Yang MD, *Designers of the Australian Presbyterian Mission in Korea*, Seoul, 2020.

Suan Church, *The Footsteps of Pastor Wang Gilji*, Busan, 1991.

Yang, MD, *The Australian Missionary Gelson Engel*, Seoul, 2023.

5. Hugh Currell, The First Doctor

(Hugh Currell, 1871-1943)

In early January 1902, a group of people met in Ballarat, Victoria. Among the many agenda items, there was one to send a doctor to Korea. Their decision appeared in a newspaper the next day:

"Mr. Hugh Currell, MD, was appointed medical missionary to Korea at the Foreign Mission Committee of Presbyterian Church in Victoria meeting held yesterday in Ballarat. He will be ordained in Melbourne in mid-March and will depart for his mission field in April."[59]

His ordination and commissioning sending service were held in the Assembly Hall in Melbourne on March 18. Early the following month, he left Australia for Busan, Korea, with his wife, Lucy Ethel.

Medical Activities in Busan

Hugh Currell was born in Northern Ireland in 1871. He attended secondary school there and entered Queen's College, the Royal University of Ireland, Belfast, in 1892. He also graduated with honors from Trinity College, Dublin. He developed a keen interest in medical missions and eventually entered medical school, beginning his career as a medical missionary.

Currell and his younger brother James immigrated to Victoria, Australia, in 1899. He developed hospitals at Kiabram, near Bendigo, and later in Rutherglen and Kensington. He met Andrew Adamson, a Korean missionary visiting Australia, and learned through him that he was seeking medical doctor to work in Busan. At the height of his business success, Currell gave up everything to become Korea's first pioneering medical missionary. He was 31 years old at the time.

Currell and his wife arrived in Busan on May 19, 1902. They began their Busan life by living in Adamson's residence in Choryang. When he was single, his salary was 200 pounds per year, but after he married, his salary increased to 280 pounds. Adamson commented on the long-awaited dispatch of a medical doctor to Korea:

"His dispatch means more than words can express. The Korean Christians regard it as another example of God's love for them."[60]

---

59)　'The Argus', January 7, 1902, p. 5.
60)　'Presbyterian Fellowship Union', 14th Annual Report, 1902-1903, 3.

Having a "doctor" was a precious gift to the Australian missionaries in Busan, and a great blessing to the Koreans there as well. Currell soon established a dispensary and a temporary clinic and began his medical work. He was able to rent a small room at Busanjin Ilsin Girls' School. It is said that he treated or administered medicine to an average of 20 patients daily. The following is an excerpt from Currell's report: "The range of illnesses is diverse, from abscesses to leprosy, burns to spinal curvatures. Surgery and internal medicine are almost equally represented. Eye diseases are also common. Surgical treatment is very popular here, but operations are rare, as the facilities are not yet fully developed. There were about 20 operations, several amputations, excisions of tumors, and five removals of dead bone."[61]

Late that year, Currell requested the Assembly's Foreign Mission Committee to build a parsonage and hospital. The committee was sympathetic, but no funds had been raised for the purpose.

"Nevertheless, Currell visited various areas in Busan and Dongrae, and by the end of 1903, he had strongly urged the purchase of land in Old Busan. He was eventually authorized to purchase the land on behalf of the mission, and the Foreign Mission Committee agreed to appeal to the churches in Australia to raise funds for the building."[62]

At the same time, Currell was busy dealing with the cholera outbreak that was threatening Busan in late 1902. He distributed disinfectants and medicines, and treated patients from morning until late at night, working in Busanjin in the morning and Choryang in the afternoon.

Currell also toured the areas around Busan with Engel, providing treatment and medicine along the way. Initially, he dispensed medicine and treatment free of charge, but to ensure effective work, he charged a minimal fee. However, for those who could not afford even that, he provided free treatment.

Why Jinju?

The land purchase in Busan was not going well. Furthermore, the North

---

61) 'The Messenger', December 12, 1902, 889.
62) Kerr and Anderson, 126.

American Presbyterian Mission had established Junkin Hospital in Busan in 1903, and there was also a public hospital run by a Japanese doctor. In this situation, Currell began to think that establishing a hospital in a new area, both "out of humanitarian concerns and for the purpose of spreading the gospel to the Gentiles here," would be more fruitful. Currell wrote about this in his "Report of 1905-1906" as follows:

"Although Busan was a major port, it was not the best center for our mission. It was felt that other areas would offer greater opportunities, especially for medical missions. Therefore, the idea of opening a hospital in another city was proposed."[63]

However, the location of this new area was unclear. Masan was the first option. Being a port, it was open to foreign merchants and had a large population. However, he was unsure whether it was the best location for medical work and could not decide to go there.

At this time, the Australian Mission agreed with the American missionaries in Busan to divide the Gyeongsang region into mission areas and began implementing the plan. The Americans were assigned to the central and northern regions, totaling 15 districts, while the Australians were assigned to the four eastern districts and the 12 southwestern districts. This division was a good way to avoid overlapping work, but the two large districts assigned to the Australian Mission were unfamiliar to them. The Australian missionaries were all concentrated in the small eastern districts.

Of these two unfamiliar districts, Currell began to take an interest in Jinju. Here's what he wrote in his report:

"As a result, Jinju fell into our hands. It was a large city, the capital of Gyeongsang Province. It was located in the very center of our western region. We were entrusted with the responsibility of evangelizing all 12 districts here. There were no foreign missionaries, no missionary doctors, and no hospital. The hospital was in Pusan, 80 miles away. We could not resist the call here."[64]

The Australian Mission decided to establish a second mission station in Jinju and proposed it to the Foreign Mission Committee of the Assembly. At the end of August 1905, the welcome news arrived from Australia that they had agreed

---

63) PWMU., February 1, 1907, 9.
64) Ibid., p. 9.

to establish the Jinju Mission. A few days later, more exciting news came in: the Victorian Women's Missionary Union had decided to build a hospital in Jinju in memory of Mrs. Paton. The details included the name of the hospital, the "Margaret Whitecross Paton Memorial Hospital."

At the time, a media outlet also quickly reported the news that the Victorian Presbyterian Church had decided to establish a hospital in Jinju, Korea. "The Victoria Presbyterian Church has responsibility for a large area in Korea, and there has been a strong appeal lately for you to come to Jinju, where 750,000 people are yet unreached and uncared for. A medical missionary is preparing to go to that dark region, and our unanimous appeal is to establish a 'Margaret Whitecross Paton Memorial Hospital' there in memory of our co-worker. The fundraising goal is £3,000."[65]

Currell had already visited Jinju in June 1905. He toured the town and district. In July and August, he traveled between Busan and Masanpo, conducting medical work and studying the Korean language. Finally, in September, he decided to go and begin work in his new area, Jinju.

"First, we visited Jinju to acquire land for the mission and hospital, and then we packed and prepared for the move. It wasn't until late September that we finally shipped our belongings and personal property, loading them onto a slow Korean boat and transporting them by river. We visited Jinju once more to purchase the land and inspected the arrival of our belongings. Then we returned to Busan. On October 20th, we all safely moved to Jinju. The Jinju Mission was born."[66]

Currell finally arrived in Jinju on the night of October 20th, 1905, exhausted, with his wife, two daughters, and Elder Park Sungae's family of Busanjin. The minutes of the Busanjin Church at the time record the following:

"Park Sungae, her mother Park Juryeon, and her wife Park Sunbok decided to move to Jinju and establish a new church there under Pastor Geoyeol, so we decided to give them a place to farewell."[67]

---

65) 'The Express', July 31, 1905, 1.
66) PWMU., February 1, 1907, p. 10.
67) 'Busanjin Church Minutes,' October 14, 1905. (Geoyeol or Geo Yeolhyu are Currell's Korean name.)

Early Medical Activities

Currell and his group arrived in Jinju in early September and settled in a thatched-roof Korean house they had purchased. This marked the beginning of the Jinju Mission, the Jinju Church, and the beginning of medical work, Paton Hospital. Currell knew that the old city of Jinju was not an easy place to be. The following is Currell's account:

"This was a pagan region, a land of superstition, a place where Korean cultural customs, along with a strong suspicion and aversion to foreigners and foreign influences, were embedded. These were the obstacles we had to overcome before we could build God's temple and sow the seeds of the gospel of His kingdom."[68]

Currell recalled that on his first Sunday in Jinju, he and Elder Park attended a service, attended by two outsiders drawn by curiosity.

"In 1905, the Okbong-ri Church in Jinju-eup was established. Prior to this, missionary Geo Yeolhyu(Currell) and Park Sungae had preached and established a three-room thatched house within the northern gate of Jinju-gun as a place of worship, where they gathered for worship."[69]

By the end of that year, the house was so full that worship had to be held outside. Forty-six men and boys attended the Sunday morning service, and a separate women's meeting was held every Tuesday evening. From the beginning, an average of 62 women and girls attended. At the same time, Currell continued to see patients.

"Every afternoon, we treat patients in a makeshift clinic. At first, people looked at us with suspicion and were ashamed to approach us. But as the months passed, our care improved, and we began to gain a wider reputation. Now, faith in Western medicine is gradually increasing."[70]

Currell had one regret at the time: he did not have time to actually tour the Jinju area. He believed that itinerant preaching might be the most important work of the mission field, but one male missionary was not enough. With evangelistic work, medical work, and housekeeping, leaving Jinju unoccupied was impossible. Currell urgently requested two more male missionaries from Australia to conduct

---

68) PWMU, February 1, 1907, 10.
69) Joseon Presbyterian Church History, Volume 1, 1928, 129.
70) PWMU, February 1, 1907, 10.

itinerant preaching for the souls of thousands who did not know Christ.

At the time, the Korean women workers who were working there were Martha Yun, Boki Yun, and Sueun Kim. Yun Martha received support from the British and Foreign Bible Societies, while Yun Boki and Kim Sueun received support from the Victorian Women's Missionary Union. At the same time, Currell used a room in his house as a Christian bookstore and spread the gospel.

"On market days, our front door is crowded with people who gather to see foreigners. Most of them hear about Jesus, the Son of God, who loved them so much that he gave his life for them. Recently, we have started operating a bookstore in one of our rooms. On market days, we usually sell 80-150 volumes of the Gospels and Acts of the Apostles. Each volume is very cheap."[71]

Meanwhile, Currell's wife, Ethel, began teaching girls in her garden, and then boys as well, which later developed into Siwon Girls' School and Gwangrim Boys' School. She was also the first Western woman to reside in Jinju and a pioneer in Western-style education. Thus, the three major projects of the Jinju Mission began to develop: evangelism, medical care, and education.

Fundraising for the Hospital

"In the Margaret Whitecross Paton Memorial Fund report of May 1908, we reported that there was a fund of 1,019 pounds, 3 shillings, and 1 pence for a hospital in Jinju, Korea. As most of our members know, construction of the hospital building has not yet begun."[72]

According to the report of Matthew, honorary treasurer of the Fund, there was a fund of over 1,000 pounds for Paton Hospital in mid-1908, but construction had not yet begun. In fact, the Victorian Women's Missionary Union had donated 825 pounds when it approved the construction of a hospital in Jinju in 1906, and had been continuously raising funds since then. Initially, Currell envisioned a "moderately sized hospital" without an operating room, but minimal hospital facilities were still needed.

In 1907, Currell purchased land for the mission and hospital. The following is

---

71)   'The Messenger', June 15, 1906, 330.
72)   PWMU, May 1, 1909, 13.

an excerpt from Edith Kerr's later account:

"In December 1907, Dr. Currell sent a draft of the hospital proposal to Australia and reported that another piece of land had been purchased for 32 yen. Six months later, he purchased another field for 25 yen, and a three-room house was converted to serve as a dispensary. His policy was to purchase land as it came onto the market and resell it at his convenience until he deemed it sufficient for his mission. In this way, he was able to establish the best mission base in Jinju."[73]

In 1909, Currell was on vacation in Australia, and he traveled extensively to promote the hospital. The members of the Union had the opportunity to meet him in person and hear his speech, and his sincere appeal sparked a fervent interest. They also sympathized with his call for more missionaries in Korea. At the time, he was very optimistic about the Korean mission, and at one meeting, he expressed the following outlook:

"The missionaries in the field believe that if enough men are sent now, there will be no need for overseas missionaries within 20 to 25 years. The land will be left entirely to the Korean church."[74]

At the same time, Currell submitted a hospital design drafted by an Australian architect to the Assembly's Foreign Mission Committee for approval. This design was later redesigned as a two-story hospital, and the total budget increased to 1,841 pounds. Finally, the Foreign Mission Committee approved construction.

There was more good news. In response to Currell's plea for more workers, the first head nurse, Frances Clark, was dispatched to Jinju in 1910. The following year, Dr. and Mrs. Charles McLaren joined the team. Now, the hospital's completion was all that remained.

Hospital under Fire

However, construction continued to be delayed. When the Australian delegation visited Jinju in late 1910, the foundations had been dug, but no further progress had been made. Currell had to supervise Korean and Japanese workers, who had different work cultures, and he realized that rushing them was futile.

---

73) Kerr and Anderson, 127.
74) PWMU, June 1, 1909, 3.

Construction actually began in the spring of 1911, but obstacles and difficulties continued to arise. The monsoon season also halted construction. Transport, including lumber and cement, had to be transported by ship, a cumbersome task. Overall, the initial contractor's dissatisfaction was a major factor.

By early 1912, after many twists and turns, the hospital was finally nearing completion. Everyone in Australia and Korea, eagerly awaiting its completion, was filled with anticipation. But then came shocking news: a fire had broken out in the nearly completed hospital building. This tragic news was reported in a leading Australian daily newpaper under the headline, "Missionary Hospital Destroyed."

"A telegram from Jinju, Korea, arrived at the Presbyterian Church office, stating: The hospital built in memory of Mrs. Paton has been severely damaged by fire. Fortunately, the building was not yet finished, but the damage is estimated at £500, a blow to the mission. Dr. Hugh Currell and Dr. McLaren are in charge of the mission hospital in Jinju."[75]

While neither Currell nor McLaren provide specific details about the fire, Margaret Davies, who was in Jinju at the time, reports the following: "Wednesday night, February 21st, was dark and damp. Because of the rain, the midweek prayer meeting had been canceled, and inside the church were several men who had come from the countryside to attend the February Bible class. Suddenly, they heard a cry of 'fire!' The male missionaries rushed to the scene within five minutes. However, by then, flames were already visible throughout the building, and they could only watch helplessly as it raged.

Water was drawn from a new well near the hospital, and the rain helped to stop the flames from spreading further. As a result, the east building and the flooring materials piled in the yard were saved. If the rain hadn't come that night and the wind had blown, the school building would have burned as well. And the neighboring houses with thatched roofs would not have escaped the flames."[76]

A loss of 500 pounds was nearly a third of the total construction cost, and not only that, the long-awaited opening of the hospital was either canceled or postponed indefinitely.

However, Currell leaves a remarkable record: the Victorian Women's

---

75)   'The Herald', March 4, 1912, 3.
76)   PWMU, May 1, 1912, 4.

Missionary Union, undeterred, engaged in even more fervent fundraising efforts. The fire moved the hearts of its Australian members, and within a short period, they raised enough funds to cover the losses. However, the 600 pounds debt incurred for the hospital construction remained. To repay this debt, the Union not only raised funds but also held bazaars and sold handicrafts. The Union established the Paton Hospital in Jinju, Korea, but also in Port Vila, New Hebrides. The completion of the Paton Hospital in Korea in Asia and the New Hebrides in the South Pacific was made possible by the prayers and heartfelt support of the women members of the Presbyterian Church of Victoria.

Openning of Paton Memorial Hospital

Finally, on November 4, 1913, Paton Memorial Hospital officially opened. It was the first Western-style modern hospital in Jinju. A photo of John and Margaret Whitecross Paton hung in the hospital, flanked by a wall clock brought from Australia. The hospital was opened with Margaret Paton's nephew, David Lyall, in attendance.

"The opening ceremony, Tuesday, was primarily a men's day. The officiants and high-ranking officials sat in the foyer, located at the entrance to the women's outpatient ward. We women watched the proceedings unfold through the windows of a nearby ward. When the first part of the ceremony concluded, we quickly retreated behind our screens. The men entered the ward, 80 at a time. With meticulous preparation and the orderly attendance of onlookers, everything proceeded smoothly."[77]

Unfortunately, many workers from the Australian Mission arrived late or were unable to attend the opening ceremony. McLaren, Watson, and Wright arrived late, while Moore, Mrs. Watson, and Taylor from Tongyung were unable to attend.

The following day, the event focused on women and children. The women toured the hospital and the dormitory that opened that day. This time, the women came out of their cubicles and enjoyed tea and cake together.

One interesting fact is that the hospital flag was specially designed for the opening ceremony.

---

77)　Ibid., February 2, 1914, 6.

"The flag was designed and made for the opening of Jinju Hospital. It had a white cross on a red background, and the Chinese characters 'Baedon Gi-nyum' (meaning 'Paton Memorial') were written in the four corners of the flag."[78]

At the time of its opening, the hospital's staff consisted of two Australian doctors (Currell and McLaren), a Korean doctor, an Australian head nurse (Clarke), and a Korean nurse.

While the names of the Korean doctors are not recorded, fortunately, the names of the nurses are recorded elsewhere. They were Lee Pyeongan, Kim Chaebong, and Park Dongnae. Notably, a woman named "Nurse Park" often appears in letters from early Australian nurses, mentioned only by her surname, and it is possible to speculate that she is Park Dongnae. If she is indeed the person, she was a young widow and a valuable worker at Paton Hospital, having completed her nursing training there and received her first certificate. 'The Chronicle' magazine from that time published a photograph of the hospital staff, including their faces.

While Currell's primary task was medical work, as mentioned earlier, he also engaged in numerous other activities, including evangelical tours, establishing churches, and founding schools. He oversaw cities like Jinju, Sacheon, Samga, and Goseong, and established numerous churches.

Currell also lectured at Severance Hospital in Seoul for three months each year during his final three years in Korea. His subjects included obstetrics and ophthalmology, as well as diseases related to otolaryngology. At the time, medical missionaries dispatched by various mission societies lectured at Severance Hospital, and Currell and McLaren also participated.

Champion of Korea and Koreans

At the end of 1915, the Currell family left for Australia for vacation. It was effectively a permanent return. His wife, Ethel, was in poor health, and there were concerns about the education of his two daughters, born in Busan, and his son, born in Jinju. At the young age of 44, he had much to do in Korea, but he decided to settle in Victoria, Australia.

Currell himself does not record what he was like when he left Jinju, but his

---

colleague, Nellie Scholes, writes: "Dr. Currell and his family took an early leave of absence due to his wife's health problems. We will miss them all. And the older Koreans, in particular, will never forget Currell, who first came to Jinju and introduced them to the Lord, changing their lives. They were even more saddened by the news that his daughters, Ethel and Annie, would be attending school in Australia and would not return to Korea. It must have been difficult to say goodbye to them, including his son. These children, whom they had seen grow up from infancy, will never be forgotten." [79]

Currell arrived in Melbourne, took a leave of absence, and then purchased a house in Kensington, a city center neighborhood. He then opened a private practice and began working there. He remained there for the rest of his life, until he later turned the practice over to his son-in-law. Simultaneously, he served for many years on the Foreign Missions Committee of the Presbyterian Church of Victoria.

Currell's name would appear again many years later. This was an encouraging remark given at a welcoming reception held at the Assembly Hall in mid-1937 when nurses Hong Oksun and Lee Yeongbok visited Australia for training.

"These two nurses will do amazing things in the future. They have already completed their nursing training in Korea, and they are eager to see hospitals, nursing methods, and new perspectives on treatment here. I believe our nurses can learn from them, because in Korea, doctors and nurses combine physical and spiritual healing. And their example of faith is leading many to the Christian faith." [80]

Many years have passed, but it is clear that he still harbors a deep affection for the Korean church and the advancement of medicine. For a while, no news of Currell was heard from him. Then, on March 10, 1943, a Melbourne newspaper published an obituary of Currell.

"Dr. Hugh Currell, a faithful missionary to Korea and a staunch friend of missionary work, died in Macedon on March 10. With Dr. Currell's sudden death on Wednesday, March 10, the church has lost a devoted member, and the church's overseas missions have lost a worker with a true missionary spirit." [81]

Soon after, a eulogy appeared in 'the Chronicle'. The author, though unnamed,

---

79)   Ibid., December 1, 1915, 3.
80)   'The Argus', September 1, 1937, p. 20.
81)   'The Macedon', March 10, 1943.

must have been someone who knew Currell well. He called Dr. Hugh Currell, though not the first missionary to Korea, a pioneer in the true sense of the word. He said that one of Currell's goals was to reach as many people as possible and help them as much as possible, and praised Dr. Currell for his great missionary work in Jinju. The anonymous writer concluded his eulogy with the following words: "He was ever a champion of Korea and the Koreans."[82]

<References>

The Argus, Melbourne, January 7, 1902; September 1, 1937.
PCV, *The Messenger*, Melbourne, December 12, 1902; June 15, 1906.
PWMU, *The Chronicle*, Melbourne, 1907-1943.

<Korean References>

Busanjin Church Elders Council Minutes, Busan, October 15, 1905.
Cho, HG, *Australian Missionary Currell and His Companions*, Korea, 2019.
Kerr and Anderson, trans. Yang, MD, *Australian Presbyterian Missionary History in Korea 1889-1941*, Seoul, 2017.
Dong-A Ilbo, Seoul, December 29, 1923.
Lee, SG & Yang, MD, *Australian Missionaries in Korea – Jinju and Tongyung*, Seoul, 2019.
Yang, MD., *The Australian Missionaries at Paton Memorial Hospital in Korea*, Seoul, 2019.

---

82)   PWMU, April 1, 1943, 9.

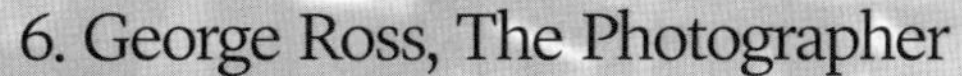

6. George Ross, The Photographer

In 1904, Australian photographer George Ross visited Korea. Born in Clunes, Victoria, his career truly began when he discovered his talent for stereographs, a popular technique at the time. Stereographs are photographs that are created by taking two images side by side with a dual-lens camera, pasting them onto a card, and then inserting them into a special viewer called a stereoscope to create a single three-dimensional image.

During the Russo-Japanese War, Ross traveled extensively to Korea and Japan, taking numerous photographs. In Korea, he traveled not only to Seoul but also to Incheon, Busan, and Pyongyang, capturing the everyday lives of Koreans. At a time when photography was late in coming to Korea and professional equipment was limited, his photographs capture invaluable images.

Fortunately, Ross's photographs, which were well preserved, were published in 2004 as a book titled *Korea through Australian Eyes 1904*. This book contains approximately 40 of his images, all of which are of a high and professional quality. His photographic activities and results offer a glimpse into the society of the Korean Empire and the Korean people of the time.

"What makes Rose's images distinctive are the scenes of everyday life they capture: local people in traditional costume walking the streets, street vendors and farmers in crowded markets, busy labourers and children standing on the rocky city walls. Rose did not "pose" his subjects: he photographed the people as he saw them. Their activities take place against a backdrop of local buildings with tiled and thatched roofs, pagodas, temples and rural landscapes. His images also reveal the lives of labour-intensive work for the lower classes. The presence of Japanese soldiers in some photos highlights the tense political background."[83]

Along with some rare photographs taken by Australian missionaries in Korea, particularly in the Gyeongsang Province region, from the 1890s, Ross's photographs from the early 1900s offer a profoundly meaningful and valuable glimpse into Korean landscapes and people as seen through Australian eyes.

<References>

Carswell, B., *Japan and Korea through an Australian lens*, Dec 18, 2023.
Yang, MD., *Korea & Australia: 120 Years of History*, Yensei Uni Press, 2009.

---

83)   Carswell, 2.

7. Margaret Davies, Independence Activist

(Margaret Davies, 1887-1963)

In 2023, the Government of Republic of Korea awarded Margaret Davies the Order of Merit for National Foundation, Patriotic Medal. She became the first Australian woman with two others to receive the distinction of being a recipient of the Korean Independence Medal.

The Davies Family

As Margaret's surname, "Davies," suggests, she was from the same family as Henry Davies, the first Australian missionary to Korea. She was the daughter of Henry Davies's younger brother, Reverend John Davies, and thus Henry Davies's niece. Her mother, Annie Davies, was one of the founding members of the Victorian Women's Missionary Union. Furthermore, Margaret was the older sister of Dr. Jean Davies, a doctor at Paton Memorial Hospital who was dispatched to Korea in 1918. This family is an unforgettable part of early Korean and Australian history.

On June 15, 1909, the Victorian Women's Missionary Union read Margaret's application for missionary work in Korea. The application was approved after a series of motions and recommendations, and the Union expressed gratitude, stating that it was God's answer to their prayers for sending an educator to Korea. It was decided that the official dispatch would take place the following year, 1910.

Margaret graduated with honors from the University of Melbourne with a Master of Arts degree and also completed a degree in education. She also received missionary training at the Missionary Training Center. The Women's Missionary Union had known Margaret since childhood and was familiar with her family. They called her a "born teacher," and indeed, she loved and excelled at teaching. Many branches of the Union had already met her and heard of her missionary calling, and they readily blessed her as she followed in the footsteps of her uncle, Henry Davies, the first martyr.[84]

When Margaret arrived in Korea with the Foreign Mission Board's delegation in November 1910, her mother accompanied her. This was the first time the Presbyterian Church of Victoria had sent such a delegation to an overseas mission field, and Margaret was among them. Among the photos taken upon their arrival at Busan Port, one of Margaret and her mother at the Henry Davies grave site on the

---

84) PWMU, October 1, 1910, 3.

slopes of Bokbyeongsan remains, offering a glimpse into the scene.

Margaret learned Korean and adapted to life in Korea, attending Ilsin Girls' School, founded by Belle Menzies in 1895, every day to meet with students and teachers. At the time, the school had an elementary school and a high school department established two years earlier. She spent her first Christmas in Korea with the children. In a letter to Margaret's mother, whom she had met a year earlier, Seo Maemul wrote that she was learning organ and English composition from Margaret, and that Margaret was learning Korean writing from her.

"A Great Light in a Small Land"

At the end of 1911, when Nellie Scholes, the principal of Siwon Girls' School, went on vacation, Margaret took charge of the school and relocated it to Jinju. Three years later, in 1914, Margaret returned to Busanjin Ilsin Girls' School, taking up the position of principal. Later that year, she wrote a letter from Busanjin. While Margaret was away in Jinju, changes also occurred in Busanjin. The Engel family had left, Wright was touring the countryside, and Niven and Alexander were running a Bible classes for women in Gimhae.

At this time, the women workers in Busanjin supported by the Australian Mission included Park Uiyun, Oh Geuman, Yang Juam, Kang Bueun, Park Gyesil, Jeong Hyeoksin, and Lee Boeun. Teachers at Ilsin Girls' School included Jang Geumi, Moon Soongeum, Park Deoksul, and the Japanese Kawakubo. In August 1915, Ilsin Girls' School's regulations were revised, reducing the length of the elementary school course to three years and the high school course to four years. Margaret and Clark went on vacation to Australia later that year, and during their vacation, they traveled to various presbyteries and churches in Victoria, giving reports and lectures. They also prepared a small textbook to introduce Korea to the Victorian church. The title of the textbook was "A Great Light in a Small Land." The Senior Women's Union and the Women's Missionary Union distributed this booklet to all branches and encouraged study. At the time, each volume cost nine dimes.

The textbook was divided into chapters based on several topics, with discussion topics at the end of each chapter to encourage discussion. The mission branches also printed and sold individual chapters, each for four dimes.

Back to Busanjin

In September 1916, Margaret returned to Busanjin, Korea. She wrote the following letter after two weeks:

"After a year's vacation, Clark and I returned home with renewed zeal and enthusiasm. Frankly, it was difficult to adjust and find stability at first. This Far Eastern world is so different from our own. The sights and smells are quite repulsive to us Westerners. Most of the houses are very poor and squalid. This is my second time here, and I see signs of darkness and suffering everywhere in many lives here."[85]

In February 1917, Ilsin Girls' School received a special visitor. It was the Governor of South Gyeongsang Province. Accompanying officials were there to observe whether the school was operating according to government policy. They toured the classrooms, the handicrafts and paintings made by the students, and gave a short speech to the assembled students. In particular, she mentioned the Bible as a textbook for ethics classes and sang the Japanese national anthem with her students. Under the Japanese government's control, Ilsin Girls' School was also under increasing pressure. This was two years before the March 1st Movement.

In late 1917, when Menzies, who was in charge of the Myoora dormitory and orphanage, went on vacation to Australia, Margaret took over her duties. Therefore, she also wrote quarterly reports on Myoora.

"There are currently ten girls, including Sunbok, in the Myoora dormitory... One of them came from Tongyung after the last report, and one from Ulsan. The parents of another have moved from Busan, but have left her in our dormitory for her education. We begin prayer promptly at 8:30, and each girl recites a passage from the Bible. Jang Geumi then hurries to the school and rings the bell."[86]

In early 1918, Margaret had the joy of meeting her younger brother, Dr. Jean Davies, who had been dispatched to Korea. Jean worked at Paton Memorial Hospital in Jinju, and Margaret at a school in Busan. The two sisters were active in South Gyeongsang Province, where their uncle had been martyred.

Later that year, a flu epidemic raged in Busan, causing widespread suffering.

---

85) Ibid., December 1, 1916, p. 13.
86) Ibid., July 1, 1918, 4-5.

Influenza could easily develop into pneumonia and, if left untreated, could be a dangerous illness with other complications. Students at Ilsin Girls' School and Myoora school in Busanjin, as well as Australian workers, were also suffering from the flu. Margaret reported that 35 people were dying each day in Busan alone.

"Call! Shout Hurrah!"

On February 11, 1919, Margaret wrote a letter to the Victorian Women's Missionary Union on behalf of the women missionaries, expressing gratitude for the union's agreement to raise the salaries of Korean staff at the Australian Mission. At the time, there were over a dozen Korean employees working for the Mission, including teachers, evangelists, Bible sellers. Their salaries varied depending on their role.

That year, the March 1st Movement in Seoul sparked a nationwide wave of resistance against Japanese rule. A few days later, a demonstration erupted in Busan, and students and teachers from Ilsin Girls' School also participated, causing significant hardship for the school. Furthermore, principal Margaret Davies, along with Menzies and Daisy Hocking, were summoned to the police station and court, enduring significant hardship. Margaret recorded the situation in detail in a letter dated March 18.

Margaret and Hocking, who had been taken to the police station for participating in the student demonstration, were released the following day, March 13th, at 11:30 AM. The police chief claimed they were not released because they had done nothing wrong, but because they had not used violence and were not Korean. He also warned them. The female missionaries spoke of the truth about Christian martyrs, but the chief turned a deaf ear.

Only after their release did they learn that eleven students (including five students living in the dormitory) and two teachers were imprisoned. Since no one, including their families, was allowed to visit the students, the missionaries had no choice but to prepare food for them at a nearby inn and bring it to them.

And that wasn't the end of it. Margaret and the two others were summoned to court and cross-examined. They were also forced to return to the police station repeatedly to answer numerous questions. The Japanese police question at the time was: "Have you committed any crimes in your country before coming here?" "Aren't you ashamed that your students are in prison because of your harmful teachings?" Of course, they replied that they were not ashamed at all.[87]

However, the Japanese police saw things differently. They recorded that "the Australian female teachers had incited the protests by shouting, Hurrah! Hurrah!"[88]

The police then took them to court based on this information, and the legal battle continued. Ilsin Girls' School students and teachers appeared in court bound with ropes and wearing sacks on their heads. Teachers Ju Gyeongae and Park Sinyeon were each sentenced to 18 months and forced labor for their participation in the demonstrations, while the students were sentenced to five months and forced labor. Moon Boksoon and Kim Suni, teachers at Tongyung Jinmyung School who graduated from Busan Ilsin Girls' School, were also sentenced to six months and forced labor.

By the end of the year, Margaret reported to Australia that the school and dormitory were operating normally. A special dawn prayer meeting was held at the school for a week, attended daily by upperclassmen from the dormitory. These students had suffered in prison during the independence movement, and they prayed fervently for those still in prison. On the surface, Busan was peaceful.

Educational Challenges

On April 1, 1920, Busanjin Ilsin Girls' School reopened after the summer break. Instruction began with a new curriculum. Last year, 165 students had enrolled, and Margaret expected the number to approach 200 this year. The problem was the lack of adequate dormitories and a severe shortage of teachers. Margaret reduced her time at the Women's Bible Institute and focused on school work.

At the end of 1921, Margaret visited Australia for another vacation. While she was away, Muriel Withers took charge of Ilsin Girls' School. Margaret visited branches of the Women's Missionary Unions throughout Victoria and delivered

---

87) Ibid., June 2, 1919, 3-4.
88) Kim, 163.

reports. She was particularly known as a "birthday thanksgiving missionary," and wherever she went, she appealed for support for overseas missionaries.

The Victorian Women's Missionary Union managed Margaret's schedule and coordinated the dates of invitations from each branch. Additionally, at least 365 birthday thank-you sponsors came forward and announced their intention to pray for her daily. Margaret attended the farewell service held at the Assembly Hall on August 1, 1922, and returned to Korea for her third term.

Difficulties awaited Margaret upon her return to Korea. Tensions existed between teachers and students at Ilsin Girls' School, and students were dissatisfied with the lack of teachers. The Union reported this news as follows:

"Ms. Davies has been struggling since returning to Korea. Students in the high school department complained, citing a single teacher as insufficient. They boycotted classes, and the school had no choice but to discipline the student who was the instigator. This was an extremely difficult process, but Miss Davies is said to be finding stability, and the teachers held daily prayer meetings to restore the school's spirituality through prayer."[89]

Here, Miss Davies refers to the principal, Margaret. She later commented on this incident:

"School vacation begins, but this time there are no graduates. This is because the high school students went on strike in October. The leaders were suspended for one, two, or three months. This meant they missed about a semester. Therefore, there are no graduates, no perfect attendance awards, and no commendations. I hope this opportunity will make the students realize how serious the strike is. It is not a way to advance the interests of the school."[90]

Margaret had an adopted daughter, Myeongse, who was to marry a banker in Geochang. Margaret explained that since she was not deaf or mute like Skinner's adopted daughter, she did not need to bring a sewing machine or a cow as a dowry. She also promised that if the wedding photos turned out well, she would send them to the Chronicle mission field.

In early 1924, Margaret's parents were visiting Korea. Her younger sister, Jean, accompanied her on her return from a vacation to Australia with other

---

89)   PWMU, February 1, 1923, 2.
90)   Ibid., March 29, 1923, 3.

representatives. Margaret had a joyful reunion with her family at Busan Port.

Dongrae Ilsin Girls' School Building

At Margaret's girls' school, there were three male teachers and one Japanese female teacher. The two Korean female teachers came from elementary school and taught sewing and physical education, but since most of the textbooks were in Japanese, they were not qualified to teach. There were about 60 students in the high school, and about 200 in the elementary school. Admission to the high school required passing a rigorous exam, so the number of students was small.

In the high school, Margaret taught Bible, English, and music. Teacher Lee taught arithmetic, algebra, and geometry, while Teacher Yoon taught geography, physics, and chemistry. Teacher Ji taught Bible and history, Fukuyama taught Japanese and painting, and Withers occasionally taught English and organ playing.

By late 1924, Margaret was finally sending good news to the Australian church. They had secured land for the high school division of Ilsin Girls' School and laid the foundation for the school building. The location was Dongrae. The design was done in Melbourne, and the architect, a Chinese-run Seoul-based Gospel Architecture firm, was contracted with a Christian company, Margaret notes. They first left a stone monument inscribed with the following inscription: "Australian Women's Missionary Union, December 21, 1924." Margaret hoped the building would be completed the following spring, so that the high school students could move in.

The school named Jane Harper Memorial School was finally completed. It was named in Australia in honor of Jane Harper, the first president of the Victorian Women's Missionary Union, which was founded in 1890. In Korea, it was called Dongrae Ilsin Girls' School. The total cost of building the main building and dormitory was 30,000 yen. On June 15, 1925, Margaret, Withers, and the faculty, along with about 20 students, moved into the new stone dormitory, and the completion ceremony was held on June 20. The dormitory had five rooms on the lower floor and six rooms on the upper floor, and could accommodate up to 52 students. Margaret expected most of the rooms to be filled by the start of the new semester.

Comparison of Australian and Korean Female Students

'The Chronicle' newsletter reported early the following year that Margaret had undergone a serious operation in late 1925. While her Australian sponsors were deeply concerned by the news, they reported that the operation had gone well and that she was recovering well. However, they did not mention the nature of the operation. The Union sent Margaret a telegram suggesting an early vacation, and she arrived in Australia in late April 1926. Upon arriving in Melbourne, she spent some time at her parents' home in Deepdin.

On Margaret's behalf, Withers reported on Harper Memorial School in April of that year, reporting that 64 new students had entered the first year, with one more joining the second. He joyfully shared the news that 19 of the 22 graduates of Ilsin Girls' High School's elementary school had entered Harper Memorial School. He also reported that the dormitory was overcrowded, with 42 female students.

Margaret recovered during her year-long vacation, extending her leave to attend the report meeting. She attended the missionary service at Kew Church on August 5, 1927, and her farewell letter of thanks was published in the missionary journal.

"Miss Camp asked me to write a farewell letter before leaving for Korea. I gladly responded, for I wanted to express my gratitude to the many people who had shown me kindness during my vacation. My visits are somewhat shorter than Skinner's, but I met and spoke with hundreds of members of the Union in both city and country. I will long remember the many joyful and inspiring conferences, branch meetings, and group gatherings. It is a great pride to belong to such a passionate organization for the kingdom of God."[91]

In addition, Margaret contributed a separate article entitled "School Girls in Today – Korea and Australia." In it, she introduced Korean schools and students, especially Dongnae Ilsin Girls' School, and appealed to the idea that affluent Australian students could help poor Korean students.

"Presbyterian school girls in Victoria can help Korean girls who are less fortunate than themselves. Most of our Korean girls come from poor families, and their parents cannot afford to pay their daughters' tuition. To help them earn money

---

91)　Ibid., August 1, 1927, 4.

to pay their tuition, we established self-help classes at Ilsin Girls' School and Jane Harper Memorial School in Dongrae. We created these classes so that students could work and learn...

Australian girls have much, but Korean girls have little. It is a privilege to lend a helping hand to our sisters across the ocean."[92]

Margaret arrived in Korea in September of that year, and at Busan Port, her younger sister Jean, fellow workers, and students gathered to welcome her. Dongrae Ilsin Girls' School held a welcoming banquet for the returning principal.

Scholarships from the Victorian Church

In early 1930, Margaret reported on the unrest occurring in Korean schools. This stemmed from a communist dispute between Korean and Japanese students in Gwangju, which had spread to Seoul and showed signs of spreading nationwide. While the Australian Mission schools were not yet embroiled in the conflict, Margaret was concerned.

"We want to remind our students that if such unrest breaks out in our school, it will negatively impact our chances of being designated by the government. If designation is not granted, the students will be seriously affected. We have currently applied for designation with the Busan government office, and they have promised to review our application once the situation has calmed down."[93]

Margaret and the Australian Mission were working to have Dongrae Ilsin Girls' School officially recognized as a secondary school, maintaining an uneasy relationship with the Japanese government. At the time, the school had three scholarships offered by Australia. Margaret introduces three students who received these scholarships: Park Bongyun, Han Gyeongsun, and Oh Jeongeun. They were receiving scholarships from the Presbyterian Church of Victoria and the "Pastor's Daughters Scholarship," and they were able to attend school with the money they earned from their scholarships and some handicraft work. Margaret assured her Australian benefactors that the scholarships they invested in her were not in vain.

---

92) Ibid., pp. 17-18.
93) Ibid., April 1, 1930, 7.

Celebrating the 20th Anniversary in Korea

Margaret celebrated the 20th anniversary of her mission in Korea in late 1930, becoming a 43-year-old veteran single missionary. On October 17, 1930, Dongrae Ilsin Girls' School celebrated the 20th anniversary of its principal's missionary work in Korea. The evening featured a concert by the female students and graduates. This year also marked the 25th anniversary of the school's predecessor, Busanjin Ilsin Girls' School. A lively banquet was held, with many guests, past and present teachers and students in attendance.

Inside the classroom, students' work and school history materials were on display, and among them, two promising female students who received the scholarship stood out.

At this time, the Victorian Women's Missionary Union and the Foreign Mission Board in Australia were experiencing financial difficulties. In particular, they were unable to support the various missionary projects being conducted in Korea or to maintain the salaries of missionaries and Korean staff. While financial support needed to be reduced, everyone was hesitant about reducing the number of missionaries. Ultimately, the Union decided to temporarily cut missionary and staff salaries.

Margaret was concerned that this would lead to a decline in support for the school. She continued to write letters to the Australian Church, noting how the girls at Harper Memorial School were being transformed into Christians and the fruits of this transformation. These letters also mentioned the school's need for a piano.

Finally Designated!

In mid-1932, Margaret took another vacation in Australia. Mrs. Matthew, president of the Union, organized a special gathering for Margaret, on February 21st of the following year. They invited members of the Presbyterian Women's Fellowship in East Melbourne to meet Margaret, a special guest. It was an occasion to celebrate and honor her 21st anniversary of missionary work in Korea. Margaret also attended conferences in Warragal and Morwell, and the Assembly in South Australia, reporting on Korean missions.

While Margaret was in Australia, a moment of great joy occurred at Dongrae

Ilsin Girls' School, where Ida McPhee was acting principal. It was officially recognized by the government as a "designated school," giving it the same status as a public high school. Mackenzie, a Korean head teacher, and McPhee went to the Ministry of Education to receive the certificate. Margaret explained the significance of Harper Memorial School's designation to the church.

At the time, the Japanese government sought to educate Koreans exclusively in their own language and severely discouraged religious organizations from providing education. Mission schools, designated as official educational institutions, were the exception, and even then, they were few and far between. The conditions were the highly qualified teachers, the school's adequate facilities, and generous scholarships.

Margaret had waited for years for Dongrae Ilsin Girls' School to be recognized as an official institution, and it finally received the designation, becoming the second girls' school in Korea. Students aged 13 to 20 would be granted the same qualifications as government schools upon completing the four-year course. Therefore, more students would enroll, and the future was bright.

Pressure from the Empire

In 1935, Dongrae Ilsin Girls' School continued to thrive. Margaret reported that a total of 144 students were enrolled that year, with 103 applying for new students and 46 passing the entrance exam. Fifty-one students were living in dormitories, including students from Jeolla Province. Furthermore, the Board of Trustees proposed that all churches in the Gyeongnam Presbytery make an offering for the school on the first Sunday of March, and the Presbytery approved this.

"Perhaps the largest donation was 250 yen for Dongrae Church and the school itself. We don't expect others to give as much as Mrs. Pa did. She donated 10 yen from her 25 yen salary. She said it was a token of gratitude for the school's work."[94]

The school played a significant role not only in the local community but also within the mission, with many of the girls' schools and kindergartens affiliated with the Australian Mission having alumni as teachers.

---

94)   Ibid., August 1, 1935, 7.

Later that year, on Saturday, November 30, a banquet commemorating Margaret's 25th anniversary of missionary work was held at Dongrae Church. The church was specially decorated, particularly a painting depicting a map of Korea and Australia, with the two countries linked by the inscription "Love of Jesus." Margaret received much encouragement and gifts that day, including an eight-panel folding screen with the Sermon on the Mount and Psalm 23 written in Korean.

By 1936, Japanese control over mission schools was intensifying. Pressure to worship at Shinto shrines was also felt at Dongrae Ilsin Girls' School, and Margaret was running the school with great anxiety.

"The issue of worshipping at Shinto shrines became a painful question for us in early autumn. However, we are grateful that the local government, reflecting our position, showed great consideration by allowing us to pray silently to God instead of bowing at the Shinto shrine. We earnestly hope that this will be the answer to this difficult problem."[95]

As mentioned above, churches in Busan, Jinju, and Masan pledged 8,500 yen to expand the school's classrooms. Despite Japanese pressure, Margaret worked to expand the building to accommodate more students, and now not only Australian churches but also Korean churches were contributing to the fundraising.

Final Tasks and Resignation

In 1938, Margaret returned to Korea after her vacation in Australia. For her, Korea was no longer an unknown land, but it was a land of uncertainty. At the farewell service, Elizabeth Campbell, secretary of the Overseas Mission of the Union:

"Miss Davies is not returning to unfamiliar duties. However, the situation today is that an uncertain future lies ahead."[96]

Under Japanese rule, the complex political and religious relationships cast a shadow over the future of all mission schools, including Dongrae Ilsin Girls' School. The shadow of war, brought on by Japanese militarism, was eroding all

---

95)   Ibid., March 7, 1937, 7.
96)   Ibid., September 1, 1938, 4.

religious tolerance, and the freedom of faith enjoyed in the past was no longer enjoyed. The Women's Missionary Union and Margaret knew they might no longer be able to operate the school.

"Regardless of what the future holds, may we all take our farewell message to Korea together. These are the words Paul gave to the church in Ephesus during these difficult times: Ephesians 6:10-13."[97].

The Australian Missionary Council, held in Jinju on January 4, 1939, once again solidified its position on Shinto shrine worship. The Council had already clearly stated its position on Shinto shrine worship in churches and schools in 1936, but this time it reaffirmed it. It clearly stated that "bowing to Shinto shrines violates the fundamental duty to bear witness to the truth of God, that is, Christ."

The principals of schools affiliated with the Australian Mission knew what this meant. Margaret foresaw that Dongrae Ilsin Girls' School would also be closed by the Japanese. Nevertheless, she continued to work diligently for the school and its 182 students, hoping for a miracle. She contacted the Australian Church to expedite the payment of the funds promised for the expansion of the school building. The Women's Missionary Union in Melbourne approved the payment of the promised 900 pounds at its regular meeting in March. In January 1940, 'The Chronicle' newsletter reported Margaret's resignation. She explained that she would complete her term by June of that year and return to Australia. The Union was, in fact, delighted to have Margaret back with them.

Margaret returned to Australia and served as editor of 'The Chronicle' for 19 years, from May 1941 to February 1960, before finally retiring. Margaret's health was poor, but fortunately, her doctor sister, Jean, was by her side. Three years later, on June 23, 1963, Margaret passed away. She was buried in Burwood Cemetery, across from her high school, Presbyterian Ladies' College, next to her mother, Annie Davies.

---

97)　Ibid.

<References>

Australian Presbyterian Mission, *The Record*, V.27, 1940.

PWMU, *The Missionary Chronicle*, Melbourne, 1909-1941.

Tompson-Gray, J., *How Great Thine Aunt*, Publicious Book Publishing, 2018.

<Korean References>

Kim, GS, *Early Christian Missionaries in Busan*, Hansae Publishing, 2013.

Kim, JM, *Korean Independence Movement 1*, Wonseojeom, 1967.

Dongrae School Centennial Compilation Committee, *Dongrae School Centennial History*, 1995.

Kerr E., & Anderson G., edited by Yang, MD, *Australian Presbyterian Mission in Korea 1889-1941*, Seoul, 2017.

Paton F., and Campbell, E., edited by Yang, MD, *Architects of Australian Presbyterian Mission in Korea*, Busanjin Church, 2020.

Thompson-Gray, J., translated by Yang, MD, *Henry Davies and His Nephews: The First Australian Missionary*, Seoul, 2020.

Yang, MD., *The Australian Missionary Margaret Davies*, Seoul, 2023.

8. James Noble Mackenzie, Father of the Leper

(James Noble Mackenzie, 1865-1956)

James Noble Mackenzie left Melbourne, Australia, on January 5, 1910, for Busan, Korea. However, he was no novice. He had already worked for 15 years on the island of Santo in the New Hebrides in the South Pacific. The tropical climate there left him and his wife, Maggie, suffering from illness, and she eventually died there. Mackenzie was unable to return to Santo and instead applied to Korea.

In March 1910, just after Mackenzie, then 45 years old, had just arrived in Busan, the annual meeting of the Australian Missionary Council was held in Busanjin. This meeting recommended that Mackenzie's future work be conducted in Masan and its nearby islands. In October of that same year, news arrived that Mackenzie had become engaged to Mary Jane Kelly, who had been working in Busan since 1905. While the Victoria Women's Missionary Union, which had sent Kelly, was losing a capable worker, it was comforting to know that she would continue serving in Korea with her husband. Mackenzie and Kelly were married in Shanghai in February 1912. They would live and work together in the Busan area for 27 long years, until their retirement in 1939. Mackenzie later wrote in his autobiography:

"Of all the events that occurred during the first two years after my arrival in Busan, the most important for me and my work was my marriage to Miss Mary Kelly. Miss Kelly had arrived in Korea five years earlier and was extremely fluent in the Korean language, which I was struggling with at the time. She was a great help in my acquisition of the language and in many other matters."[98]

Impressions of Koreans

Mackenzie arrived in Busan and began studying Korean while visiting various regions. He wrote in his report about his first impressions of Koreans: "While working in the New Hebrides, I often encountered dangers both on land and sea, but this trip was anything but. The Koreans, despite being heathens, were very kind, courteous, and loving. I felt very safe with them."[99]

Mackenzie learned how to sit cross-legged on the floor for the first time and how to use chopsticks to avoid spilling food when eating. Wherever he went, he

---

98)　Ji, 57.
99)　PWMU, February 1, 1911, 6.

met believers seeking baptism and questioned them about their Christian faith. He even baptized those who were ready. Needless to say, the company of Gelson Engel was of great help to him.

Dream of a Motorboat

Mackenzie had much experience visiting many of the New Hebrides islands by boat. When he arrived in Korea's southern seas and saw the islands, he immediately believed God had sent him to the island mission. At first, his fellow missionaries thought Mackenzie unsuitable for the task. However, he learned the language and bided his time. Finally, his opportunity arrived at the Australian Missionary Council held in Jinju.

"At the Jinju meeting, it was decided that I should work in the island region. It was as I had hoped. The church members of Santo, to whom I had preached, presented me with 200 pounds when I left. They also suggested that I purchase a motorboat for my Korean mission. If I did, I would call it 'Santo.'"[100]

One interesting fact is that the elders of Santo Island donated 200 pounds, a large sum raised over two years by selling bows, arrows, and yams, to support Mackenzie's mission to Korea.

Mackenzie soon applied to the Japanese naval admiral for permission to use a motorboat in Masanpo Harbor for religious work. However, the request was denied. This was a great disappointment to him. Plans to purchase a motorboat were put on hold. However, his plan to use Masanpo as a base and travel to many islands for mission work remained.

Mackenzie's wife, Mary, later wrote: "Mackenzie is currently visiting islands far from the mainland. The journey takes from Tuesday morning until Friday night. This is the first time a missionary has visited the islanders there, and he hopes to be of much help to them."[101]

---

100) Ibid., December 1, 1911, p. 11.
101) Ibid., February 1, 1913, pp. 8-9.

Lepers in Busan

The Busan Leper Hospital(also known as Sangaewon) was established in Gamman-dong in 1909 by American Northern Presbyterian missionaries. In 1910, the Australian Mission took charge of the Busan-Gyeongnam region, including the leper hospital. Mackenzie took charge of this project when his work in Masan became unsatisfactory. At the time, the leper hospital had 80 patients. Although not a doctor, he had received medical training in Scotland.

In early 1913, Mary, wrote about a service at the leper church. She recounted the Old Testament story of General Naaman and noted that three years earlier, the "Indian and Oriental Leper Mission" had established a home for lepers in Busan. Mackenzie visited the church whenever he had the chance, leading worship services there, and Niven also led Bible studies for the women and girls.

"Some of them had long professed faith in Jesus Christ and expressed their desire to be baptized. Last week, Mackenzie questioned them to see if they were ready, and three men and seven women were baptized the previous week. This was the first time a service including a baptism had been held here, and it was conducted with great solemnity and gratitude."[102]

In 1916, the leper colony also had a Korean woman evangelist who worked at the colony. Her name was Lee. A benefactor in Ballarat, Victoria, provided her financial support. Furthermore, the daily necessities in the mission boxes sent from Australia each year were essential gifts for the patients.

"The valuable and immediately usable items in the boxes were distributed to the lepers. All 158 patients received gloves or woolen scarves. The women received bags containing soap and scarves. Any surplus was shared with patients waiting outside for admission... The more I do this, the more valuable the ministry becomes."[103]

Around this time, the Chaulmoogra Oil, considered a special remedy for leprosy, was imported and used for treatment. The mortality rate, which had reached 25% in 1918, dropped to less than 2% by 1923. In 1924, 44 patients were cured and discharged. Many patients flocked to the hospital upon hearing this

---

102) Ibid.
103) Ibid., April 2, 1917, 13.

news, but the hospital couldn't accommodate them all.

The following is an excerpt from a record written based on the testimonies of patients who received direct treatment from Mackenzie.

"About 20 patients, including Mr. Kim(70) from the Yongho-dong leper colony, who received treatment directly from the Mackenzie couple, recalled, 'I've never forgotten Mr. and Mrs. Mae'(Mackenzie's Korean surname) and 'they saved many lives.' At the time, when treatment was unavailable, suicides were common, with patients jumping into the sea almost daily. However, after Mr. and Mrs. Mae arrived, they all became devout believers and lived with hope."[104]

Ulleungdo Tour

In early 1914, seven Australian missionaries were working in Busan: the Mackenzies, the Engels, Menzies, Niven, and Alexander. Mackenzie, who was interested in island ministry, visited Ulleungdo and evangelized there shortly after arriving in Korea.

"James Mackenzie's visits to Ulleungdo began in 1910, the year he first arrived in Korea. At the time, Ulleungdo belonged to the Gyeongsang Presbytery of the Presbyterian Church in Korea, and Missionary Mackenzie, who also served in the Busan-Gyeongnam region, was in close cooperation with the Gyeongsang Presbytery. He was the first foreign missionary to visit Ulleungdo."[105]

According to the history of Ulleungdo, "Mackenzie played a significant role in the growth of the four churches established in the early days of the Ulleungdo mission. In fact, the book lists Mackenzie as the founder of Jeodong Church, Jangheungdong Church, and Hyeonpo Church.[106]

He visited Ulleungdo again in June 1914. He explained that the previous four-day sea journey took less than two days, but this time he arrived at Ulleungdo on a small Japanese steamer.

"I arrived on the island early Sunday morning. A group of Christians were waiting for me on the beach. They gave me a warm welcome. This was a stark

---

104) '100-Year History of Busanjin Church', 1991, 124.
105) Yang, 38.
106) '90 Years of Christianity in Ulleungdo', 1999, pp. 66-67.

contrast to my first visit, for then there were no Christians here to welcome me."[107]

During Mackenzie's previous visit, there were Christians, but no church. This time, however, a chapel had been built, and there were more Christians. One of the Christians had offered his home as a chapel. The congregation had opened up a room in the house, refurbished it, and transformed it into a chapel.

Mackenzie went straight to the chapel. He knelt on the floor with the congregation and gave thanks to God. The congregation was grateful for the missionaries' presence, and Mackenzie was grateful for their faith and fervor.

That day, the man who had offered his home as a chapel was baptized along with two others. He was elected leader of the church and was put in charge of all services until Mackenzie returned.

The next day, Mackenzie toured Ulleungdo Island with several members. He first visited a church building located far up a steep mountain. This church building was reportedly built by a carpenter and completed debt-free with the help of the congregation. When Mackenzie visited the island 18 months ago, no one had been baptized, so he could not take Communion. Twelve people were baptized on this occasion, bringing the total number of participants to 19. During his six-day visit to Ulleungdo, Mackenzie baptized 31 adults and 13 children whose parents were baptized.

"When I first visited Ulleungdo 18 months ago, the only person baptized was a member of the Bible Society... Now, 67 men and women have been baptized, and 101 are on my list as learners of baptism."[108]

Later that year, Ulleungdo suffered a severe famine, and at Mackenzie's request, the Australian church raised funds. They also distributed grain and relief goods through the local church.

In 1915, Mary accompanied Mackenzie to Ulleungdo. She explained her reason for going: "To teach and share the faith with the women and girls of Ulleungdo who were yearning for the gospel."[109]

Two photographs taken by them on Ulleungdo remain in 'the Chronicle': one taken at Dodong Port, with Gwanmo Peak in the distance, and the other of Mary leading a porter.

---

107) PWMU, September 1, 1914, 4.
108) Ibid., 5.
109) Mackenzie, H., 242.

By late 1916, Mackenzie was exhausted. The fever he had suffered in the New Hebrides had returned from his strenuous missionary journey, and Dr. Taylor and Nurse Napier of Jinju were caring for him. At the same time, Mackenzie was explaining his itinerant preaching to youth fellowship groups.

He said he would first pack his books and his own medicine, while his wife would prepare a packed lunch. This included black tea, sugar, salt, ground oats, butter, milk, beef jerky, and bread. While most missionaries ate Korean food like rice, eggs, and soup, they carried familiar food sent from Australia. Of course, this was also to protect themselves from illnesses caused by the exotic food.

Mackenzie also brought a folding mat, a quilt, and blankets, which were usually carried by a porter on a back-pack. The chapel's furnishings were also a novelty to Mackenzie, and he often led Bible studies for several days before sleeping in the chapel on cold winter nights.

In early 1917, Mackenzie went on vacation to Victoria, Australia, with his wife and two daughters, Helen and Catherine. The young girls had suffered from a persistent cold before leaving for Australia, and symptoms of smallpox developed during the journey. After a fraught voyage, they finally arrived in Melbourne on May 16th.

But Mackenzie could not rest. He was scheduled to visit Santo, the New Hebrides, his former mission field. After Mackenzie and Taylor left for Korea, the church there had been no resident missionary. After visiting Santo for about three months, he visited various mission groups in Victoria that supported him and gave reports. Starting with the Gippsland Presbytery, he traveled widely throughout the state's northwest, introducing the Korean mission and appealing for support.

Returning to Korea in late 1918, Mackenzie continued his activities in Busan. Engel was largely occupied with lecturing and translating, while he, along with Wright, ministered to churches in the Busan area. Mackenzie was in charge of 39 churches and a sanitarium with 165 leprosy patients.

In 1919, the Mackenzies also started a "children's home" for healthy children who were not affected by leprosy. With 600 pounds raised during a visit to Australia, they purchased and renovated a disused hospital building and opened it, welcoming seven children. Mackenzie later wrote about two girls who grew up there: "The two girls initially lived in the 'leprosy home,' but after their leprosy subsided, they were transferred to the 'healthy children's home.' They graduated from elementary and high schools run by our mission and entered nursing school, where they did very well. These two girls, suffering from leprosy since childhood, came to 'Our Home' for several years, received medical treatment, and received health certificates."[110]

Afterwards, their health improved, and their lives changed dramatically. Another girl, not like the two mentioned above, lived in a miserable state for ten years at the "Healthy Daycare." She had been driven out of her neighborhood because of leprosy marks on her legs and arms, and had come here after hearing about the "Leper's Home."

"After a considerable period of time, this girl was judged 'not ill' and transferred to the 'Healthy Daycare.' She graduated from the mission's elementary school and is now attending high school with excellent grades. She hopes to become a nurse in the future and, above all, is proud of the fact that she has accepted Jesus as her Lord and Savior. She is always reading the Bible, teaching children in Sunday school, and never neglecting to express gratitude for the great grace she has received."[111]

"The Best Thing in the World"

By the mid-1920s, Mackenzie was in charge of 40 churches, the leper sanatorium and a home for their children. The Youth Missionary Club has supported him and his family for the past 11 years, and Mackenzie expressed his gratitude to the club members.

"I hope that some of you will be called as missionaries when you are older. In my long experience, it is the best work in the world. It is to share the name of Jesus with those who have never heard of Him, and to see so many eagerly follow Him. You may think working among lepers is not pleasant work, but there is much that is bright and joyful about it."[112]

By the end of 1922, Mackenzie was describing his 13th year of ministry

---

110) Ji, 77.
111) Ibid.,77.
112) PWMU, August 2, 1920, p. 13.

in Korea and how much the country had changed since then. He noted that the presence of Japanese troops and people was particularly evident in Busan after the annexation of Korea. "The Koreans today don't have an army or navy like the Japanese, but they have a mighty army of Christ. They have a mighty force fighting against Satan, and the war continues day and night. Koreans are the most and the best warriors. They fight on the front lines, and our missionaries are in the rear, teaching, training, and helping them how to fight.

And the members of the missionary clubs play a vital role here. You are doing at home what we cannot do here. We are winning this fight because we are on God's side. We will win. Please help as much as you can. I am your missionary."[113]

Construction of the Leper Church

In his letters, Mackenzie constantly encourages the members of the Australian Youth Missionary Club and emphasizes how important their help is to his mission in Korea. "We have some very bright boys and girls in our leper colony who have been stricken with a terrible disease. Now, with the treatment we are giving them, they are strong and their facial scars are fading. Some will soon be able to return to their homes. We also have a school for them, and they are attending classes every day, just like you."[114]

While on vacation in Australia in 1926, Mackenzie raised money for a leper colony and a church. As a result, a women's ward was built, and a beautiful church was completed, seating about 550 people.

"When I was on vacation in Australia, I received a large grant for the construction of a new church for our lepers. Now the church is complete, and I am very proud of the fact that it was built by the lepers themselves under my supervision. The dedication ceremony was attended by the Governor, the Mayor, and many others, who have now become interested in the lepers. They know that our missionaries taught them that such people should be cared for first, and now they are helping us care for them."[115]

---

113) Ibid., February 1, 1923, 6-7.
114) Ibid., May 1, 1926, 11.
115) Ibid., May 2, 1927, p. 9.

The Busanjin Medical Mission Report of 1926 was published in 1927. Mackenzie writes that 450 male and female lepers stayed at the sanitarium that year. It is said that even that year, about 500 lepers who applied for admission had to be turned away. Patients always lined up in front of "Our Home," crying out, "Help me," "Save me." Mackenzie said the grass planted outside the gate couldn't grow long, and the bodies of patients lying on it were constantly pressed down and smoothed. That year, 25 patients died, and 44 were cured or discharged for other reasons.

Relationship with the Empire

In 1929, Mackenzie received the Order of the Blue Ribbon from the Emperor of Japan for his 20 years of service to leprosy patients. He hoped the Japanese government would take an interest in leprosy and establish special policies, aiming to eradicate it within 20 to 30 years. The Japanese government had provided significant financial support to Mackenzie's sanatorium. Mackenzie credits the medal to the youth missionary group that supported him.

However, Mackenzie later faced criticism for this. He worked in friendly relations with the Japanese Empire, and while the Australian Mission, along with the Korean Church, actively resisted and refused to worship at Shinto shrines, Mackenzie remained passive in this regard.

By early 1930, Mackenzie had handed over many of the churches he had been caring for to younger missionaries, leaving only the leper church and the sanitarium to care for.

"I am no longer young like you. The rural churches I once cared for are now in the hands of younger missionaries. I now have two churches under my ministry: one in a sanitarium with 540 members, and another in a leper village two miles away with 200 patients. Most of these patients have been cured in our sanitarium and are able to live on their own."[116]

This year marked the 20th anniversary of Mackenzie's work in Korea. The lepers at the sanitarium personally crafted and welded the "Mackenzie Memorial Gate" as a gift. They also erected a monument inscribed "In Memory of the

---

116) Ibid., May 1, 1930, 4.

Reverend James Noble Mackenzie."

"A granite monument of gratitude to the 'Leper Mission' was unveiled. About a month prior to this ceremony, a granite monument had been erected on the roadside below 'Our House' to commemorate the 20th anniversary of my arrival in Korea. The unveiling ceremony was attended by many guests, including government officials, friends from Japan and China, non-Christian organizations, and members of the 'Korean Presbyterian Church' whom I often meet in Busan."[117]

Meanwhile, on January 15th of the following year, Mackenzie's wife, Mrs. Mae, received a certificate of appreciation for her contributions to the Busanjin Church, commemorating its 40th anniversary.

In 1931, the Mackenzie family spent another vacation in Australia. All Australian workers, after serving six years in their home countries, stayed for one year in their home countries, resting and reporting on their work. He traveled throughout Victoria, Australia, for a year promoting Korean missions, traveling a total of 5,500 miles and giving 235 lectures. He believed that the revival of the domestic church and overseas missions were interconnected, and he emphasized that overseas missions should not be abandoned even when the domestic church was struggling. He was especially grateful to the missionary clubs that supported him at the time.

Need for Mission Hospital

Returning to Busan, the Mackenzies and their two daughters, Lucy and Sheila, adapted to life in Korea and continued their work. Mrs. Mackenzie suffered from typhoid fever for a time, and her two younger daughters grieved at being separated from their older sisters in Australia. Mackenzie was now the oldest of the Australian missionaries. Nevertheless, he continued to work tirelessly for lepers and their children, working in sanatoriums and churches.

The 1935 annual report of the Busan Mission was released. Among the many points in the report, one particularly striking one was the need for a mission hospital in Busan, similar to Paton Memorial Hospital in Jinju.

---

117) Ji, 144-145.

"Many patients we continually see and hear of are making strong appeals to us for compassion... Those who can pay can go to government hospitals... but in some cases, we refer patients to Paton Hospital in Jinju.

With the assistance of Mrs. Lane, Mackenzie is treating the poor children of Busanjin in particular. The need for doctors in our mission is becoming increasingly urgent, especially in connection with our children's health center, given the growing slums in Busan. Our brothers continue to emphasize the need for a missionary hospital in Busan."[118]

The Mackenzies did not see the establishment of a general hospital in Busan during their tenure. However, their daughters were studying medicine and were planning to come back to Korea as missionaries. Mackenzie later learned before his death that both of his daughters had established hospitals in Busan. The following year, Mackenzie's report stated that the mission at the leper colony was proceeding as follows:

"There are now a little over 600 patients receiving treatment at the sanatorium. Patients in five rural leprosy villages continue to receive the care of our hospital nurses. 89,664 have received injections of the Chalmoogra oil, and are also taking tablets of the same ingredient provided by the government...

Our church is also well-run. For several years, the lepers have voluntarily donated a portion of the money they received for their labor to pay for the salaries of workers who evangelize to the heathen in the countryside. In this way, they have helped to establish three churches in the country."[119]

In 1937, Mackenzie reported on his 26-year mission to lepers: "Speaking of my experience of 26 years of ministry to lepers, I can say that there is no better Christian ministry than this. This ministry may seem depressing and difficult, but we have not experienced it that way. The need for this ministry is great, and the reward is great when those who have received help express their gratitude in various ways."[120]

However, at the time, the Japanese government's interference in leper missions was intensifying, and the sanatorium was under pressure to relocate. At the time, Sangae Church, located in the "leper home," had over 400 baptized members. In

---

118) PWMU, September 2, 1935, 19.
119) Ibid., August 1, 1936, 14.
120) Ibid., December 1, 1937, 21.

1937, the church held its last Christmas service. Flags of all nations hung from the ceiling, and congregants of all ages, dressed in hanbok and traditional Korean clothing, sang hymns loudly, celebrating "Jesus Birthday." A photograph taken at that time remains to this day.

"Victory, Happiness, and Glory"

Beginning in early 1938, Mackenzie's health began to deteriorate. And in March, the couple finally completed their mission in Korea and returned to Australia. Mackenzie was 73 years old.

As Mackenzie left Korea, Koreans and Japanese, politicians and church members, the healthy and the lepers alike, came out to bid them farewell. A trumpeter played "God Be With You Until We Meet Again," and the church members sang along. The First National Bank of Japan in Busan presented him with a 500-year-old piece of porcelain.

His colleagues at the time, McLaren in Jinju and Trudinger in Busan, wrote about their thoughts on Mackenzie's departure. Excerpts from their writings are presented below. "Ambassador of the Holy King, after forty years of passionate devotion, first in the cannibal New Hebrides and later in Korea, if there is one man who departs triumphantly, happy, and gloriously, it is James Noble Mackenzie... He has proved himself to be noble, as his name suggests."[121]

On Saturday, October 22, a grand reception was held to welcome the Mackenzies to the Central Hall on Little Collins Street in downtown Melbourne, Australia. Hosted by the Youth Fellowship Union, the gathering commended and consoled their 27 years of mission work in Korea.

The following year, Mackenzie retired from his missionary duties. However, the church desired further use of his experience and wisdom. News of his election as moderator of the Presbyterian Church of Victoria was reported in 'the Chronicle' in January 1940. On May 6, he was inaugurated as Moderator.

"During his tenure, he visited rural churches, spoke at their meetings, and worked for the church union movement and against racial discrimination. After leaving office, he continued to serve on the Temperance Committee, the regional

---

121) Ibid., September 1, 1938, p. 18.

committees of the World Council of Churches, and the Australian Committee of the Leper Mission until 1946."[122]

Mackenzie also wrote a memoir of his mission experiences, "The Autobiography of James Noble Mackenzie," published in London in 1949. In June 1953, in recognition of his contributions, he received the Coronation Medal from the Queen of England. Mackenzie, who spent his later years in hospital and nursing home due to various chronic illnesses, passed away on July 2, 1956, at the age of 92.

<References>

PWMU, *The Chronicle*, Melbourne, 1910-1956.

Mackenzie, H., *Mackenzie Man of Mission*, Melbourne, 1995.

<Korean References>

Jeong, CS, *The Mackenzie Daughters*, Ilsin Christian Hospital, 2012.

Mackenzie, JN, edited by Ji EE, *The Autobiography of Rev. James Noble Mackenzie*, Busanjin Church, 2004.

Thompson-Gray, J, trans. Yang MD, *The First Australian Missionary, Henry Davies and His Nephews*, Seoul, 2020.

Yang, MD, 'James Mackenzie, the Australian Missionary Who Went to Uldo,' *Christian Review*, June 2012, pp. 38-42.

Yang, MD., *The Australian Missionary in Korea Nobel, Mary, Helen, Cath Mackenzie*, Seoul, 2025.

---

122) Jeong, 65.

9. Charles McLaren, Professor at Severance Medical College

260

(Charles Mclaren, 1882-1957)

McLaren was born in Tokyo, Japan, on August 23, 1882. Charles McLaren's father, a promising lawyer in England, came to Japan with his wife on a mission to become a Christian missionary and worked as a professor at an university. It was here that Bruce, Mary, and Charles were born.

When his father's health deteriorated, they decided to leave Japan. Rather than return to cold Scotland, they chose the warmth of Australia. Charles was about four years old at the time, and he would grow up, study, and develop in Melbourne, Australia. His relationships with his parents and siblings were particularly important to him, and they would greatly influence his future life.

Above all, McLaren developed a deep faith under the influence of his parents. His colleague Esmond New remarked, "In modern terms, he seemed like one of those people who, once converted, never needed to be converted again." During his student years, he actively participated in the activities of the Australian Student Christian Federation and graduated as a surgical resident from the University of Melbourne.

In 1910, McLaren left his dedicated hospital and toured Australia and New Zealand for the Australian Student Christian Movement. During this time, he met Jessie, who would become his lifelong companion, and they married the following year. In September of that year, he was ordained as a missionary pastor at the Scots Church in Melbourne. At the time, medical missionaries were ordained, and this was to ensure that they would also care for the church.

Appointed to Jinju

The McLarens arrived in Busan on October 30, 1911. They were welcomed by Koreans in white robes and fellow missionaries who had arrived earlier. They passed through Masan and arrived in Jinju, where they would form a long-term relationship.

Jinju was the ancient capital of southern Gyeongsang Province, the site of the mission base of the Victorian Church in Australia. Dr. Hugh Currell, a missionary from the church in Victoria, was the first doctor there. He had already served a full term here, caring for thousands of patients, and construction of Paton Memorial Hospital was nearing completion. He welcomed the McLarens with open arms.

While McLaren's primary responsibility was medical work at the hospital, he and his wife enjoyed visiting churches in the countryside. It wasn't until several months later that they were finally able to move into their newly completed home. Despite the nightmare of the hospital fire, the mission activity in Jinju was growing steadily. The hospital boasted a strong team of doctors, Currell and McLaren, and head nurse Frances Clark, and the number of Korean staff was increasing. At the time, McLaren and Currell were rotating between Jinju and Seoul, teaching at Severance Medical College for three months each. McLaren's subjects included neuropsychiatry and pediatrics, while Currell's were obstetrics and gynecology and otolaryngology. The student dormitory there could accommodate 100 students, but due to the insufficient faculty, there were reportedly only about 60 students at the time.[123] ‘

Paton Memorial Hospital finally officially opened on November 4, 1913. Many government officials, including the Japanese Governor of Gyeongnam Province, attended the ceremony. Mrs. Paton's nephew, David Lyall, represented the Victoria Women's Missionary Union, and representatives from various missions, including Busan and Masan, also attended. The following day, the women's dormitory also opened.

The hospital building was magnificent and beautiful, and much work was already underway there. The fame of the two Australian doctors and nurses spread far and wide, and patients came from far and wide. Fellow worker Nellie Scholes remarked:

"It is a great act of humanity to maintain a hospital here, and it is a necessity for the Korean people, who have to endure unnecessary suffering besides the suffering caused by natural diseases."[124]

The Jinju Mission now had a hospital, a school, four parsonage houses, and foundations for a new residence. A later account of the Jinju Mission reads: "Looking up at the Jinju Mission from the outskirts of town, you can see the buildings lined up in a neat line. They aren't in a straight line, but they fit the layout of the site. On the left in the back row is the church, then an empty land, then Cunningham's residence, Allen's residence, and the residence with beautiful trees which is belong to Currell and McLaren's family.

---

123) PWMU, August 1, 1913, 2.
124) Ibid., July 1, 1913, 5.

On the left in the bottom row are the boys' school and dormitory, with the girls' school standing in front of Allen's residence. Below that is the hospital, and in front of McLaren's residence are the women's home and dormitory. The overall view is striking, with the broad tiled roofs visible from anywhere in the city."[125]

Paton Memorial Hospital wasn't just a place for medical practice. Every Christmas, the hospital held a Western-style Christmas event. Gifts, carols, white snow, Christmas services, baby Jesus, and the manger—all were unfamiliar cultures to Koreans at the time. Among them, Santa Claus was especially captivating, and a joyous encounter for the children at the hospital. Initially, the children were frightened by Dr. McLaren, dressed as Santa, but soon they recognized him as McLaren and loved him. The hospital even prepared and distributed gifts.

An Australian benefactor supported McLaren annually. McLaren was allowed to use the 10 pounds he received from this donation as he pleased. He used the money to appoint an Korean woman evangelist to identify and educate underprivileged children. One day, the woman brought home two orphaned children. The child, Samsaek, became part of the McLaren family. In this way, he adopted three more girls, educating and caring for them. This adoption story became a hot topic in the Jinju area at the time.

At the end of 1915, Currell's family left Jinju and returned to Australia. His wife's illness forced the family to return. With the departure of Currell, a pioneer in Jinju who had planned, established, and operated Jinju Church and Paton Hospital, the Jinju Mission underwent significant changes.

McLaren now assumed full responsibility for the hospital, and he also assumed responsibility for teaching at Severance Medical College in Seoul on behalf of the Australian Mission. Fortunately, another male missionary was available at Jinju Church, who assumed pastoral responsibility, while Cunningham oversaw the churches in the Jinju area.

On the French Front

In late 1917, news arrived that McLaren was leaving Jinju. He had applied to

---

125) Ibid., March 1, 1921, 15.

the British government for military service in World War I and was appointed a medical officer on the French front.

Indeed, McLaren was unhappy at this time. The death of his older brother, Bruce, had devastated him. Bruce, a professor at a university in England, had been killed in action during World War I. When their father died, Bruce had written a letter urging his younger brother to take over his father's mission and to keep his watch and necklace. Ultimately, McLaren decided to join the war. Those around him urged him to remain in Korea, but McLaren believed it was God's will for him to serve.

On December 11th, a farewell gathering for McLaren was held at Jinju Church. Students from the boys' school decorated the church, and the Australian Union Jack and the church flag were hung in front of the pulpit. Elder Park Sungae, speaking on behalf of the Korean people, praised McLaren for his work with love and gratitude and presented him with a silver medal, engraved with a gold cross.

McLaren pointed to the two flags in front of the pulpit, describing them as symbols of loyalty and love. McLaren also cared for the Japanese people of Jinju and maintained good relations with their officials. The governor of South Gyeongsang Province, a Japanese man, gifted McLaren a long sword, said to be over two hundred years old. During World War I, Japan was an ally of Britain. When McLaren left, many people, both Korean and Japanese, came to see him off.

At the age of 35, McLaren traveled via Japan to Canada, where he planned to join volunteers from China and head to England. He then traveled through England to France, where he served as a medical officer in a battalion of Australians working in China.

From a rear hospital there, he volunteered to go to the front lines against the Germans, and he did so voluntarily. There, he encountered many combatants suffering from mental illness.

News evaluated McLaren's war experience as follows: "Charles saw strong men weep under the pressure of war, and entire units react with exhaustion. He returned to Korea better qualified to become a pioneer in psychiatry."[126]

---

126) Ibid., April 1, 1918, p. 67.

Back to Korea

The Women's Missionary Union of the Presbyterian Church of Victoria sent the McLarens back to Korea. On March 2, 1920, a farewell service was held at the Assembly Hall. Although a small number of attendees were present, it is recorded that a powerful address was delivered. McLaren returned to Korea the following April. Jinju had already received telegrams informing them of the McLaren family's arrival, and everyone was waiting with high expectations. Upon his arrival in Jinju, a crowd of about 300 people came out to welcome him. The McLarens gave thanks to God, reaffirming the value of their work.

At the time, Paton Memorial Hospital was unable to secure a Korean doctor, so Dr. William Taylor, a physician from Tongyung, frequently visited to assist Dr. Jean Davies. However, McLaren had now returned, and he became director of the hospital, returning to his normal routine. Mrs. Jessie McLaren was again in charge of the night school she had been principal of.

Around the time of McLaren's return, a delegation from the Victorian Presbyterian Assembly was also visiting the Australian Mission in Korea. Australian missionary council was convened in Masan, chaired by Frank Paton, then the general secretary of the Foreign Mission, and it was proposed that McLaren be sent to Severance Hospital in Seoul. However, no one could be found in Jinju to replace him, and McLaren continued to lecture at Severance Hospital for a certain period of time every year until he moved to Seoul permanently in 1923.

The position of director of Paton Memorial Hospital required not only seeing patients but also managing the hospital. He assisted Korean staff, including clinical pathologists and X-ray technicians, in their studies at Severance Medical Center or elsewhere. At one point, there was a strike within the hospital over payment. McLaren convened a staff meeting and had them discuss an appropriate salary level. As a result, the staff concluded that the salary offered by the Australian Mission was more appropriate than they had expected.

"Hospital missions also continued. A male and a female evangelists were responsible for inpatient evangelism. They received a list of inpatients from the hospital and visited them in their rooms. After discharge, they also visited their homes. They spoke to and evangelized people waiting in the waiting room every day, and even visited their homes. They operated a bookstore within the hospital, selling Bibles, hymnals, and other Christian books."[127]

At the time, the Jinju Mission was concerned about the increasingly blatant interference of Japanese local government. The Japanese was displeased with the expanding activities and influence of the Australian Mission. The mission's educational, pastoral, and even medical activities were increasingly becoming targets of Japanese interference.

"This happened to McLaren. In September 1920, the police arrested and detained six members of the Jinju Church. Among them was the church leader, Mr. Kang, a blacksmith. McLaren couldn't understand why. He concluded that the Japanese government was wrong. A police officer was also assigned to Paton Hospital to monitor everything happening there and at the church. This officer had once saved by McLaren at the hospital."[128]

There were more issues confronting. Conflict was brewing at Severance Hospital in Seoul, where he was teaching. The Japanese government began demanding that a Japanese professor be included on the faculty for graduates to obtain medical licenses. The Severance had a policy requiring professors to be Christians, making it nearly impossible to find a Japanese professor who was also a Christian.

One interesting fact is that McLaren, born in Japan, had developed friendly relations with Japanese officials during his early years in Korea. When he left for the French front, he received an old longsword as a gift from the Japanese governor. Upon returning to Australia, he argued that Korean missions should be based on two principles: loyalty to Jesus Christ and loyalty to the Japanese government.

However, McLaren's views on Japan were changing around this time, and evidence of this is readily available. "McLaren gradually began to believe that Japan was doing bad things to Korea, breaking promises, and being immoral."[129]

McLaren was appointed permanent professor of Severance Hospital in Seoul in 1923. The Jinju hospital was then managed by Dr. Taylor of Tongyung. Later, the hospital was run by Taylor and a female doctor, Jean Davies.

---

127) Min, 47.
128) Ibid., 47.
129) Ibid., p. 48.

Severance Medical College

McLaren began teaching at Severance Medical College in Seoul in 1913. Credit for his major, "Psychiatry," was reportedly awarded to fourth-year students graduating the following year.

In 1915, in accordance with the Severance Hospital integration policy, the Severance Union Medical College officially requested the Australian Mission to dispatch McLaren as a full-time faculty member in the Department of Neuropsychiatry. The Mission agreed to participate in the ecumenical movement by providing one medical staff member and an annual operating budget of 150 pounds to establish a neuropsychiatric department.

However, this decision was not immediately implemented for various reasons. It was not until early 1923 that McLaren finally moved to Seoul with his wife, Jessie, their newborn daughter, Rachel, and their three adopted Korean daughters.

The McLaren family settled in Sajik-dong, overlooking Bukhansan Mountain and the Gyeongseong Fortress. The locals called the house "the Englishman's Castle," but it wasn't exactly the solemn atmosphere of a castle, as McLaren would often bring patients to the house for treatment when the hospital was full. Furthermore, foreign workers who couldn't find lodging in Seoul would sometimes visit the house, making it often crowded.

The McLaren family was happy there. Jessie had the privilege of volunteering at Ewha Womans University, and with her passionate love of flowers, she was appointed honorary gardener, designing the university's garden and planting lawns and trees. Jessie also helped found the Korean YWCA and became its honorary advisor in 1925.

In 1926, a Korean daily newspaper published an interesting article about the kindergarten Jessie ran in Jinju. "Christian Kindergarten. Around 1915, starting with the establishment of the kindergarten by Mrs. McLaren. Her sincere efforts to improve the facilities and provide childcare led to the care of a truly numerous Korean children. She then transferred to Mrs. Taylor, who took over as her successor. Currently, there are about 80 children, and Mrs. Ma is said to be dedicated to providing them with a sense of enjoyment."[130]

---

130) 'Chosun Ilbo', January 7, 1926. (Ma is surname of McLaren in Korean)

The Department of Neuropsychiatry at Severance Medical College was founded in 1917. However, McLaren, who was supposed to teach the subject, was in Jinju at the time. McLaren was still affiliated with the Jinju Mission. As mentioned earlier, he traveled back and forth between Jinju and Seoul to teach at Severance Hospital, working as a nurse at Paton Hospital.

"In 1923, with McLaren's move to Seoul, the Severance Union Medical School's Department of Neuropsychiatry began its full-fledged operation. McLaren was appointed professor. From the time he first arrived in Korea, he was the only Western neuropsychiatrist in the country. Therefore, expectations for McLaren were high at Severance."[131]

Severance Hospital welcomed McLaren with open arms. They provided him with a small room, but he was left to find his own way. McLaren appealed to the Australian Mission and his friends for support, and later secured an eight-bed ward.

In his writings at the time, McLaren stated that psychiatrists are both scientists and doctors. "He argued that Christian psychiatrists, as believers, are charged with the mission of caring for and treating mental patients who have been abandoned by society, blinded by reason, and whose souls have been dragged down. Therefore, psychiatrists must open their eyes and mobilize all their material and spiritual resources to treat the brain and mind."[132]

McLaren believed that simply curing an illness with medication did not mean it was cured. He argued that psychiatry needed Christian and spiritual psychotherapy, based on faith and empathy, in addition to general psychotherapy. He believed that spiritual psychotherapy was the fundamental cure. This became a significant starting point for the development of "spiritual psychology" in Korea.

New noted that the primary purpose of McLaren's work at Severance Hospital at the time was to train Koreans. It was becoming increasingly clear that second-generation Western experts would no longer be able to provide Christian education. Therefore, for this work to continue, Koreans had to be trained as

---

131) Min, 55.
132) Ibid., 57.

quickly as possible. He hoped that his assistant, Dr. Lee, would go to Vienna, but he himself could not afford the expenses. The Australian church accepted his request and sponsored 300 pounds.

Eleven Weeks in Detention

During his final years at Severance Hospital, McLaren published an article titled "The Crisis Facing the Korean Church." He pointed out three major crises: the first was the Japanese colonial government's forced worship at Shinto shrines; the second was the obedience of some Korean church presbyteries to this pressure and the obedience of rituals; and the third was the individual believers' inability to withstand surveillance and persecution and their subsequent adherence to the rituals.[133]

The Australian Mission in Korea expressed its views on Shinto shrine worship twice, in 1936 and 1939. McLaren presided over the 1936 meeting and led the opposition to Shinto shrine worship, and the 1939 meeting also reached the same conclusion, exerting a significant influence.

"McLaren was born in Japan under the Meiji government and had worked as a missionary in the Japanese colony of Joseon. Therefore, he was aware of Japan's nationalism and Shintoism, specifically the nature of Shintoism and the deep-seated intentions behind the forced worship at Shinto shrines. Even while at Severance Hospital, McLaren was aware of the Japanese threat."[134]

News of McLaren's complete resignation from Severance Hospital around October 1938 did not reach Australia until January of the following year. 'The Chronicle' cited "ill health" as the reason for his resignation, stating that he would continue to reside in Korea and assist Paton Hospital in Jinju.

McLaren returned to Jinju around September 1939. The Australian Mission then asked him to work temporarily at the Hospital in Jinju. He was 57 years old. At the time, Paton Hospital reported that 9,803 patients had been treated and 400 had been admitted in the previous year.[135]

On April 16, 1941, a joint meeting of the Victorian Assembly Foreign Mission

---

133) PWMU, October 1, 1938, pp. 14-15.
134) Min., 163.
135) PWMU, April 1, 1939, p. 8.

and the Women's Missionary Union made an important decision. It was decided to withdraw the missionaries of the Union from Korea. A telegram was sent under President Holmes' name, ordering women workers to return to Australia. The British Embassy in Korea had already recommended the withdrawal of Australian missionaries the previous October.

The McLaren family was also seriously considering returning to Australia. Jesse and his daughter Rachel had planned to continue their education after finishing school, but they could no longer remain in Korea, where the war was raging. However, McLaren's mind was firm.

"I have no intention of returning myself. Given my unique missionary work and contributions, it is time for me to be here."[136]

McLaren was adamantly refusing to leave Korea. His wife and daughter packed their bags and returned to Australia in March, and other missionaries had either already left or were quickly boarding ships. McLaren was now the only one left in Jinju. Paton Hospital, meanwhile, lent its premises to a Korean doctor for a nominal fee, earnestly requesting that he continue to run the hospital based on Christian principles.

Then, McLaren's fateful day arrived. On December 8th, Japan bombed Pearl Harbor, Hawaii, marking the start of the Pacific War. Around 8 p.m. that evening, six Korean and Japanese police officers stormed McLaren's home.

"At first, I thought they were visiting for an interview and invited them into the house. However, their attitude and behavior soon revealed the true situation. I was arrested without violence and taken to a waiting car. A kind Korean officer apologized, but it was war."[137]

They took McLaren to the Jinju Police Station, where he was detained for 11 weeks. McLaren recorded his experiences during this time in a book titled *Eleven Weeks in a Japanese Police Cell* which was later published as a booklet in Melbourne, Australia, and reportedly sold thousands of copies. This booklet was later translated into Korean and published in Korea.

---

136) Ibid., March 1, 1941, p. 2.
137) New and McLaren, 97.

House Arrest and Deportation

McLaren was released from the Jinju Police Cell on February 23, 1942. He was then transferred to his home in Busan, where four other Australian co-workers, Mr and Mrs Lane and Mr and Mrs Wright, were being held.

"My first honor was to take a hot bath and wear clothes I would never have dreamed of wearing in prison. My wounded body was treated by the skilled care of my colleague, Mrs. Lane. The lice caused constant itching, especially around my ankles, and my toenails were somewhat inflamed.

I also tried to trim my beard, which had grown so thick, as a trophy, but the scissors and razor tempted me to shave it all off."[138]

The house arrest lasted nearly three months, and finally, on June 2, 1942, the last five Australians, including McLaren, were expelled from Korea. As McLaren and his fellow missionaries prepared to leave Busan, Korean women rushed to see them. They presented McLaren, Lane, and Wright with silk suits, which they had sewn overnight. McLaren treasured this gift. As they emerged from the front door of the house, escorted by police, the women waited outside.

Koreans walked with the missionaries and boarded the same tram carrying them and their guards. One of the women was humming a hymn, drawing the attention of everyone on board. The women avoided port entry regulations and saw off the steamer carrying McLaren and the others.

McLaren and his party were sent to Kobe, Japan, and from there, along with others, they were shipped on the prisoner exchange ship Tazta Maru to the Portuguese colony of Lorenco Marquis in East Africa. There, they were released as part of a prisoner-of-war exchange and returned to Australia on another ship.

Opposition to the White Australia Policy

The five Australians arrived at the port of Melbourne, Australia, on November 16, 1942. The Victorian Church held a meeting at the Scots Church to welcome them. After the Moderator Burton's welcoming address, there was praise, and then Lane, Wright, and McLaren gave their reports in turn. The congregation was

---

138) Ibid., 137.

filled with joy and emotion at the safe return of the last missionaries in Korea from enemy territory to their homeland.

However, Australia was in a state of national fear at the time. Japan's invasion of Asia threatened the Australian continent as its troops advanced southward. The city of Darwin in northern Australia was also bombed. The Australian military needed McLaren, who knew Japanese. Although he could not serve again, he taught Japanese and Japan to military leaders as an instructor.

McLaren also traveled to various regions and churches in Australia, lecturing on Korea, Japan, and the Asian situation. He also spent his later years writing prolifically. His published pamphlet, "Preface to Peace with Japan," even had a preface by then Australian Prime Minister Robert Menzies, who stated that McLaren had elucidated the root of human problems and accurately recognized that true peace resided within the human heart and soul.

At the time, McLaren's primary interest was the anti-White Australia movement. He protested the Australian government's deeply ingrained policy of racial discrimination, expressing his views both inside and outside the church. For McLaren, White Australia was no different from Japan's colonial policy. His faith and theology were that humans, created in the image of God, should not be discriminated against based on race or skin color.

To realize his views through legislative action, McLaren even attempted to run for parliament. In 1949, he ran as an independent candidate for the federal parliament in Melbourne. However, he was defeated. Australian society and some churches still believed that white society and culture should be preserved in Australia.

At the sometime McLaren did not completely forget Korea. He also invited his former student, Lee Bongeun, to Australia in 1950 to study psychiatry at the Melbourne Medical School.

On October 9, 1957, McLaren concluded his mission on earth and passed away at the age of 75 at his home in Kew, Melbourne. His wife, Jessie, lived in Korea for 30 years, where she amassed a vast collection of old and rare Korean books, developing them into a library. Her Korean-born daughter, Rachel, later donated 136 of these books to the National Library of Australia in Canberra in 1984, forming the "McLaren-Human Collection."

<Reference Books>

PWMU, *The Chronicle*, Melbourne, 1911-1957.

<Korean References>

Chosun Ilbo, Seoul, January 7, 1926.

Kerr and Anderson, translated by Yang MD, *Australian Presbyterian Missionary History in Korea 1889-1941,* Seoul, 2017.

Min, SG, *The Word Became Flesh – The Life and Thought of Professor McLaren*, Yonsei University Press, 2013.

New & McLaren, edited by Yang, MD, *The Australian Missionary Charles McLaren*, Seoul,, 2019.

II.

From Korea to Australia

No. **205**

NEW SOUTH WALES.

CERTIFICATE OF NATURALIZATION

UNDER THE PROVISIONS OF THE NATURALIZATION ACT OF NEW SOUTH WALES,
39 VICTORIA No. 19.

Whereas, in accordance with the provisions of an Act of the Governor and Legislature of New South Wales, passed in the thirty-ninth year of the Reign of Her Majesty Queen Victoria, intituled "An Act to amend the law relating to Aliens," application to be naturalised has been made by

John Corea

a native of *Corea* aged *35* years, who is a *Shearer* and arrived in the Colony of New South Wales by the Ship *Lochiel* in the year *1876* and who has resided in the said Colony for *17* years, and intends to continue to reside therein: AND WHEREAS the said

John Corea

has duly taken the Oath of Allegiance prescribed by the said Act: Now, therefore, I, the Governor of New South Wales, do, with the advice of the Executive Council thereof, hereby GRANT unto the said *John Corea*

all the rights and capacities within the said Colony of New South Wales of a natural born British subject.

GIVEN under my Hand and Seal, at Government House, Sydney, in New South Wales aforesaid, this *Twenty eighth* day of *May* One thousand eight hundred and ninety-*four*

By His Excellency's Command,

R. W. Duff

(L.S.)

George R. Dibbs

ENTERED on Record, this *Thirtieth* day of *May* one thousand eight hundred and ninety-*four*

For the Colonial Secretary and Registrar of Records,

Critchett Walker

Principal Under Secretary.

(John Korea, 1859-1924)

A surprising document was recently made public. It is the naturalization certificate of a 35-year-old man named John Corea from Corea(Korea). This certificate was issued in New South Wales in 1894, even before the Commonwealth of Australia was established. Dr. Jay Song, who reported this, stated, "The first Korean immigrant to Australia was John Corea, who arrived in Australia in 1876."

"In 1876, a 17-year-old boy arrived in Australia on a ship called the Lochiel. We don't know his original name, but about 20 years later, his naturalization record states he was a native of Corea, working as a shearer in Gol Gol, a small town in the western interior of New South Wales."[139]

In 1895, John Corea was able to apply for a mining license in Coolgardie, Western Australia, but was rejected by the state of New South Wales on the grounds that he was a naturalized citizen. Undeterred, he reapplied for a license in Broken Hill, NSW, and finally obtained it in 1903. Later, he developed tuberculosis and was hospitalized in Adelaide Hospital for about three years, from 1917 to 1920. Hospital records indicate that Corea was a Japanese national, as Korea had lost its sovereignty and was under Japanese rule at the time. He died in 1924 at the age of 65, unmarried and childless. His funeral was held on August 6, 1924, by acquaintances who had published an obituary in a local newspaper, and he was buried at Nichols Point Cemetery in Mildura.

"John Corea's story demonstrates that the relationship between Koreans and Australians began much earlier than many realize."[140]

This is a significant and symbolic discovery, and it also provides clues that, like John Corea, there may be other unknown pioneers in early Korean and Australian history, even though their real names are unknown. The story of John Corea presents a challenge and new research topic for researchers interested in Korean and Australian history.

<Korean Reference>

Kwon, SJ, 'John Corea, Australia's first Korean', *TOP Digital*, Jan. 30, 2023.
Song, JY, *The Evolution of Immigration*, Seoul, 2025.

---

139) Kwon, 2023.
140) Ibid.

11. Kyusik Kim and Changho Ahn, Independence Activists

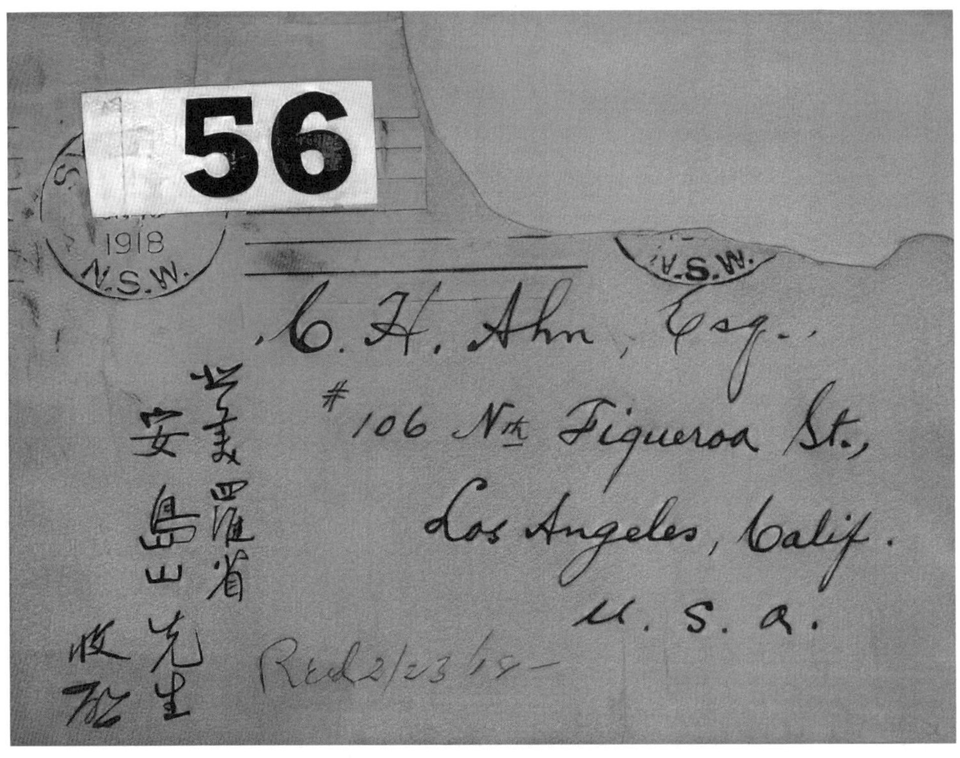

(A postcard to Changho Ahn, Sydney, 1918)

In the mid-1910s, a man named Choi Jeong-ik traveled to Australia. He served as an aide to well known independent activist Changho Ahn in San Francisco, concurrently serving as the president of the Korean National Association and editor-in-chief of the Shinhan Minbo.

The author of *History of Koreans in America*, describes Choi's visit to Australia as follows: "Mr. Choi Jeong-ik had previously visited Australia and Tahiti on a commercial trip, returned in April of last year. On February 29th, he went back to Australia on the Ventura, accompanied by Seo Pil-sun. He met Han Jae-myeong in Honolulu, and the three of them traveled throughout Australia..."[141] This suggests that Choi Jeong-ik visited Australia at least as early as 1915, and again in 1916 with two friends.

Choi's continued visits to Australia are clearly evidenced by postcards he sent to Changho Ahn in January and May 1918. The postcards bear the address of PO Box 1230, Sydney, Australia. Changho Ahn's Chinese and English names appear on the first page of the six-page set. His US address is listed as 106, Figueroa, Los Angeles, California. The postmark and year for Sydney, New South Wales are also clearly visible.

The postcards begin with a message inquiring about Ahn's well-being, and state, "I am pleased to inform you that the North American Industrial Company is expanding significantly. We are proceeding with hope for cash." The North American Industrial Company, a financial institution established by Changho Ahn in 1913 with fellow Koreans from the Korean National Association and the Heungsadan, was designed to foster Korean-owned businesses and secure financial resources for international trade credit. Choi's trip to Australia appears to have been aimed at expanding the North American Industrial Company's operations, but his specific route remain unknown. However, letters reveal that the undertaking was not easy, and the company closed in 1927 due to the economic downturn and the Great Depression.

Changho Ahn himself also visited Australia in 1926. A research fellow at the Independence Hall of Korea's Institute for the Study of Korean Independence Movements, writes, "Changho Ahn, who had been active in the United States,

---

141) Noh, 506.

traveled to China via Sydney, Australia, in March 1926."[142]

According to materials in the Independence Hall of Korea archives, Ahn mentions Australia in three of the letters he wrote to his wife, Lee Hyeryeon, who resided at the aforementioned Los Angeles address. The first letter, dated March 13, 1926, states that he had taken a ship from San Francisco to Honolulu and was unable to stay there, proceeding directly to Australia. He promises to write again upon arriving in Sydney. Upon arriving in Sydney, he wrote the second letter, the full text of which follows:

"My love, Hyeryeon. How have you been? I arrived in Sydney today, checked into a room, bought some Chinese food, and returned. The journey was smooth, and there were no obstacles on the way out. There's a ship leaving here on April 14th, and another on the 26th, so I'll look into it carefully and make up my mind.

The climate here is very good. Everything you see is simple and not as flashy as in America. There's plenty of fruit, like grapes and peaches."[143]

This passage suggests that Changho Ahn disembarked in Sydney on his way to China, where he stayed for three weeks, waiting for a ship. He sent another short letter to his wife on April 16th of the same year, stating that he was moving from Sydney to Brisbane and boarding a ship there.

"My dear Hyeryeon, as I had already decided, I left Sydney the day before yesterday and arrived at Brisbane this morning. I hear I will be leaving this evening or tomorrow morning. Your love."[144]

Meanwhile, Kyusik Kim, a well known member of the Provisional Government of the Republic of Korea in Shanghai, China, also visited Australia. Six years before Changho Ahn, he visited Australia in 1920, met with Australian politicians, and on October 3, met with Australian Prime Minister William Hughes to petition for support for Korean independence.[145]

This is an important piece of information that provides insight into the Australian government's attitude toward Korean independence at the time.

Further research is needed to uncover more specific details about the visits to Australia by politicians Kyusik Kim and Changho Ahn, and businessman Choi

---

142) Kim, 19.
143) Ahn, 1926.
144) Ibid.
145) Lee, 209.

Jeong-ik, and to determine the significance of these visits for the history of the Korean independence movement and the history of Korea-Australia relations.

<Korean References>

Ahn, CH, *Postcard to Lee Hyeryeon*, 1926.

Kim, DH, *Dosan Changho Ahn's Independence Movement Journey as Seen Through His Travel Ticket*, 2012, 19.

Lee, YB, *A Study of the History of the Korean Independence Movement*, National Institute of Korean Studies, 2004, p. 209.

Noh, JY, *History of Koreans in America*, Volume 1, 1951. 506.

12. Hoyul Kim, the First Students in Australia

(Hoyul Kim, 1901-1925)

Hoyul Kim, in 1921, was the first Korean to study in Australia. He was a teacher at Changshin School in Masan, Korea, founded by the Australian Mission. Kim's arrival in Australia began when Australian missionary David Lyall, introduced him at the Ocean Grove Conference in Melbourne, reporting that he wished to come to Australia to study. The Presbyterian Church of Australia immediately agreed to the proposal and raised the 94 pounds needed to cover expenses, facilitating his visit.

A Korean newspaper of the time covered Hoyul Kim's study abroad under the headline, 'A First for Studying in Australia'.

"Originally, the school was run by an Australian, so Mr. Kim's outstanding talent impressed even other Australians. After many success he left for Australia on the fifteenth of this month. (Omitted) His tuition will be fully covered by the Australian church. However, he said he had encountered difficulties in traveling and was now in Pyongyang making every effort to arrange his arrival. It was both a welcome and a pity."[146]

Kim finally entered Australia via Thursday Island in Northern Australia on September 6, 1921, during the height of the White Australia Movement. White Australia Movement was based on Australian government legislation restricting the entry of people of color, particularly Asians and South Pacific Islanders, into Australian territory. While this suggests Kim's entry into Australia would not have been easy, it also demonstrates that studying in Australia was not impossible.

The "Alien Registration Form" used to record Kim's entry into the country has long been preserved in the Melbourne Archives. According to the records, he was born in 1901, aged 20, and although Korean, held a Japanese passport (No 190081). The purpose of his visit was stated to be "studying at the University of Melbourne." Furthermore, his character assessment included "No Evidence of Nationalism" and "No Suspicion of Disloyalty," along with a stamp from the Thursday Police Station.[147] Upon arriving in Melbourne, his alien registration record also indicates that he resided in Kew, a suburb of Melbourne.

"Something interesting to note from the official documentation relating to his arrival, is the way that Kim's nationality has been recorded. In his Form

---

146) 'Dong-A Ilbo', p. 3.
147) Yang, 22.

of Application, Kim's birthplace is recorded as 'Corea', however next to it, 'Japanese' is written using different coloured pencil. This shows that despite Kim's arrival taking place during the Japanese colonial period in Korea, and arriving with a Japanese passport, he was still recognised as Korean(Corean) in official documentation.

Further, there is an arrow pointing to the birthplace and nationality section in this form, perhaps this illustrates some bureaucratic tensions occurring in trying to 'categorise' Kim Hoyul. On the other hand, in his *Notice of Change of Abode Form,* Kim had initially been recorded as Chinese, which was crossed out on the form.6 Perhaps this suggests something about ignorance even within Australian bureaucracy, with wider implications for official documentation of other Koreans who could have entered Australia at this time."[148]

After a short period of English study at Scotch College, Kim entered the University of Melbourne to pursue a Bachelor of Arts. He made significant progress in his studies, passing his final exams while learning English in a short period of time. Records show that his cheerful personality endeared him to those he met. Unfortunately, toward the end of his second year, he developed advanced laryngeal cancer, which significantly hindered his studies. He was admitted to a hospital in Surry Hills for treatment and received comfort from many Australian friends, including Reverend Frank Paton. He surprised his visiting friends by saying:

"I believe all things work together for good, and that includes death."[149]

Kim eventually returned to Korea in May 1925, following his doctor's advice and of his own free will.

Hoyul Kim then received treatment at Severance Hospital in Seoul, where Australian doctor Charles McLaren was present. However, he failed to recover. His family wanted him to return to his hometown and prepare for death, so he was discharged and headed to the north. However, shockingly, he died on the train to hometown.

The Foreign Mission of the Presbyterian Church of Victoria mourned the loss of Kim, a promising and capable man, saying:

---

148) Spencer, 2023.
149) PCV, 610.

"His story and long suffering deeply sadden us. However, his faith has not vanished. We must trust that this grain of wheat will bear much fruit in the future."[150]

The Church continued to report on him, including his photograph, to preserve the record. The final report mourned the loss of Hoyul Kim, a 'promising and capable' teacher.

<References>

PWMU, *The Chronicle*, November 2, 1925.
Spencer, L., *Hoyul Kim*, Unpublished paper, 2023.
PCV, *The Presbyterian Messenger*, November 13, 1925.

<Korean References>

Dong-A Ilbo, August 6, 1921.
Yang, MD., 'Exchanging the Nationals between the Two Countries', *50 Year History of Koreans in Australia*, Seoul, 2008.

---

150) PWMU, 3.

(Hanna Yang, 1893-1976)

The first Korean woman to visit Australia was Hanna Yang(Hannah Yang in English). Born in 1893, Hanna Yang was born into a Christian family and a member of the first graduating class of Ilshin Girls' School in Busan, founded by Australian missionaries. She later worked as a teacher at Uisin Girls' School in Masan. However, in 1915, when school authorities attempted to feed students rice cakes commemorating the enthronement of Emperor Taisho of Japan, she became a person of interest after protesting with the students. She then went to Japan to study at Yokohama Theological School.

Yang then went into exile in China, where she enrolled at Suzhou Women's Normal University and served as a member of the Gyeongsang Provincial Assembly of the Provisional Government of the Republic of Korea in Shanghai. She was captured in 1922 while attempting to enter the country illegally as a special envoy of the Provisional Government, but was soon released. The following year, she returned to Shanghai and engaged in the independence movement with nationalist activists, primarily through fundraising. At that time, her name was changed from Yang Gwi-nyeom to Hanna Yang. It is said that Changho Ahn gave her this name as encouragement, saying, "Strive to preserve my country from Mount Baekdu to Halla."

Hanna Yang returned to Korea due to her mother's illness and completed the preschool teacher training program at Ewha Womans College in 1924. She continued to participate in the nationalist movement, traveling to China and pursuing social work, before visiting Australia in 1926. A Newspaper reported on Hanna Yang's study abroad, including photographs.

"Ms. Hanna Yang, who had been a long-time nanny at the Rheehwa Kindergarten in Sinae-dong, left for Australia on the 17th to study abroad. She is said to be the first Korean woman to study abroad in Australia."[151]

On September 20, 1926, Hanna Yang with her Australian friend Amy Skinner in Korea passed through Sydney and soon arrived in Melbourne. There, they were welcomed by the Women's Missionary Union. She visited churches in Victoria, gave lectures, and toured various places. Her good manners, sense of humor, and positive attitude left a good impression on the Australians. On August 5, 1927, she and Skinner received a farewell ceremony at Kew Church in

---

151) 'Dong-A Ilbo', 3.

Melbourne and returned to Korea. After visiting the Australian church, she realized that the Women's Missionary Union they was doing a truly great job of sending missionaries to Korea.[152]

The following year, she wrote a piece in English titled "A Korean's Impression of Victorian Churches." She wrote about cultural differences between Korea and Australia and about Australian churches. She also observed kindergarten operations and church music, and later returned to Korea to work as a social worker for children and women. In 1936, she founded the Busan YWCA and was active in social welfare projects until Korea's liberation. After liberation, she was appointed the first Chief of the Capital Women's Police Station in 1946 and dedicated herself to the women's movement and social work as the President of the Busan Patriotic Women's Association.

Hanna Yang was a prominent feminist, independence activist, and social activist born in Busan. She was awarded the Dongbaek Medal, the Order of Civil Merit by the Government in 1976.

One noteworthy note from this period is a 1924 official document issued by the Queensland Customs Service. At the time, pearl shell, trochus shell, bache-de-mer industries was a popular in the Thursday Island region of northern Australia, and it inquired of the Home Office in Melbourne about the possibility of inviting Korean workers.

"While there is no explanation of the circumstances surrounding the invitation, it contains questions such as: 1) whether Koreans can be employed on the same terms as Japanese workers; 2) whether or not Koreans would be considered as Japanese subjects for Departmental purpose; and 3) that Koreans are a superior type of Asiatic, good seamen and nationality very much oppose to the Japanese."[153]

While there is no record of Koreans actually entering Australia for this purpose, it is an interesting glimpse into the Australian perception of Koreans as 'superior type of Asiatic.'

---

152) PWMU, 5.
153) Yang, 22.

288

<References>

PWMU, *The Chronicle*, September 1, 1927.

<Korean References>

Dong-A Ilbo, August 18, 1926.

Yang, MD., *Australia and Korea: 120 Years of History*, 2009.

14. Jungchul Yi's "Australian Travelogue"

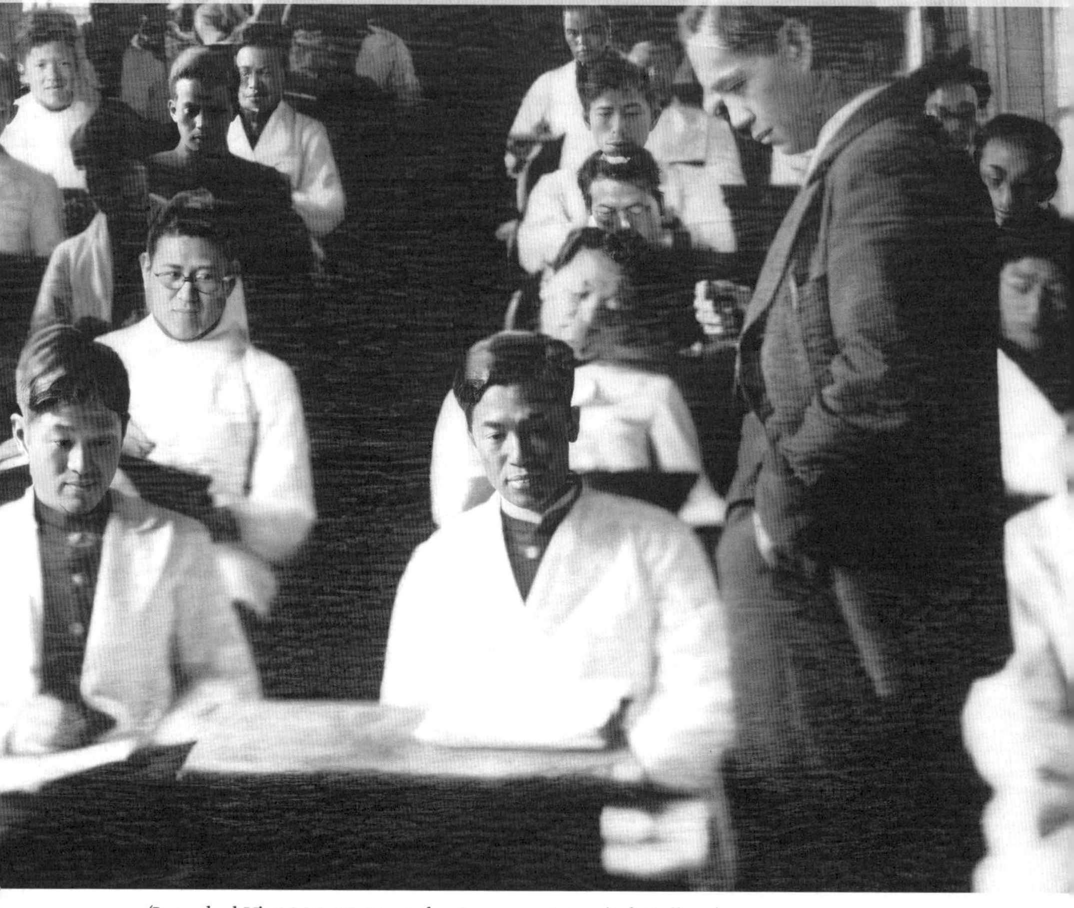

(Jungchul Yi, 1904-1945, at the Sevrance Hospital College)

Jungchul Yi was born in Sinanju, South Pyongan Province, in 1904. Raised in poverty, he entered Paichai School thanks to the efforts of his pastor father. After graduating with honors in 1923, he entered Severance Union Medical College. There, he encountered a turning point in his life.

While attending the Medical College, Yi met the Australian neuropsychiatrist Charles McLaren. Dr. McLaren possessed a strong personality and was strict with his fellow trainees, but his deep faith and warmth made him a warmhearted person. At the time, neurology was an unfamiliar field to students, and the strictness of him made them reluctant to take his courses.

"However, Jungchul Yi, who aspired to become a top doctor, welcomed this opportunity and learned from McLaren's scholarship and faith. McLaren, too, favored Yi, who was known for his 'great character and outstanding abilities,' and worked tirelessly to develop him into a leading neuropsychiatrist."[154]

Jungchul Yi submitted his dissertation in early 1935 and visited Australia about six months later. Through the arrangement of his mentor, McLaren, he was invited by the Presbyterian Church of Australia to conduct research at the Melbourne Medical School in Melbourne.

A newspaper at the time featured Yi's photo and highlighted the significance of his visit. The newspaper noted that Yi's visit marked the beginning of a Korean's medical research in Australia, and noted the significance of his visit, especially at a time when Australians were increasingly interested in studying Korea.[155]

From March 1935 onward, Jungchul Yi serialized his visit to Australia in the same newspaper under the title "Australian Travelogue," introducing interested Korean readers to Australia's geography, customs, and medical advancements.He said that when Koreans go to the West, there are still many who don't know where Korea is. and therefore advised them to bring along many beautiful postcards of Korea, such as Mount Geumgang. He also warned them to be prepared, as they would be a sight to behold wherever they went.

Yi completed his training in Melbourne and returned to Korea on July 27. One newspaper reported his return as follows: "Mr. Jungchul Yi, a neurologist at Severance Hospital, who had been dispatched to Melbourne University, Australia,

---

154) Shin, 2012.
155) 'Dong-A Ilbo', January 17, 1935, 2.

to study medicine under world-renowned authority, has returned home after completing his six-month assignment.

He became the first Korean researcher at Melbourne University, a world-renowned institution specializing in psychiatric disorders, particularly brain surgery. During his time there, he toured various medical and hospital facilities, and will now serve as the head of the Department of Psychiatry at Severance Hospital."[156]

Jungchul Yi's doctoral dissertation was approved later that year, and was titled "A Histological Study of the Cerebellum in Patients with Paralytic Dementia." This was the first doctorate in psychiatry for a Korean. Dr. Yi subsequently served as a professor in the Department of Neuropsychiatry at Severance Hospital, pioneering world-class neuropsychiatric research, including studies on senile dementia.

Then, due to an unexpected college entrance exam corruption scandal, Yi resigned from the school in 1938 and opened 'Jungchul Yi Clinic' in Seoul. Around the same time, McLaren also resigned from his professorship at the College. This was a significant loss for the Severance Department of Psychiatry.

"Because McLaren and Yi represented two important aspects of psychiatry, the Severance Department of Psychiatry was well-positioned for balanced development at the time. However, Jungchul Yi's untimely resignation and early death, as well as McLaren's forced deportation at the end of Japanese colonial rule, and other difficult internal and external circumstances made it difficult to expect further academic progress until the national liberation."[157]

With the outbreak of the Pacific War in 1941, Japanese pressure reached its peak. His mentor, McLaren, who had vehemently opposed Shinto shrine worship, was imprisoned in Jinju Prison. Yi also refused to change his name to Japanese and worship at Shinto shrines, as well as the Japanese regulations on clothing and hairstyles. It was a true journey of discipleship.

McLaren was moved from Jinju to Busan, placed under house arrest, and then deported to Australia in 1942. Yi tragically died of typhus in 1945, just months before Korea's liberation.

---

156) 'Dong-A Ilbo', July 30, 1935. 2.
157) Yeo, 73.

Meanwhile, a year before Jungchul Yi's visit, in late 1934, a Korean woman visited Australia. Her name was Ri Sam-nam, the "devoted friend and supporter" of Francis Clarke, a nurse at Paton Memorial Hospital in Jinju. Clarke described to the Australians how charming and friendly this Korean woman was.

At the time, Ri Sam-nam was interviewed by a Melbourne evening newspaper and introduced the Korean traditional costume Hanbok. However, Clarke said her words were not properly conveyed. Among the questions the reporter asked her was one about Western women's clothing, and Sam-nam's simple response was misinterpreted as an offensive comparison.

"The interview gives the impression that Sam-nam is hostile and unfriendly to Australian women. However, that is not her position at all. I wish to clarify that the interview gives such an unfair impression."[158]

Ri Sam-nam enjoyed meeting members of the Women's Fellowship Union, and was particularly delighted when she received the Fellowship badge, feeling as if she had become a 'fellow'.

(Yaksin Lee with church leaders, Melbourne, 1937)

---

158) PWMU, 9-10.

Clarke continued in her report: "I also want to thank you all for your hospitality to Sam-nam. I knew you would welcome her, but I didn't know it would be so heartfelt. It was a special experience for her, and you Australians will always have a place in her heart. Wherever she goes, she will talk about the friends she met in Australia."[159]

Ri Sam-nam continued the relationship, later working at the Dongrae Vocational Training School in Busan, run by the Australian Mission.

Meanwhile, in mid-1937, Rev. Yaksin Lee visited Australia. At the time, the Presbyterian Church of Australia was celebrating its 100th anniversary, and he was invited to represent the Busan and Gyeongnam churches. He was one of the Korean leaders fostered by the Australian Mission and maintained close relationships with several Australian missionaries. At the commemoration ceremony held in Melbourne later that year, Lee, wearing a white robe, delivered a congratulatory message for the centennial and expressed gratitude for support and love to Korea.

<References>

PWMU, *The Chronicle*, March 1, 1935.
PCV, *The Messenger*, Melbourne, Oct. 1937.

<Korean References>

Dong-A Ilbo, January 17 & July 30, 1935.
Shin GH, *Jungchul Yi, Korea's First Psychiatrist Who Captured the World's Attention*, Best Doctor, February 9, 2012.
Yeo IS, *The Establishment of Severance Psychiatry and the Formation of a Humanitarian Treatment Tradition: Focusing on the Activities of McLaren and Jungchul Yi*, Medical History, Vol. 17, No. 1, June 2008.

---

159) Ibid., p. 10.

15. Oksoon Hong and Youngbok Lee, Angels in White

(Youngbok Lee, 1917-1978 & Oksoon Hong, 1917-2008, Melbourne, 1930s)

In 1937, news spread that two Korean nurses were going to study in Australia. Oksoon Hong (or Oksoon Son) graduated from Hosudon Girls' High School in Kaehong and the Severance Nursing Training Institute in 1936, while Youngbok Lee graduated from Ewha Girls' High School and then Severance Hospital in 1937. Dr. Charles McLaren, an Australian doctor at Severance Hospital, arranged their training in Australia, and the arrangement was made by the invitation of the Presbyterian Women's Missionary Union in Victoria.

A Korean daily newspaper at the time reported the news of these two women's study abroad and even printed their photos. "The Royal Hospital is renowned as the largest and most complete scientific facility in Australia. They will primarily study clinical nursing here. After completing their studies here, they will return to Korea to work at their alma mater, casting a light over Korea's medical system, which is poor... In selecting these two students, the Severance authorities reportedly conducted rigorous physical examinations, considering not only the candidates' academic performance but also the local culture, to select the most outstanding students."[160]

The Victorian Women's Union stated the purpose of their visit to Australia as follows: "After training, they will return to Korea to train nurses. We believe that providing them with this opportunity will greatly contribute to the development of professional nursing in Korea."[161]

Early that year, Hong and Lee were learning English and soon departed for Australia. They received a warm welcome at a ceremony held in Melbourne on August 31st. Dr. Hugh Currell, founder of Paton Memorial Hospital in Jinju also attended and offered words of encouragement:

"These two nurses will do amazing things in the future. They have already completed their nursing training in Korea and are eager to see a new perspective on hospitals, nursing methods, and treatment here. I believe our nurses can learn from them, for in Korea, doctors and nurses combine physical healing with spiritual healing. And their example of faith is leading many to the Christian faith."[162]

Hong and Lee attended the meeting wearing Hanbok (traditional Korean attire) and introduced themselves in fluent English. They soon began their training

---

160) 'Chosun Ilbo', May 13, 1937.
161) PWMU, July 1, 1937, p. 2.
162) 'The Argus', September 1, 1937, 20.

at St Andrews Hospital. In January 1938, they transferred to the Royal Melbourne Hospital for further training. Lee suffered from leg inflammation and was bedridden for nearly two months. They covered their tuition and living expenses with funds specially raised by the Women's Missionary Union and with hospital fees.

They originally entered Australia on a one-year visa, but extended it for another year. They then visited branches and churches of the Union, fellowship groups with members, and began training at a kindergarten in November, where they received certificates of completion. The following year, in early 1939, they trained at orthopedic hospitals, women's hospitals, and ENT hospitals. The Women's Union agreed to their return to Korea in May.

'The Chronicle', the Union's journal, reported that Oksoon Hong and Youngbok Lee had left Australia in May, and included their photographs. "Their visit here was a success in every way. They left a deep impression on the church here and gained valuable experience for their nursing work. We look forward to seeing what they will do upon their return to Korea and are confident that Korea has a bright future in the work of God's kingdom."[163]

Upon their return to Korea, Hong began working at Severance Hospital, and Lee began teaching prospective nurses at Paton Memorial Hospital in Jinju, preparing to become a senior nurse. These two women soon began to make a mark on the Korean nursing community.

After the national Liberation, Oksoon Hong served as the first president of the Korean Nurses Association from 1946 to 1949, later serving as the 6th and 7th presidents. She established the public health nursing department, institutional nursing department, and midwifery department, laying the foundation for the nursing profession. She also reorganized the nursing industry in each province and raised awareness of the importance of nursing education and administration.

Meanwhile, with the implementation of the Nurse Principal System in 1948, Severance Hospital appointed Youngbok Lee as its principal nurse. After the Korean War, she served as the inaugural dean of the Department of Nursing at Ewha Womans University College of Medicine. Furthermore, she served as the 8th and 9th president of the Korean Nurses Association from 1962 to 1964.

---

163) PWMU, June 1, 1939, 3.

The Presbyterian Women's Missionary Union continued to inform their activities in Korea to its members, and, as they had hoped, Hong and Lee made significant contributions to the development of nursing as a profession in Korea.

298

<References>

The Argus, Melbourne, September 1, 1937.
PWMU, *The Chronicle*, July 1, 1937 & June 1, 1939.

<Korean References>

Chosun Ilbo, Seoul, May 13, 1937.

16. Korean POWs at Cowra Camp

(Cowra POW Camp, NSW, 1940s)

The first record of Koreans arriving en masse on Australian soil dates back to the early 1940s, when 162 Koreans entered. However, they were not voluntary visitors or immigrants; unfortunately, they were prisoners of war.

"These Koreans were forcibly conscripted by the Japanese government. During World War II, they fought alongside Japanese soldiers against the Allied forces, including the Australian Army, throughout Asia and were captured. They are recorded as prisoners of war in the archives of the Canberra War Memorial."[164]

---

164) Yang, MD., 23.

The Korean POWs were forcibly interned at Cowra Camp, located northwest of Sydney. There, they were held alongside approximately 2,000 Japanese soldiers and other Asian POWs. At this camp, Koreans faced discrimination from the Japanese POWs and lived in a tense atmosphere.

"Forcibly conscripted Koreans served in the Japanese Imperial Army, primarily engaged in cooking and manual labor, but no one appreciated them, and Koreans were treated as inferiors within the Japanese military."[165]

A Korean detained in the camp at the time was named Guinam Park(Takao Matsumoto). Born in 1918, he was from Hadong, South Gyeongsang Province, and was forcibly conscripted by Japanese police in the early 1940s. He was taken to Dutch New Guinea, where he was ordered to cook, dig, and sometimes fight. However, he claimed to have no intention of pledging allegiance to the Japanese Empire. He was captured by Australian soldiers in March 1944 and transferred to Cowra, Australia.[166]

In January 1944, the Koreans in Cowra received a surprise visit from an Australian, Frank Cunningham, a pastor who served as a missionary in Korea. He had heard that Korean prisoners of war were in New South Wales and had traveled from Melbourne to visit. He met with the Korean prisoners, comforted them, gave them gifts, and said, "I've met unexpected Koreans in my own country." He then visited Cowra several times, offering comfort and leading worship services in Korean.[167]

Amidst this, a prison break out occurred where prisoners of war held at Cowra. On August 5, 1944, over a thousand Japanese prisoners of war threatened guards with knives and clubs, killing four before climbing over the barbed wire fence and escaping. Many prisoners were killed or killed themselves during the incident but there is no record of Koreans being among them.

With Japan's defeat in 1945, the Korean prisoners were released from their captivity and returned to Korea. On March 6, 1946, 156 Korean prisoners were repatriated to Korea from Sydney via Papua New Guinea on the former Japanese Navy destroyer "Yoizuki." The prisoners, who were forcibly deported by the Australian government, included not only Koreans but also many Asians,

---

165) Gordon, H., 82.
166) Ibid.
167) PWMU., 7.

including Japanese. The Yoizuki, carrying these prisoners, was reported in Australian newspapers as 'Hell Ship', and concerns were raised about the safety of the children and women on board. The article vividly depicts the harsh conditions of the time, including one Taiwanese man jumping off the ship, claiming, "The Japanese will kill us during the voyage."[168]

At Cowra, there is a grave of a Korean named Le In Dae. According to Australian Defence Department records, he was born in Busan on November 22, 1878, and was captured in Indonesia on January 27, 1942. His family details were not recorded.

Several years later, in 1950, a large group of Australians landed in Korea. A staggering 17,000 Australians were deployed to the Korean War. They fought in key battles, including the Battle of Gapyeong, contributing to the preservation of peace in the Republic of Korea. 340 Australians were killed and 1,216 wounded. The Australians were the fifth of 22 participating nations to arrive as part of the UN forces, and their remains are buried at the UN Memorial Cemetery in Korea in Busan.

One interesting fact was that Belle Menzies, who worked in Korea from 1891 to 1935, was the aunt of Robert Menzies, the Australian Prime Minister who decided to send troops to Korea.

<References>

Gordon, H., *Die Like the Carp*, NSW, 1978.
PWMU., *The Chronicle*, February 1, 1944.
Sydney Daily Mirror, March 6, 1946.

<Korean References>

Yang, MD., 'Exchanging of the nationals between the Two Countries', *50 Years of Korean History in Australia*, 2008.

---

168) *Sydney Daily Mirror*, 1946.

17. Shin Ik-hee, Visit of National Assembly Speaker

302

(Shin Ik-hee & Richard Cassy, Canberra, 1953)

In 1953, Shin Ik-hee, then Speaker of the National Assembly of the Republic of Korea, visited Australia. He had visited the United Kingdom to attend the coronation of Queen Elizabeth II and had also been on a goodwill tour of various countries around the world, expressing gratitude to the countries that had participated in the Korean War. He then arrived in Australia. Visiting Sydney and Canberra, he met with Australian politicians and expressed gratitude for the Australian military's participation in the Korean War.

The following year, in 1954, Shin Ik-hee published a booklet titled 'Yeohangki'(Travelogue) with the alumni association of his alma mater, Waseda University. The subtitle was 'Records of Observing the Crowning Ceremony of the British Empress and Visiting Democratic Allies.' This booklet contained five pages of text and a photograph detailing his visit to Australia.

The 'Sydney and Canberra Visit' chapter begins with Shin's arrival at Sydney Airport. His group stayed in Sydney for a day before moving to Canberra, where he explained in his writing the background to Canberra's selection as Australia's capital.

"On August 4th, I went to the capital, Canberra, and met with Foreign Minister Mr. Casey and Vice Minister Mr. Plimsoll, expressing the gratitude of the Korean people. Mr. Plimsoll in particular, was an Australian representative to the UN who had made significant contributions to Korean affairs. He was treated with great kindness. I visited the graves of all the unknown soldiers who sacrificed themselves on the Korean front and paid my respects."[169]

Shin Ik-hee also explained Australia's political structure, economic industry, and the plight of the indigenous people who had been driven to remote mountainous areas by white people. He particularly mentioned Australia's White Australia policy, strongly criticizing Japan's stance on it.

"When the Japanese representative at the Paris Conference after World War I proposed the elimination of discrimination against people of color, the Australian Prime Minister was the most vehement in his opposition. Japan annexed the neighbor, our country, and enslaved our fellow colored people. The very act of making such a claim is inherently unjust. How could they possibly speak of

---

169) Shin, 142.

discrimination against others?"[170]

Independence activist Shin Ik-hee lamented Japan's double standard and did not hide his feelings in his book. He safely completed his visit to Australia and departed for Wellington, the capital of New Zealand.

Six years later, in 1959, Foreign Minister Richard Casey visited Korea and met with President Syngman Rhee. Official diplomatic relations between Korea and Australia were becoming increasingly concrete, and his report included the following:

"First, he noted that during this visit, he met with President Syngman Rhee and stated that the Australian government had dispatched diplomatic representatives to the UN office in Korea since 1947, that when the Korean War broke out, it immediately dispatched troops after the United States, and that its economic aid to Korea amounted to $12 million, making it the fourth largest donor of any country."[171]

In 1961, the both Korean and Australian governments issued a joint statement establishing Embassies. Finally, on January 23, 1962, the Korean government opened an embassy in Sydney, and on June 5, the Australian embassy opened in Seoul.

<Korean References>

Shin, IH., *Yeohangki*, Chodae Alumni Association, 1954.
Yang, MD., 'Exchanging the Nationals between the Two Countries', *50 Years of Koreans in Australia*, 2008.

---

170) Ibid., 143.
171) Yang, 29.

18. Myoim Kwak, the First Marriage Immigrant

DUPLICATE

I, IRENE SULLIVAN a person to whom the Director-General of the National Archives of Australia has delegated his power under sub-section 69(1) of the Archives Act 1983, certify that this document is a true copy of a document that is in the custody of the National Archives of Australia.

Signature: Irene Sullivan

Date: 19/6/09

COMMONWEALTH OF AUSTRALIA

Nationality and Citizenship Act.

CERTIFICATE OF NATURALIZATION AS AN AUSTRALIAN CITIZEN

WHEREAS Myoim GARRETT has applied for a Certificate of Naturalization as an Australian citizen, alleging with respect to herself the particulars set out on the reverse side of this Certificate, and has satisfied me that she has fulfilled the conditions for the grant of such a Certificate prescribed by the Nationality and Citizenship Act 1948-1955.

NOW THEREFORE I, the Minister of State for Immigration, hereby grant, in pursuance of the Nationality and Citizenship Act 1948-1955, this Certificate of Naturalization, whereby, subject to the provisions of that Act and of any other law affecting the rights of naturalized persons, the abovenamed applicant shall, as from the date upon which she swears or affirms allegiance to Her Majesty Queen Elizabeth the Second, her heirs and successors, and swears to or affirms that she will observe faithfully the laws of Australia and fulfil her duties as an Australian citizen, become entitled to all political and other rights, powers and privileges, and become subject to all obligations, duties and liabilities to which an Australian citizen or a British subject is entitled or subject, and have to all intents and purposes the status of an Australian citizen and British subject.

DATED THIS twenty-second DAY OF July, ONE THOUSAND NINE HUNDRED AND fifty-seven.

(Sgd.) [illegible] TOWNLEY MINISTER OF STATE FOR IMMIGRATION

ISSUED BY AUTHORITY OF THE MINISTER OF STATE FOR IMMIGRATION (Sgd.) D. R. [illegible] AUTHORIZED OFFICER

* *

I, Lindsay Julian ROMEY, hereby certify that on the twenty-first day of November, 1957, the grantee of this Certificate Myoim GARRETT appeared before me at Queenscliff swore allegiance to Her Majesty Queen Elizabeth the Second, her heirs and successors and swore to observe faithfully the laws of Australia and fulfil her duties as an Australian citizen.

SIGNATURE L. J. ROMEY. TITLE Mayor.

E.F. (1) (OVER)

(Myoim Kwak, 1933-)

The history book of Korean immigration to Australia was published in 2008 under the title "50 Years of Koreans in Australia." While debate arose within the Korean community at the time over the precise date of Korean immigration to Australia, the compilation committee chose the title "50 Years of Koreans in Australia" based on the year of Myoim Kwak, who became an Australian citizen in 1957.[172]

As a member of the compilation committee at the time, I was browsing through the Australian government's *The Australian Year Book* and *The Gazette* at the archives in Canberra and Melbourne.

The Year Book, published annually by the Australian government, only list the number of people granted citizenship that year, by nationality. The first Korean to appear in the book was 1958, with a record of one person receiving citizenship the year before, in 1957.[173]

It was a somewhat surprising discovery that, although Koreans had been visiting Australia since the early 1900s, when the White Australia policy was in full swing, the first citizen was granted citizenship only in 1957. There was no explanation of his or her name or how it arrived in Australia.

The Gazette I later read contained a list of people who had received citizenship, and the Korean I found there was none other than Myoim Garrett. While her last name alone didn't indicate Korean, her first name proved hers. Thus, I finally confirmed that she was Myoim Kwak, who had married an Australian with the surname Garrett and come to Australia.

"Myoim Garrett. Born on February 7, 1933, in Gyeongsangbuk-do, Korea. Black hair and brown eyes. Arrived in Australia from Japan on November 4, 1956. Naturalized on November 21, 1957. Address: 39 Malaya Road, Puckapunyal, Victoria. Citizenship number: EF10024248."[174]

Myoim Garrett was 23 years old when she arrived in Australia and became a citizen a year later. She lived in Victoria with an Australian surname. She married an Australian soldier named Richard Garrett, a soldier in the Australian Army.

I then traced the immigration story of Myoim Kwak and suspected she might still be alive. While exploring various ways to find her, I contacted the Returned

---

172) Yang, 19.
173) ABS, 607.
174) Certificate of Naturalization as an Australian Citizen, 1957.

and Services League of Australia, thinking of her Australian Army husband.

"Seeking Richard or Myoim Garrett - The first known Korean person naturalized as an Australian citizen was Myoim Garrett, married to Richard Garrett, who served in Korea from 24 July 1952 to 20 August 1953. Corporal Garrett returned to Australia in 1954 and continued to serve in the army at Punkapunyal."[175]

After a couple of weeks, I was given a phone number. And soon, my first call with Mrs. Myoim Kwak took place. "Is your name Kwak Myoim?" My voice trembled as I heard it over the phone. I had finally found her, whom I had been researching for over four years. As the saying goes, "the darkest place is under the lamp," she had lived in Sydney for over 30 years.

When I visited Mrs. Kwak's home, she and her husband were standing there. The marks of time were on Mrs. Kwak's face, but I still felt the same gentle aura I had seen in photographs of her in her early twenties. Her Australian husband, Garrett, said, "My wife was a very attractive and loving woman at the time. I mustered up the courage to propose." Mrs. Kwak recalled, "Although Garrett was a Westerner, he was kind and trustworthy."

At the time, Mrs. Kwak was a woman in her early twenties, full of dreams, aspiring to become a fashion designer. However, meeting Garrett, a Korean War veteran, changed her life. Kwak's parents were not pleased with sending their daughter to Australia, a faraway land known as the "White Australia." At the same time, the groom's parents were not pleased with the idea of bringing an Asian woman as their daughter-in-law. The Australian government even forced a two-year "cooling-off period" after Mr. Garrett's return. However, their affection for each other persisted, and Kwak finally arrived in Australia in 1956. The wedding was a small ceremony in Sydney, without the presence of either side's family.

After that, Mrs. Kwak followed her husband, a career soldier, and helped him with all sorts of tasks to build a family. She confessed that one of the most difficult aspects was food and loneliness. While she ate cereal for breakfast, she could not understand why the locals would eat biscuits in the morning. The lack of friends to share her loneliness was particularly difficult. She often recalled her father's words, "If life gets tough there, come back anytime," but she settled in her new land,

---

175) RSL Australia, 2009.

determined to die in Australia.

When she was told that "50 Years of Koreans in Australia" was published by the Korean community in Australia in 2008, she was surprised and said she hadn't realized she was the first citizen. She also expressed embarrassment when she learned that her archives, previously stored in the Canberra and Melbourne archives, had been made public, questioning whether it was worth sharing. When asked whether she considered herself Korean or Japanese, she hesitated for a moment before declaring that she was Australian. She explained that because she had forgotten Korean while living in Australia, she was unable to participate in the Korean community, and because she was born in Korea, she was also excluded from Japanese society. However, Ms. Kwak showed me her Daegu birth certificate, which she had kept, and said that she hoped to revisit her hometown in Korea, which she had not been able to visit for decades since getting married, if the opportunity arose.

<References>

RSL Australia, *The Voice*, 2009. 8.
ABS, *The Australian Year Book*, ACT, 1958.

<Korean References>

Yang, MD., 'Exchanging the Nationals between the Two Countries', *50 Years of Koreans in Australia*, 2008.
Yonhap News, 'The first Korean woman to become an Australian citizen is Kwak Myoim,' March 28, 2010.